거짓 공감

**우리는 왜 남의 말에
휘둘리는가**

TRUST YOUR MIND
Copyright ⓒ 2025 by Jenara Nerenberg
All rights reserved.

Korean translation copyright ⓒ 2025 by Nexus Co., Ltd
Korean translation rights arranged with HarperOne, an imprint of HarperCollins Publishers through EYA Co.,Ltd

이 책의 한국어판 저작권은 EYA 에이전시를 통해 저작권자와 독점 계약한 넥서스에 있습니다.
저작권법에 의해 보호를 받는 저작물이므로 무단 전재와 복제를 금합니다.

거짓 공감

지은이 제나라 네렌버그
옮긴이 명선혜
펴낸이 임상진
펴낸곳 (주)넥서스

초판 1쇄 인쇄 2025년 9월 30일
초판 1쇄 발행 2025년 10월 10일

출판신고 1992년 4월 3일 제311-2002-2호
주소 10880 경기도 파주시 지목로 5 (신촌동)
전화 (02)330-5500 팩스 (02)330-5555

ISBN 979-11-94643-96-8 03180

저자와 출판사의 허락 없이 내용의 일부를
인용하거나 발췌하는 것을 금합니다.

가격은 뒤표지에 있습니다.
잘못 만들어진 책은 구입처에서 바꾸어 드립니다.

www.nexusbook.com
지식의숲은 (주)넥서스의 인문교양 브랜드입니다.

TRUST YOUR MIND

제나라 네렌버그 지음 · 명선혜 옮김

거짓 공감

우리는 왜 남의 말에
휘둘리는가

지식의숲

목차

서문 006

Part 1
우리는 어디에 서 있는가

자기침묵 문화의 뿌리 026
집단사고의 효과 048
극단주의가 파고드는 심리적 틈새 064

Part 2
침묵을 깨고 나아가기

자유롭게 반대할 수 있는 기쁨 094
혼자 설 수 있는 용기 122
나 자신에게 솔직하게! 153

Part 3
다시, 함께하기

토론은 진실에 이르는 해독제	176
우리가 지닌 깊이를 품으며	210
웃음이 지닌 힘	238
깊고 넓은 생각의 수도	256
맺음말	**286**
감사의 글	299
참고문헌	302

서문

 북극권에 위치한 노르웨이 스발바르 제도에는 긴 직사각형 콘크리트 건축물이 눈 덮인 산맥 사이로 돌출되어 그린란드해를 굽어보고 있다. 이곳이 바로 120만 개가 넘는 전 세계의 씨앗이 안전하게 보존되어 있는 스발바르 국제 종자 저장고다. 만약 어떤 식물이 멸종한다 해도 지구상에서 생명의 끈을 이어 가기 위한 최후의 보루 역할을 한다. 척박하면서도 기이한 아름다움이 공존하는 주변 풍경에는 북극곰들이 인간보다 훨씬 많으며, 인공 구조물로는 종자 저장고, 북극 탐험 박물관, 그리고 여러 탐험지가 점점이 자리하고 있다.[1] 이곳을 떠올리면 혹독한 기후 속 절망과 불굴의 인내, 그리고 인간의 능력에 대한 경이와 희망을 동시에 느끼게 된다.

 세계 여러 나라에 소규모 종자 은행이 있지만, 스발바르 저장고는 전쟁이나 자연재해가 일어났을 때 '백업' 역할을 하는 안전한 예비 저장소다. 예를 들어, 필리핀, 아프가니스

탄, 이라크, 레바논은 종자 은행에 심각한 피해를 입었다. 이때 레바논은 스발바르 저장고에 보관된 씨앗을 꺼내 재배한 뒤, 새로 자란 씨앗을 다시 스발바르에 보관했다.[2] 이곳은 전 세계 생물 다양성을 보존하기 위해 필수적인 국제 저장소인 것이다.

이제 당신만의 특별한 저장고를 상상해 보자. 세계의 위대한 예술 작품, 책, 음악을 담은 거대한 도서관과도 같은 디지털 저장소를 떠올려 보라. 손끝으로 화면을 살짝 터치하면 언제든 역사적 명작을 열람할 수 있다. 내부에는 넓고 다양한 관람 공간이 여럿 있으며, 직원 두세 명이 당신의 탐색을 돕는다. 이 저장고는 대중이 아닌 오직 당신만을 위한 곳으로, 전 세계의 지식이 한데 모여 있어 그 안에서 평화와 자유, 만족을 만끽할 수 있다. 때로는 친구들을 초대해 기쁨을 함께 나누기도 한다.

어느 날, 당신은 초대 손님 중 한 명이 저장고 안에서 일하는 직원과 말다툼을 벌이는 모습을 발견한다. 그리 심한 말다툼은 아니지만 목소리가 약간 높아졌고, 당신은 자연스레 그들을 쳐다보게 되었다. 친구도, 그 직원('사서'라 부르자)도 별일 아니라는 듯 웃어넘기지만, 시간이 지나면서 당신은 그 이면에 숨겨진 이야기를 알게 된다.

알고 보니 친구는 자신이 가장 좋아하는 펑크 밴드의 뮤

직비디오를 보고 싶다고 했는데, 사서는 그것을 보여 줄 수 없다고 했다. 이유는 명확하지 않았다. 친구는 그 영상이 존재한다는 걸 알고 있었기에 당황했고, 당신 역시 혼란스러웠다. 당신은 사서에게 어떤 콘텐츠도 삭제하거나 숨기라는 지시를 한 적이 없기 때문이다. 머릿속엔 온갖 의문이 맴돌기 시작한다. 그런데 더 불행하게도, 당신의 허락 없이 많은 예술 작품이 삭제되었다는 사실까지 알게 된다. 혼란과 질문은 곧 상처와 분노로 바뀐다. 당신의 소중한 저장고가 훼손된 것이다. 낙서나 파괴 흔적은 없지만, 예술 작품이 사라졌다는 사실만으로도 저장고는 이미 '훼손된' 셈이다.

이제 미국의 어느 작은 마을에 있는 실제 도서관을 상상해 보자. 이곳은 아이들과 학생, 성인 독자들, 가족 모두를 위해 정직하게 운영되고 있었다. 그러던 어느 날, 도서관장은 '어느 한쪽 입장에만 맞는 책이 아닌, 다양한 사상을 접할 수 있는 환경을 지키는 것이 중요하다.'라는 내용의 보고서를 발표한다.[3] 그리고 몇 주 후, 그녀는 '다원주의'와 '지식의 다양성을 제한해서는 안 된다' 같은 말을 했다는 이유로, 11년 동안 지켜 온 그 자리를 내놓으라는 통보를 받는다. 그녀는 그저 자기 일을 성실히 했을 뿐이다. 점점 도서관들이 특정 성향의 책만 들이고 나머지 책들은 배제하는 현실을 걱정했던 것이다. 하지만 동료들은 그녀의 포용적 접근을 달가워하지 않았다. 결국 그녀는 지역 사회에서 정보의 폭을 넓히려 했다는 이유로 도서관을 떠나게 된다.

  이것은 최근에 있었던 실화다. 또한 한 번만 일어난 사건이 아니라, 지금 이 순간에도 다양한 모습으로 되풀이되고 있다. 사서만이 아니라 배우, 방송인, 교사, 작가, 기자와 교수까지, 미디어 및 커뮤니케이션 업무에 종사하는 전문가들 모두가 그 대상이 된다. 또한 친구 사이, 가족, 직장, 지역 사회에서도 이러한 일이 벌어진다. '말실수' 한 번에, 누군가는 소외당하고 누군가는 고립된다. 생각이 서로 다를 뿐인데, 안색을 굳히고 감정의 문을 닫는 결과를 가져온다.

  한때는 우리가 모여 앉아 이야기를 나누고, 서로를 이해하고, 지식을 나누던 공간들이 있었다. 하지만 지금, 그 공간들은 불안과 경계심으로 뒤덮여 버렸다. 말 한마디에도 감정이 곤두서고, 서로를 이해하려는 여유는 사라졌다. 사람들은 실수할까 봐, 오해받을까 봐 말을 아낀다. 예민한 질문과 대화는 거의 사라진다. 사람들은 질문하는 데 불편함을 느끼고, 대화의 힘을 더 이상 믿지 않는다. 모두가 눈치를 보며 괜히 파장을 일으킬까 봐 움츠러든다. 그렇게 아무도 말하지 않고, 모두가 침묵하는 상황이 된다. 그것이 바로 '자기침묵 self-silencing'이다.

자기침묵의 영향

뿌리 깊은 집단 정체성 안에서는, 심지어 정당, 종교 단체, 사회 계층 등에 대한 '소속감'이라는 명목하에서도, 집단의 화합을 위해 자기검열^{self-censoring}이 자주 발생한다. 이는 자연스러운 현상이지만, 건강하지 못하고 심지어 위험할 수 있다.

집단사고의 소용돌이에 휘말렸을 때 당신은 어떻게 할 것인가? 이를테면, 대중적 의견과 약간이라도 어긋난 말을 했다는 이유로 사회적 관계 속에서 외면당하거나, 혹은 알지도 못하는 사람들이 인터넷에서 공격을 퍼붓는다면? 집단사고는 사람을 뒤흔드는 효과를 낳는다. 마치 거센 파도처럼 사람의 동의 없이 사고를 휩쓸어 획일화시킨다. 그 흐름은 강하고, 결과는 위협적이다.

나는 단지 할리우드나 셀러브리티, 그 밖에 공개적으로 몰락한 유명 인사들과 관련된 군중심리나 캔슬 컬처^{cancel culture}에 대해서만 말하는 것이 아니다. 내가 '자기침묵의 분위기'라고 명명한 이 현상은 이제 평범한 사람들, 즉 당신과 당신의 이웃, 직장 동료, 친구, 가족들에게까지 영향을 미쳤다. 이것은 모두가 솔직하고 열린 대화를 나누고, 세상에 대해 호기심 어린 질문을 던지고, 그에 대한 섬세한 답을 찾는 능력을 약화시키고 있다.

불행히도, 인류를 연결하기 위해 개발된 혁신 기술인 인터넷이 오히려 사회적 분열의 주요 원인으로 부상했다. 20세기 말 인터넷이 출현했을 당시, 전 세계는 지식의 공유와 사람들 간의 소통 증진에 대해 큰 기대를 가졌으나, 이후 블로그와 소셜 미디어의 발달과 함께 학계 연구자들과 이용자들 모두 현실 인식의 왜곡 가능성에 대해 점차 우려를 표명하기 시작했다.

한때 유튜브 동영상에만 달리던 혐오 댓글들이 이제는 알고리즘 기반의 소셜 미디어와 함께 점점 더 널리 퍼지기 시작했다. 여성 CEO의 등장과 같은 뉴스에는, 여성들을 겨냥한 무분별한 괴롭힘이 뒤따랐다. 페이스북이나 X 같은 플랫폼은 혐오자들이 서로를 발견하는 장소가 되었고, 그 혐오의 피해자들은 함께 모여 정체성을 굳히며 스스로를 더욱 고립시켰다. 사이버 괴롭힘의 대상은 주로 여성과 소수자였으며, 이들은 익명의 불특정 다수를 상대로 강력한 반대 집단을 형성했다. 알고리즘이 점점 정교해지고 뉴스 사이트를 포함한 기업들이 클릭 수에 더욱 의존하게 되면서, 시청자들은 자신의 한정된 관심사나 정체성에 맞는 콘텐츠를 반복적으로 접하게 되었다. 그 결과, 인종이나 성별 같은 특정 기준을 중심으로 가상의 철벽이 형성되었다.

어떤 집단이 자신도 모르게 한정된 정체성 기준이나 편협한 정보로 가득 찬 울타리 속에 사고를 가두어 둔다면, 그 집단사고는 극도의 맹목적 성격을 띠게 된다. 그 누구도 진정한 자아를 유지하지 못하며, 말하지 못하는 질문들만 쌓여 간다. 서로 존중하며 토론하고 이견을 수용하는 태도는 잊혀지고, 다양한 관점과 의견에 대한 인내심도 사라진다. 그러나 정작 사람들은 진솔한 대화와 열린 마음, 두려움 없이 자신감과 호기심을 가지고 참여할 수 있는 자유를 갈망하고 있다.

  이 해로운 두려움은 우리 삶의 전반적인 안녕에 큰 영향을 미친다. 지난 20년간의 많은 연구들[4]은 자기침묵이 우울증과 밀접한 연관이 있음을 보여 준다.[5] 우울증과 자기침묵은 외로움, 소외감, 자신감 저하 같은 부정적인 결과들을 동반한다. 이 부작용들은 직장이나 이성 관계, 친구 관계, 온라인 공간, 정치 토론, 종교 모임 등 어디서나 나타난다. 특히 자신에게 충실하고 자신을 솔직히 표현하라고 권장하는 문화 속에서, 진실을 완전히 드러내지 못하는 내면의 갈등은 더욱 해로울 수 있다. 그 이유는 단지 자신에게 진실하지 못한 것뿐 아니라, 현대 사회가 소중히 여기는 가치를 저버리는 일이기 때문이다.

  삶의 어떤 시기에 있든, 사회가 불일치에 불편해하고 복잡한 문제보다는 단순한 주제를 선호하는 경향을 분명 목격했을 것이다. 우리는 모두 수용 가능성의 위선적인 제약 아래 대화가 제한되는 세상의 결과를 겪고 있으며, 스스로 도출한 논리적 결론이 아닌 우리가 속한 집단에 의해 사고한다. 집단적 사고방식에서 벗어나기 위해서는 개인으로서 사고하는 법을 다시 배우고, 자신의 생각을 믿으며, 이를 자신감 있고 진실되게 표현하는 법을 익혀야 한다.

자기침묵을 극복하는 방법은 단순히 자유로운 발언이 아니라, 비판적 사고를 통해 의견을 형성할 수 있는 자유로운 사고다. 비판적으로 사고하고 자신 있게 의사소통하는 능력은 많은 이들이 잃었거나 아예 배우지 못한 중요한 능력이다. 비판적 사고를 하는 사람은 세상에 다양한 생각들이 존재한다는 사실을 인정하고, 자신과 다른 의견이 충돌하는 것에 아름다움이 있음을 받아들인다. 교육이나 종교적 주입, 성 편향 등 다양한 이유로 인해, 많은 부모, 교사, 지역사회 지도자가 복잡하고 미묘한 문제와 서로 다른 의견을 함께 고민하는 시간을 갖지 않는다. 호기심 많은 젊은이들과 함께 인내심을 갖고 탐구적이고 비판적이며 개방적이고 유연한 사고방식을 키워 나가는 개인, 가족, 공동체는 매우 드물다. 그러나 우리는 지금 그 어느 때보다 그런 사고가 절실하다. 비판적 사고는 앞으로 수십 년간 우리 모두의 핵심 가치가 되어야 한다.

나의 이야기

두려움을 극복하고 공감 능력과 비판적 사고 능력을 키우며 세상에 존재하는 다양한 관점의 폭넓은 다양성을 이해하려면 여러 핵심 아이디어를 통합하는 과정이 필요하다. 이러한 과정은 내 경력에서 핵심적인 역할을 해 왔다. 지난 10년 동안 심리학을 기록해 온 기자이며 정치 이론과 공중보건을 전공한 나는 언제나 학제 간 교류에 무게를 두었다. 내 연구와 작업 대부분은 신경다양성, 즉 '신경학적 다양성'에 관한 것이었다. 이것은 미묘하지만 자주 오해받는 개념으로, 인간 인지의 다양성이 가치 있다는 내용이다. 신경다양성은 우리 뇌가 세상을 인지하고 반응하는 다양한 방식을 인정하며, 서로 다른 관점과 시각을 존중하도록 권장한다. 내 첫 책 《유별난 게 아니라 예민하고 섬세한 겁니다 Divergent Mind》[6]에서는 여성에게서 주의력 차이 같은 신경 특성이 자주 간과되는 이유와 사회가 그 차이를 장려해 얻을 수 있는 이점을 탐구했다. 이러한 관심은 많은 자폐 및 ADHD 특성이 나에게도 해당되며, 사회 속에서 원만히 적응하기 위해 일부 특성을 숨겨 왔음을 깨달았던 나의 개인적인 경험에서 비롯되었다.

신경다양성은 심리학계에서 주목받는 주제였지만, 나는 그것이 심리학에만 국한된 개념이라고 여긴 적이 없다.[7] 사고의 다양성은 모든 영역, 모든 무대, 모든 분야에 적용되어야 할 개념이다. 근본적으로 신경다양성이라는 개념은 '이단적'이며, 이는 사고의 다양성과 비정통적 시각을 포용하는 것을 뜻한다. 나는 직업적으로도, 개인적으로도 이단적 사유를 하나의 핵심 가치로 여겨왔다.

나는 샌프란시스코에서 남매 셋과 함께 한부모 가정에서 자랐다. 이웃과 친척들, 그리고 학급 친구들 대부분은 백인이 아니었고, 흑인들이 주로 거주하던 필모어 지역에서 우리 같은 백인 아이는 소수였다. 내가 다니던 학교는 선셋 지역의 안개 자욱한 서쪽 거리 끝에 위치한 아시아계 미국인 공립학교였다. 이 대가족 안에는 가톨릭, 유대교, 바하이교, 이슬람교 등 다양한 종교와 인종이 어우러져 있었고, 나는 그 복합적인 문화 속에서 성장했다. 학급 친구들은 노숙자부터 이민 1세대, 문제아, 그리고 우등생까지 다양했다.

자유로운 표현의 상징이자 진보적 요새 같은 도시에서 살아간다는 것은 지역 의료 프로그램, 블랙팬서 연대 정신*, 그리고 데드헤즈**와 같은 문화 속에서 성장했다는 의미다. 밀레니얼 세대로서 내 청춘은 90년대를 살았지만, 60년대의

---

*   Black Panther, 흑인 해방과 공동체 돌봄을 중시한 급진적 연대 운동 정신.
** Deadheads, 1960~1970년대 전설적 록 밴드 그레이트풀 데드(Grateful Dead)의 히피 문화와 자유·공동체 정신을 나눴던 열성 팬덤.

히피 문화와 정신은 나에게도 깊이 뿌리내렸다. 나는 지금도 그 가치를 소중히 여긴다. UC 버클리에서는 정치 이론과 인종 관계 전공을 선택했고, 졸업 후에는 샌프란시스코에서 약물과 주거 문제가 가장 심각한 텐더로인 지역에 위치한 글라이드 메모리얼 보건 클리닉*에서 일했다. 나는 뿌리 깊은 좌파 자유주의자이며, '다름'을 갈망하고 사랑한다.

진보적인 동네에서 다양한 종교, 계층, 인종이 섞인 이웃과 어울려 자라면서, 나는 늘 다방면의 대화에 끌렸고, 다양한 관점과 배경을 가진 사람들에게 둘러싸이는 데 편안함을 느꼈다. 나는 언제나 질문을 많이 하는 아이였고, 삶에 대한 진짜 답변을 갈망하는 예민한 성격이었다. 나는 결코 무리에 휩쓸리지 않았다. 무언가 이해가 되지 않으면 생각을 바꾸거나 시각을 전환하는 데 거침이 없었다. 무언가 마음에 들지 않으면 "아니오"라고 말하거나, 어떤 상황이나 대화, 사람을 피하는 것도 주저하지 않았다.

나 자신과 신경다양성의 개념에 대해 더 알아가면서, 나는 다른 사람들을 격려하고 그 차이를 숨기지 않고 축하하기로 결심했다. 하지만 집단사고가 어떤 틀에도 스며들 수

---

* Glide Memorial Health Clinic, 노숙인 등 사회적 약자에 무료 의료와 복지 서비스를 제공하는 진보적 비영리 클리닉.

있다는 사실도 곧 알게 되었다. 나는 다양한 사고방식을 받아들이고, 여러 시각이 있을 때 오히려 잘 성장했지만, 공적 공간과 온라인 대화에서는 조심스러운 태도를 강요받는 느낌이었다. 나는 내가 말하지 않는 것들이 있음을 깨닫기 시작했다. 너무 두려워서 글로 쓰지 못하는 생각들, 친구에게 묻지 못하는 질문들이 있었다. 시간이 흐르면서 이것이 나를 갉아먹었다. 나는 항상 온전히 드러내고 표현하는 것을 옹호하는 사람이었는데, 실은 심각한 자기침묵에 빠져들었던 것이다. 특히 온라인에서 열린 토론을 중요하게 여긴다고 생각했던 사람들이 저지르는 악의적인 행동을 목격하면서 나 자신을 무심코 고립시키고 있었다. 소셜 미디어에서 접하는 흑백 논리와 극단적 사고는 '좋아요'와 '공유하기'로 보상받는 듯했다. 사람들이 그렇게 불충분한 정보와 맥락만 가지고 양극단으로 갈라지는 모습이 이해되지 않았다. 나는 상대방의 생각을 더 깊게 알고 싶어 질문하고 싶었지만, 온라인은 그럴 분위기가 아니었다. 그래서 나는 항상 혼자 조용히 연구하는 길을 택했다.

 나는 혼란스러웠다. 미디어와 뉴스에서 묘사하는 공동체와 문화는 내가 실제 경험한 것과 달랐기 때문이다. 점차 내 가족처럼 다양한 인간 군상을 가진 가족들을 현실에서 만나게 됐지만, 소셜 미디어나 주류 뉴스에서는 그런 관점이 보이지 않았다. 나는 불일치를 느꼈다. 이 문제에 대해 더 많은 사람들과 이야기하면서, 그런 복잡한 현실을 나눌 수 있는 공간이 없기에 두려움과 불안, 자기침묵이 존재하게 된다는 걸 알게 됐다. 이 현상을 더 깊이 파고들면서, 대화에서 의견의 미묘한 차이나 반대 의견이 어떻게 사라지는지 알게 되면서, 이 현상이 내가 연구해 온 주제와 연결되어 있음을 알게 되었다. 나는 전에는 주로 인지 다양성에 집중했으나, 관점의 다양성이 더 넓은 개념임을 깨달았다. 삶의 미묘함이 가려지면 우리는 세상의 풍부한 다양한 시각과 의견을 잃을 위험이 있다.

나는 수년간 이 생각들을 조용히 마음속에 담아 두고만 있었다. 온라인에서의 자기침묵 현상이 우리 내면과 신체, 정신 건강에 미치는 영향에 대한 질문으로 시작했지만, 이 주제를 다음 프로젝트로 결정하자마자 수많은 사람들의 이야기가 빠르게 쏟아져 나왔다. 나는 혼자가 아니었다. 우리는 모두 내면에 질문을 숨기고 가면을 쓰고 있었다. 곧 나처럼 여러 도전적인 관점을 받아들이고 비판적으로 사고하고 대화하는 것에 기쁨과 경이로움, 복잡성을 느끼는 사람들이 많다는 걸 발견했다. 나는 바로 그들을 위해 책을 쓰기로 마음먹었다.

그리고 이 책

이 책에서 나는 하버드와 버클리 재학 시절부터 CNN, 그레이터 굿 사이언스 센터Greater Good Science Center 등에서 취재 활동을 하며 쌓아 온 저널리즘, 심리학, 공중보건 지식을 토대로, 자기검열self-censorship과 다름에 대한 관용 부족 아래 심화되는 고립, 외로움, 양극화라는 긴급한 문제들을 탐구한다. 또한 책 곳곳에서 집단사고의 편안함을 벗어나 복잡하고 미묘한 사고를 공개적으로 받아들인 사람들을 만나며, 현재 우리 사회의 집단적 감정 내면을 전하고자 한다.

파트 1에서는 집단사고의 심리적·사회적 근원에서부터 현대 온라인 시대에 미친 영향과 우리가 처한 극단적인 상황까지를 살펴본다. 파트 2에서는 집단사고를 벗어나는 첫걸음으로, 자신의 생각을 파악하고, 집단사고를 벗어나는 과정에서의 불편함을 견디는 법을 소개한다. 또한 건강한 충돌과 논쟁을 받아들이고 복잡성과 연결이 서로 배타적이지 않다는 새로운 사회적 상호작용 방식을 익히는 길을 안내한다. 마지막으로 파트 3에서는 자유로운 사상가들이 다양한 생각을 받아들이며 온라인과 오프라인에서 번성하는 미래 비전을 제시한다.

내 목표는 여러분이 스스로 결론을 내릴 수 있도록 이끄는 것이다. 이를 위해 현대 집단사고를 바라보고 평가할 수 있는 다양한 관점을 제시하며, 그것이 여러분의 가족, 친구, 교실, 소셜 미디어, 종교 공동체, 직장, 뉴스 채널, 대중문화에서 어떻게 나타나는지를 보여 준다. 나는 여러분에게 무엇을 생각하라고 말하지 않으며, 또한 그럴 의도도 없다. 다만 세상이 점점 더 복잡해지고 양극화되어 가는 가운데, 여러분이 더 예리하게 생각하고 대화하는 사람이 되는 여정에서 생각할 거리를 제공할 수 있다고 믿는다.

이 책은 본질적으로 복잡한 세상의 소음 아래에서 소용돌이치고 거품을 일으키는 깊은 감정의 바다를 탐험하는 여정이다. 온라인이든 가정이든 정치 토론이든, 시끄러운 논쟁 이면에는 연약한 감정들이 존재한다. 하지만 이에 대해 이야기하는 사람은 드물고, 표면 아래 숨겨진 감정을 감지하는 능력은 흔치 않은 기술이다.

나는 내 생각을 말한 데 따른 반발과 자기침묵에서 오는 고통으로 인한 내면의 혼란을 아주 잘 알고 있다. 글을 쓰는 공인으로서 나는 까다로운 상황들을 헤쳐 나가야 했다. 우리가 타인과의 관계를 강력한 힘과 성장의 기둥으로 변모시기기 위해서는, 불편함과 불확실함을 견딜 용기를 길러야 한다.

이 책은 나의 탐구와 경험에 관한 이야기이자, 저항과 사회적 압력에 직면했을 때 비판적으로 사고하고 솔직하게 자신을 표현하는 법을 다루고 있다. 이는 외부에서 내부로의 접근법이라고 할 수 있다. 먼저 점차 가상 공동체가 되는 환경에서 왜 우리가 집단사고에 빠지고 고정된 정체성에 집착하는지 살펴본다. 다음으로 내면을 들여다보며 친구 집단, 직장 내 정치, 종교 규범, 문화적 경향에서 독립적으로 자신의 생각과 감정을 해석하는 방법을 탐구한다. 마지막으로 복잡한 생각을 자신 있게 전달하고, 의견 차이를 인정하면서도 소통할 수 있는 따뜻한 대화를 나눌 방법을 모색한다. 이 책이 온라인뿐 아니라 가족과 대화하거나 자녀를 교육하거나 친구를 사귀는 등 실생활에서도 유익하길 바란다.

   자기침묵은 우리 모두에게 각기 다른 방식으로 닿아 있다. 바로 코앞에서 또는 스마트폰 안에서 그리고 사회적 규범으로 퍼져 나가며 우리의 삶을 재편하고 있다. 이것은 우리가 서로 대화하고 관계를 맺는 방식과 서로를 대하는 태도에 영향을 미친다. 우리는 문화의 중대한 변곡점에 서 있으며, 이 험난한 상황을 어떻게 헤쳐 나가느냐가 우리의 미래 운명과 서로에 대한 감정을 결정할 것이다. 우리는 복잡하고 다층적인 존재임을 알고 있지만, 온라인 세계에서는 그 진실이 위협받고 있다. 온라인 세계는 우리를 이분법적 이념으로 몰아넣는 양극화된 범주와 알고리즘에 지나치게 집중하기 때문이다. 이 책은 소셜 미디어의 장막을 걷어내고 오랫동안 쌓인 장벽을 허물 것이다.

이 책을 쓰겠다는 사명감은 처음에 긴박한 감정에서 비롯되었으나, 오랜 시간 곱씹고 숙성시키는 과정을 거치며 그 마음은 차분하게 가라앉았다. 우리가 함께 시작할 이 여정 또한 우리가 직면한 과제들을 충분히 이해한 채 신중하게 나아가야 한다. 자기침묵과 대화 단절로 마음속 깊이 쌓여 온 답답함을 해결하고 싶지만, 빠른 해결책은 없다. 오히려 지금은 다시 세상과 연결되고 목소리를 낼 수 있도록 지침과 확신이 필요하다. 이 책은 그러한 치유의 길 위에서, 서로의 다름을 기쁘게 마주하고 열린 마음으로 다양한 관점을 포용하는 건강한 대화의 토대를 마련하는 데 이바지할 것이다.

나는 이 책에서 함께 질문할 수 있는 로드맵과 공간을 제시한다. 나 자신이 경험한 자기침묵의 여정은 충격과 혼란, 정지 상태를 거쳐 마침내 승리와 해방의 순간에 이르렀다. 삶의 질문과 방황, 그리고 복잡한 층위들을 나만큼이나 소중히 여기는 사람들을 만나면서, 어려운 문제들 속에 숨어 있는 미묘한 차이에 더욱 마음을 열 수 있게 되었다. 또한 아이디어와 소통, 그리고 표현의 자유를 향한 애정 덕분에 주위를 새로운 방식과 시각으로 바라보게 되었고, 과거에 옳다고 믿었던 것들과는 어긋날 수 있는 상반된 관점과 설명, 비전들까지도 기꺼이 수용할 수 있는 태도를 갖추게 되었다.

이러한 변화는 내가 세상 속에서 더 온전한 나로 설 수 있도록 이끌어주었고, '정답 같은 표현'을 고뇌하거나 스스로를 닫아버리는 대신, 마음을 열고 살아갈 수 있는 힘을 주었다. 수년간 특정 의견을 밝히는 것이 두려웠지만, 이 책을 쓰며 다시 자유롭고 솔직한 삶을 선택할 수 있었다. 부디 이 책이 여러분에게도 그런 변화의 시작이 되어주길 바란다.

이 여정은 마음을 단단히 먹지 않으면 감당할 수 없는 길이지만, 그 보상은 실로 엄청나다. 인간의 목표 중 하나가 진정한 사회적 조화라면, 그 조화는 우리가 스스로를 깊이 이해하고, 서로 다른 생각들이 억압이 아닌 축복으로 받아들여질 때 비로소 가능해진다. 억지로 순응과 합의를 거치지 않아도, 각기 다른 생각과 관점을 가진 사람들이 서로 편안하게 이어지는 세상을 상상해 보라. 관점의 다양성은 우리가 활용해야 할 세계적 자원이자, 보존이 필요한 보물이다. 우리는 모두 자유롭게 자신을 표현하고, 도전을 받아들이며, 우리가 상상했던 그 이상으로 성장하는 기쁨을 경험할 수 있어야 한다.

Part 1
우리는 어디에 서 있는가

자기침묵 문화의
뿌리

2022년, 자폐증을 가진 버지니아 대학교 4학년 학생 엠마 캠프 Emma Camp는 〈뉴욕타임스〉에 강의실에서 직접 경험한 군중심리를 주제로 칼럼을 기고했다.[8] 그녀는 평소에 기숙사와 캠퍼스 워크숍에서조차, 사소한 말 한마디가 왜곡되어 논란이 될까 봐 친구들이 말을 아끼고 문을 닫는다고 했다. 엠마는 인도의 '사티 sati' 관습에 대한 논쟁을 예로 들었다. 사티는 남편이 죽으면 아내를 함께 불에 태워 순장하는 관습으로, 지금은 거의 사라진 옛 전통이다. 엠마는 이러한 전통이 생명을 위협한다면, 외부인이라도 문제를 제기할 수 있어야 한다고 생각했다. 그러나 그녀가 마주한 반응은 전통 그 자체에 대한 논의가 아니라, 그 문화에 속하지 않은 사람이 그에 대해 말할 자격이 있느냐는 시선이었다. 대학은 다양한 관점이 충돌하고 서로를 자극하며 성장하는 공간이라 믿어 왔건만, 이러한 분위기에 그녀는 당혹스러움을 느꼈다. 그녀는 또한 한 친구가 슈퍼히어로 영화가 단순히 여성의 신체적 강함을 보여줬다는 이유로 높게 평가받는 것에 대해 문제를 제기했던 사례를 언급했다. 그 학생은 오히려 그 캐릭터의 내면적 갈등에 더 주목해야 한다고 주장했지만, 강의실 안 반응은 조롱에 가까웠다. 의견 차이는 지극히 자연스러운 일이지만, 마치 모두가 한 가지 방식으로 생각하는 것 같았다는 점이 이상했다. "그 학기 내내 비슷한 반응이 반복되었고, 점점 말문을 여는 학생들이 줄어들었다. 토론은 단조로운 메아리로만 채워졌고, 깊이 있는 논쟁과 긴장감은 사라졌다. 약속이나 한 듯 사회적으로 안전한 이야기들만 조심스레 오갔다." 칼럼을 통해 엠마는 담담히 털어놓았다.

  칼럼이 게재되자 새로운 '군중'이 X(구 트위터)에서 엠마를 찾아내 '사회적 보수주의자'라고 낙인찍고 공격하기 시작했다. 정작 그녀는 스스로를 좌파 성향의 자유지상주의자라고 밝혔음에도 불구하고 말이다. 이처럼 세심한 질문과 대화가 사라진 현실에 충격을 받았지만, 그녀는 물러서지 않았다. 이런 경험을 통해 그녀는 오히려 열린 탐구와 보도를 위해 더욱 헌신하게 되었다.

  그녀의 이야기 속에는 자폐인들이 위선과 불일치를 예민하게 감지하며, 집단 안에서 이상한 기류를 가장 먼저 포착한다는 내용이 담겨 있다. 자기침묵이 점점 많아지는 요즘이지만 자폐인, 즉 예민한 사람들은 점점 더 많이 나서서 목소리를 내고 있다. 이들은 사회적 모순과 부조리, 위선을 예리하게 감지하는 경향이 있다.[9] 몸짓과 말투, 예상 밖의 언어 패턴, 격한 감정 표현 같은 작은 신호들에 민감하게 반응하며 불편한 감정을 느끼기 때문이다.[10] 때로는 이런 예민함 때문에 남들과 다른 박자로 걷는 것처럼 보이기도 하지만, 이는 무지함 때문이 아니다. 이들은 귀를 쫑긋 세우고 눈썹을 찌푸린다. SNS를 스크롤하며 사람들의 상호작용을 볼 때면 가끔 속이 불편하다. 집단의 감정 기류 속에서 무언가 '이상'하다는 것을 알아차린다. 온라인 공간은 때로 종교 집단처럼 갇힌 환경으로 느껴지는데, 감각에 예민한 자폐인은 그런 분위기 속에서 자연스럽게 불편함을 감지한다. 이들은 옳지 않다고 느껴지는 집단에 맹목적으로 따르지 못하며, 자신의 감각과 맞지 않는 상황에서는 몸이 먼저 거부감을 나타낸다. 이런 예민함이 이들을 끊임없이 불편하게 만든다.

  예민한 사람들에게 자기침묵self-silencing이 팽배한 분위기를 몹시 불편해하며, 그런 기류를 즉시 감지한다. 아마도 사람들이 '가면을 쓰고' 자신을 숨긴 채 무리에 섞이려다 겪는 좌절과 상처를 많이 경험했기 때문일 것이다.[11] 자기조절에 어려움을 겪는 신경다양성인* 중에도 군중심리에 휘말리는 경우가 있긴 하지만, 대부분은 이러한 집단사고를 거부한다. 이는 자신을 포기하고 집단에 기계처럼 순응하라는 무언의 압력이라고 생각하기 때문이다.

  자폐증이나 신념, 의견 같은 개인적인 진실을 오랜 시간 억누르고 감추는 데는 엄청난 에너지가 필요하다. 이는 수많은 심리학 연구가 보여주듯 우울과 불안의 원인이 되며,[12] 자아가 분열되고, 자신이 충분히 존중받고 있다고 느끼지 못하는 상태로 이어진다. 안타깝게도 자기검열에서 비롯된 이런 분위기는 점점 사회 전반으로 퍼져 나가고 있으며, 나는 이를 '자기침묵 문화'라고 부른다. 이는 모든 사람이 겪는 새로운 형태의 캔슬 컬처**다. 온라인상에서 캔슬 컬처가 자극적인 기사 제목을 양산하는 동안, 자기침묵의 분위기는 조용히 우리의 일상 속으로 스며들고, 사람들은 온라인 안팎 어디서든 눈치를 보며 두려움 속에 살아간다.

---

  *   neurodivergent folks, 자폐나 ADHD 등 전형적인 발달과 다른 신경 특성을 지닌 사람들.

 ** cancel culture, 사회적 물의를 일으킨 인물이나 발언자를 공개적으로 비난/배제하는 문화. SNS에서 특히 활발하게 나타남.

집단사고는 약인가, 독인가?

처음에는 아무 문제도 없어 보인다.

그러나 조금 거리를 두고 보면, '동조 conformity'라는 현상이 사회적으로 어떤 기능을 하며 어떻게 출발하는지 쉽게 알 수 있다. 독일 막스플랑크 진화인류학연구소 Max Planck Institute of Evolutionary Anthropology 의 연구[13]에 따르면, 동조는 생후 2세 무렵부터 나타난다. 해당 연구에서는 유아들에게 공을 상자에 넣는 과제를 주었다. 특정 상자에 공을 잘 넣은 유아들은 보상으로 초콜릿을 받았다. 그런데 처음엔 보상을 인식하고 정확히 수행했던 유아들이 다른 아이가 잘못된 상자를 선택하는 걸 본 이후, 그 행동을 그대로 모방하여 더는 초콜릿을 받지 못하게 되었다.

유아기를 벗어나 초콜릿이라는 보상을 넘어 생각해 보면, 동조는 인류의 역사에서 집단과 개인을 보호하는 역할을 톡톡히 해 왔다. 불에 손을 대지 말 것, 절벽 근처에서는 빠르게 달리지 말 것, 어른에게 예의를 지킬 것 등은 모두 동조를 통해 학습된 행동이다. 이러한 동조는 문자 그대로의 생존이나 존재론적 생존 측면에서 중요한 역할을 한다. 그러나 동조에는 어두운 면도 존재한다. 문명이 발달하고 기술이 발전할수록 그 부작용은 더욱 심화된다. 작은 소문이 마녀사냥으로 번지고, 비판적 사고의 부재와 집단 히스

테러로 인해 사람이 목숨을 잃기도 한다. 피부색, 민족, 사회계급 등의 협소한 개념에 기반한 동조는 수많은 사람의 학살을 정당화하는 도구가 되기도 했다. 어느 시대에서나 동조가 불러온 부작용은 쉽게 찾아볼 수 있다. 현대 사회에서는 대중매체가 이러한 동조를 더욱 빠르게 확산시킨다. 이것이 아마도 가장 무서운 점일 것이다. 주머니 속 휴대폰과 손가락 하나로 순식간에 수백만 명에게 전달되는 앱을 통해, 누구나 감정에 쉽게 휘둘릴 위험이 있으며, 이는 비판 없는 맹목적 동조로 이어질 수 있다.

현대 언론 메커니즘

현대의 자기침묵 문화를 이해하기 위해서는, 먼저 현대 미디어의 최근 역사를 이해해야 한다. 바트야 웅가 사르곤 Batya Ungar-Sargon은 자신의 저서 《나쁜 뉴스Bad News》14에서 미국 언론의 흥미진진한 역사를 설명한다. 이 역사는 지역 신문에서부터 폭스 뉴스와 CNN, 그리고 소셜 미디어에 이르기까지 다양하다. 미국 현대 언론은 19세기 뉴욕 노동자 계층 지역에서 출현한 저가 대중 신문에서 그 뿌리를 찾을 수 있다. 당시 신문은 평범한 사람들의 일상을 기록했기에, 정보 공유는 결코 사치가 아니었다. 그들은 자신들의 삶과 관련된 정보를 절실히 원했다.

  19세기 후반과 20세기 초에 걸쳐 뉴욕 상류층이 자리 잡으면서, 그들의 욕구와 관심사에 부응하는 신문에 대한 수요가 폭발적으로 늘어났다. 이에 따라 신문사들 사이에는 엘리트 계층을 겨냥한 경쟁의 장이 펼쳐졌다. 사람들은 신흥 계층의 상징처럼 된 신문을 읽는 모습을 뽐내고 싶어 했으며, 신문 지면에 이름을 올리는 것을 '성공의 척도'로 여겼다. 광고주들은 고소득 독자들을 겨냥한 마케팅에서 수익성을 발견했고, 모두가 이 흐름에 합류했다. 언론은 더 이상 노동자 계층을 겨냥하지 않았으며, 비즈니스 모델도 그에 맞게 변화해 갔다.

  현대 미디어는 여전히 이와 같은 방식으로 작동하고 있다. 심리학 및 마케팅 지식과 사용자 테스트 결과가 축적되면서, 언론은 가장 열성적인 독자들이 분노와 강렬한 감정에 취약하다는 점을 깨달았다. 이는 그 독자층을 겨냥하면 가장 큰 수익을 얻을 수 있다는 뜻이었다. 이로써 미디어는 단순한 정보 전달을 넘어, 선정성에 기대어 증오와 분열을 조장하는 길로 나아갔으며, 복잡한 사회적 문제들에 대한 신중한 논의는 점점 사라졌다. 최근 들어 〈뉴욕타임스〉, NPR(미국 공영 라디오 방송국), TED를 포함한 여러 미디어 기관이 특정한 편향에 따라 콘텐츠를 제작해 왔다는 보고가 나왔다.[15] 관점의 다양성을 우려하는 목소리는 묵살당하고, 오히려 자극적이면서도 '사회적으로 안전한' 이야기들이 우선시되는 아이러니한 현상이 나타났다. 그러나 다행히도, 이런 비판을 계기로 이들 매체는 최근 보다 균형 있는 보도를 시도하고 있다.[16]

   복합적인 현실을 담아내는 보도의 부재와 자유로운 의견 교환을 장려하지 않는 환경은 현대 언론의 기능을 약화시켰으며, 민주주의는 물론이고 개인 간의 진정한 소통 능력에도 지속적인 악영향을 미쳤다. 그리고 이제는 정보 전달 수단인 인터넷과 소셜 미디어가 소통을 가로막는 가장 단단한 장벽이 되고 있다.

   이제 정보 공유를 지배하는 이 매체는 공동체와 공공 광장이라는 이상을 내세우며, 영상과 인터뷰, 칼럼 등에 끝없는 댓글을 허용하며, 마치 떠다니는 도시처럼 형체 없는 세계가 되었다. 우리는 이제 진실과 허위 정보를 직접 구분해야 하는 것은 물론, 우리 자신의 마음과 감정마저 끊임없이 조율하고 검열하는 시대를 살아가야 한다. 집에서 조용히 종이 신문을 읽는 것과, 붐비는 버스 안에서 휴대폰 화면에 쏟아지는 수많은 시각적 정보에 노출되는 경험은 하늘과 땅 차이다.

인터넷 집단사고 + 익명성 = 재앙

1990년대 중반부터 평론가들은 인터넷으로 인해 공동체 의식이 사라지고, 서로 낯선 사람들로만 가득한 세상을 만들 수 있다는 점에 대해 경종을 울리기 시작했다. 심리학자 존 A. 테스키^{John A. Teske}는 2002년 〈종교와 과학 저널^{Zygon: Journal of Religion and Science}〉에 기고한 글에서 이렇게 밝혔다. "인터넷상의 우정은 편리하고 심지어 즐겁지만, 정서적 지지의 맥락과 육체적 상호작용이 부족해 더 깊은 인간관계를 희생시킬 수 있다."[17]

그는 또 이렇게 썼다. "모든 생각이 일종의 대화라면, 그것을 오로지 언어라는 매체로 바꾸는 것은 결코 쉬운 일이 아니다. 그렇게 되면 그 속에 담긴 감정과 신체적 감각, 살아 있는 경험의 결이 사라지기 십상이다." 은퇴 후 펜실베이니아 시골에서 조용한 삶을 살고 있는 테스키의 저서는 인터넷이 지배하는 초온라인 시대의 '디지털적 탈신체화^{disembodiment}'를 초창기부터 일관되게 조명한 거의 유일한 자료이다. 그는 2002년 "사회적 힘과 기술적 요인들이 우리의 사회적 상호연결성을 점차 침식시키고 심지어 심리적 분열까지 초래하고 있다."라고 단언하며, 시대를 앞서가는 통찰을 보였다.

인터넷은 궁극적인 도피처이다. 그러나 우리는 무엇으로

부터 숨고 있는가? 내 생각은, 나아가 내가 우려하는 지점은, 사람들이 자신의 평범함, 육체성, 나아가 죽음을 향한 불안을 피하기 위해 인터넷에 몰입한다는 것이다. 테스키 역시 이 점을 우려한다. 그는 이렇게 썼다. "인터넷은 우리가 신체의 연약함, 존재의 불안정함, 죽음이라는 근원적 두려움을 외면하게 해 준다. 문제는 육체와 신체성, 생물학적 토대를 부정하는 과정에서 우리 영혼의 근본까지 위태로워진다는 데 있다."

그는 향후 20년 이상을 예견하며 다음과 같이 진단한다. "불행하게도, 그리고 어쩌면 역설적으로, 전자 통신은 다양한 형태를 통해 인간 간 상호의존성을 확장시킬 수 있으나, 개인용 컴퓨터 기반의 인터넷 사용 증가는 우리의 사적인 세계를 더 정교하게 구축하게 만들고, 각자의 내면에 맞춘 고립된 세계를 형성하게 만들 것이다. 결국 개인은 사회적 단절뿐 아니라, 정체성의 내적 해리 internal dissociation 라는 심리적 위험에까지 이르게 될 수 있다."

인터넷의 연결성과 정보 접근성에 대해 많은 평론가들이 희망을 품었지만, 그 반대편에서는 그것이 사회에 미칠 영향에 대해 걱정하는 이들도 있었다. 그리고 놀랍게도, 양쪽 모두의 예측은 옳았다. 소셜 미디어와 인터넷은 우리에게 많은 가능성을 줬지만, 동시에 완전히 새로운 차원의 문제들도 만들어 냈다. 2001년 출간된 그의 저서 《사이버심리학으로의 접근Towards CyberPsychology》는 이렇게 시작한다. "새로운 소통 기술과 경험의 확산은 곧 우리의 상호작용 방식을 바꾸게 될 것이다."[18] 그 이듬해, 테스키는 이렇게 기술했다. "인터넷에는 정보의 질 문제뿐 아니라, 정보 과잉으로 인한 주의력 제한이라는 진짜 문제가 있다." 20여 년 전의 예견을 돌아보며 나는 이렇게 말하지 않을 수 없다. "정말이지 당신의 걱정은 정확히 현실이 되었습니다."

인터넷은 단순히 우리의 사고방식만을 바꾼 것이 아니다. 오히려 그것보다 더 근본적으로, 우리가 세상을 바라보는 시선과 서로를 대하는 인식을 바꾸었다. 일부의 목소리만 증폭되는 공간에서 우리는 전체 여론을 왜곡된 렌즈로 들여다보게 되고, 그 결과 다양한 시선을 듣지 못한 채 스스로 침묵하게 되는 악순환에 빠진다. 타인의 반응을 두려워한 나머지 우리 스스로도 입을 다물게 되고, 결국 사람들이 정말로 무엇을 생각하고 느끼는지에 대한 감각은 점점 무뎌진다.

우리는 때때로 우리 주변 모두가 똑같은 생각을 하고 있다고 믿으며, 그 흐름을 거스르는 발언 하나가 사회적 비난을 불러올까 봐 두려워한다. 체코의 커뮤니케이션 전문가인 이오아나 코쿠로바-지우르지우 Ioana Kocurova-Giurgiu는 이렇게 말한다. "캔슬 컬처는 표현의 자유를 본질적으로 제한하는 자기침묵을 부추기고, 이는 현실을 왜곡한 일방적인 대화를 낳아 사회와 민주주의의 가치를 위협한다."[19]

   기술과 집단사고가 맞물려 단단히 굳어져 버린 지금, 그 흐름에 맞서 싸우는 건 결코 쉬운 일이 아니다. 소셜 미디어와 집단사고는 본질적으로 얽혀 있다. 알고리즘이 인간의 심리를 정교하게 파고들어, 강력하고 중독적인 방식으로 작동하기 때문이다. 강한 집단 간 경계가 자기침묵과 캔슬 컬처를 만들어 내며, 뉴스 미디어는 이를 바탕으로 클릭 수와 광고 수익을 극대화한다. 이 둘은 분리될 수 없는 구조이다. 알고리즘은 갈등을 만들어 낼 수 있는 주제를 누구에게 어떻게 전달할지 정확히 알고 있으며, 이런 콘텐츠는 빠르게 확산된다. 그 결과, 언론은 높은 조회수를 얻지만, 사회는 점점 더 분열되고, 중간 지대에 위치한 사람들은 더 깊은 침묵 속으로 몰린다. 자신이 어떤 철학적 공허 속에 있다고 착각하며, 더 이상 목소리를 낼 수 없다고 느낀다. 하지만 실제로는 그렇지 않다. 점점 더 많은 사람이 그 중간 지대, 회색의 경계선에서 자신의 목소리를 내고 있다.

집단의 반대파와 정체성 고아

아마도 집단사고가 부상하면서 가장 비극적으로 희생된 것은 독립적인 비판적 사고일 것이다. 인터넷은 우리를 분류된 카테고리 안으로 몰아넣기를 좋아한다. 진보 대 보수, 도시 대 농촌, 부자 대 서민 같은 식이다. 이런 방식은 '적절한' 콘텐츠를 '적절한' 청중에게 전달하는 데 유리하다. 하지만 이는 우리가 복합적인 존재라는 현실을 지워 버린다.

우리는 명확히 구분된 여러 집단과 경계가 뚜렷한 여러 범주에 조금씩 속해 있다. 하지만 그 어떤 것도 우리 존재를 온전히 담아내지는 못한다. 우리는 그 견고해 보이는 벽들이 맞닿은 틈새에서 살아간다. 그리고 그 벽들이 언젠가 불타 없어질 날을 기다리며, 연결되고 하나로 합쳐져 다시 온전해지기를 갈망하고 있다.

에렉 스미스Erec Smith는 펜실베이니아 요크 대학York College of Pennsylvania에서 수사학을 가르치고 있으며, 흑인 사상과 정체성에 대한 획일적인 시각에 저항하는 비판적 사유 커뮤니티인 '자유 흑인 지성Free Black Thought'의 공동 창립자이다. 어느 날 아침에 그와 줌Zoom으로 대화를 나누다가, 나는 그가 어떻게 이런 '저항적 사고방식'을 갖게 되었는지 알고 싶어졌다. 그는 원래부터 그렇게 솔직하고 반골적인 사람이었을까?

흐릿한 경계선 속에서 진실을 포착하려는 그의 시선과, 단일한 담론에 맞서려는 예민한 감각은 과연 어떤 삶의 경험에서 비롯된 것일까?

그 감정은 열네다섯 살 무렵부터 제 안에 스며들기 시작했습니다. 저는 백인이 대부분인 동네에서 태어나고 자랐습니다. 물론 그들은 저를 달가워하지 않았고, 저는 많은 배척을 받았습니다. 그래서 다양한 인종이 함께하는 중학교에 진학하게 되었을 때, 저는 진심으로 기대했습니다. 흑인 학생이 절반이나 되는 그곳에서, 마침내 저와 비슷한 경험을 가진 이들을 만날 수 있으리라 믿었습니다. 그러나 현실은 달랐습니다. 그들 또한 저를 밀어냈습니다. 이번에는 너무 백인 같다는 이유였습니다. 백인 사회에서 자라난 배경이 오히려 또 하나의 낙인이 되어 저를 고립시켰습니다. 그 순간 저는 깨달았습니다. 겉으로는 전혀 달라 보이는 두 집단이, 저를 바라보는 방식에서는 놀라울 만큼 닮아 있었다는 사실을요. 저를 향한 메시지는 분명했습니다. 제가 이쪽도, 저쪽도 아니라는 것이었습니다.

이러한 경험은 그가 수사학에 처음 관심을 가지는 계기가 되었다. 당시에는 수사학이라는 말을 몰랐지만, 그는 두 집단이 비슷한 목적을 서로 다른 언어로 표현한다는 사실에 흥미를 느꼈다.

스미스에게 있어 자유로운 개인적 사고는 언제나 삶의 중심이었다. "그때 저는 깨달았어요. 집단 소속이란 건 생각보다 별것 아니더라고요. 왜냐면 저는 그 어디에도 받아들여지지 않았거든요. 그래서 오히려 제 안의 개별성을 껴안았고, 그것이 얼마나 힘 있는 것인지 알게 됐죠. 나중에야 그것이 고전 자유주의의 핵심이라는 걸 이해했습니다."

그는 수사학 박사 학위를 받은 뒤 교단에 섰다. 그리고 어느 날, 동료들과 이메일을 주고받던 중, 그들의 '다양성·형평성·포용 논리'에 이의를 제기했다. "한 기조연설에서 말하더군요. 표준 영어를 흑인 학생에게 가르치는 것 자체가 인종차별이고, 백인 교수가 존재하는 것도 문제라고요." 스미스는 이런 주장이 학생들을 위한 최선인지 의문을 품었다. "그 순간 저는 마치 열다섯 살로 돌아간 느낌이었죠. 단지 이번에는 흑인과 백인이 한데 뭉쳐서 저를 불편한 존재로 여기고 공격했다는 점이 달랐습니다. 그러나 그것이 지금의 저를 만든 계기입니다. 어떤 사람들에게는 흑인으로 존재하는 방법이 단 하나뿐이라는 것을, 그리고 흑인과 백인이 모두 당신을 감시할 거라는 것을 깨달았습니다." 영어의 여러 형태를 인정해야 한다는 의견과는 별개로, 스미스는 표준 영어를 가르치는 것은 본질적으로 인종차별이 아니라고 생각한다.

　나는 흑인 사상과 다양성, 정체성을 옹호하는 활동을 시작한 그가 바라보는 더 큰 목표는 무엇인지 질문했다. 그는 흑인이라는 정체성은 여러 가지 방식으로 존재하며, 단 하나의 정의가 없다는 사실을 널리 인식시키는 것이 목표라고 답했다. 그는 토론과 숙의, 소통, 담론의 역할을 변함없이 지지하며, 이것들이 민주적인 시민 사회에 없어서는 안 될 것이라고 믿는다. "사람들이 한 국가 내에서 서로 잘 지내는 방식에 대해 고민한다면, 숙의와 수사학이 얼마나 중요한지 가장 먼저 인식했으면 좋겠습니다." 그가 말했다. "많은 문제가 서로 다른 의견을 나누지 못하는 데서 발생합니다. 저는 수사학 분야가 이를 해결하는 데 크게 기여할 수 있다고 생각합니다." 그는 흑인 사회 내 다양한 관점을 알리고, 수사학이라는 학문과 실천이 그 이해에 필수적임을 거듭 강조했다.

　스미스는 수사학을 '번역 연구'라고 부르며, 자신의 아이디어를 공개적인 아이디어 시장에 내놓고 효과적이고 설득력 있게 전달하는 방법을 배우는 것이라고 설명한다. 그는 집단 소속이 손쉬운 도피처에 불과하며, 두려움과 불안을 잠시 덜어 줄 뿐이라고 말한다. "수사학은 편안한 영역을 벗어나 자신의 능동성을 발휘하는 방법 중 하나이죠. 청중의 가치와 신념을 파악하는 법을 가르치며, 여기에는 경청과 공감이 필요합니다. 대부분의 시도는 '우리가 어떻게 잘 지낼까?'에서 시작하지만, 진짜 질문은 '우리가 우리 자신을 어떻게 알 수 있을까?'이어야 합니다."

나는 스미스에게 '커뮤니티'와 '소속'이라는 개념에 대해 어떻게 생각하는지 물었다. 그는 더 이상 그런 틀에 기대고 싶지 않은 걸까?

사람은 자신이 어떤 집단에 소속될지를 스스로 선택할 수 있어야 합니다. 태어나면서부터 자연스럽게 공유하게 되는 공통점이 있을 수는 있지만, 그렇다고 해서 우리가 모두 같은 사람이라는 뜻은 아닙니다. 이런 공통점은 '집단적 지향'의 기초로 쓰일 수는 있겠지만, 실제로 일상 속에서 삶을 꾸려 나가는 데 있어서는 각자가 자신의 소속을 자유롭게 결정할 수 있어야 하며, 그것이 바로 시민 사회의 핵심입니다. 설령 어떤 공동체 안에서 태어났다고 해도, 개인은 선택할 수 있는 주체이며, 그 주체성이 보장된다면 그 공동체를 떠나는 것도 가능해야 합니다. 그리고 그것이 사회적 문제로 간주되어서는 안 됩니다. 저는 공동체의 가치를 믿습니다. 다만, 강요된 공동체가 아니라 스스로 선택한 공동체이어야 한다고 믿습니다.

사상과 비판적 사고, 수사학의 영역에서, 우리는 삶의 중요한 질문들을 진지하게 탐구하며 여정을 함께할 수 있다. 반면, 정체성만을 매개로 관계를 맺으려 하면 우리는 스스로를 제한하게 된다. 예를 들어, 나 자신의 정체성이라는 질문에 직면했을 때, 과연 무엇으로 나를 정의해야 할까? 무엇이 가장 중요할까? 여성으로서의 삶? 신경다양성? 아니면 언론인으로서의 경력? 이 어느 것도 내가 살아오며 형성된 내면의 구조와 관점을 온전히 설명해 줄 수는 없다.

분명히 말하자면, 역사적으로 소외된 정체성의 권리 신장을 위한 중요한 발전을 내팽개치자는 뜻이 아니다. 오히려 굳게 자리 잡은 집단 구분을 허물고, 각 개인을 본질적으로 섬세하고 미묘한 존재로서 깊은 관심과 사랑, 존중, 호기심으로 대해야 한다는 뜻이다.

나와 같은 생각을 지닌 사람이 많다는 걸 알지만, 새로운 길이나 색깔, 산봉우리에 이름이 없다면 아무도 그것을 어떻게 불러야 할지 모를 것이다. 이름이 없으면, 존재해도 언급되지 못한 채 남겨지기 쉽다. 표현은 가능하겠지만 말이다. 어쩌면 우리 같은 부적응자들은 '하위 범주'라고 불릴지도 모른다. 나는 그보다는 '정체성 고아'라고 부르고 싶다. 기존의 정체성 구분은 우리가 진정 누구인지 제대로 드러내지 못하기 때문이다.

당신은 '제3문화권'에서 자라 성인이 되었거나, 나처럼 대도시 한복판에서 자랐거나, 해외 군사기지에서 성장했을 수도 있다. 당신은 세상이 한 가지 방식으로 규정하려 해도 무한히 복잡한 존재이다. 의학에서는 '아임상subclinical'이라는 용어가 있다. 어떤 진단 기준에 일부는 부합하지만, 임상적으로 분류될 만큼은 아닌 상태를 뜻한다. 환자는 고통을 겪고 있지만, '진단 기준'에 미치지 못해 간과된다. 최근 들어 의학계는 이런 문제를 해결하고자 자가 면역 질환처럼 이분법적 진단이 어려운 분야에 대해 '스펙트럼'이라는 개념을 도입하기 시작했다. 진단명은 없더라도 자가 면역 스펙트럼 어딘가에 위치할 수 있게 된 것이다. 결국 중요한 건 이거다. 예/아니오 식의 이분법적 분류는 사람들을 크게 나누는 데는 편리하지만, 그 방식으로는 우리가 가진 섬세하고 복합적인 정체성을 제대로 담아낼 수 없다.

'집단의 반대파' 혹은 '정체성 고아'로 살아간다는 것에 대한 의견을 독자들에게 물었더니, 캐나다의 예술가 에이미가 다음과 같이 응답했다.

오늘날 사회가 안고 있는 주요한 문제는 사고와 논의가 점점 양극단으로 치우쳐 가고 있다는 점입니다. 세상은 복잡하고 섬세한 진실들로 가득하지만, 우리는 이를 외면한 채 흑백 논리에만 매몰되고 있습니다. 그러나 세상을 단순하게 바라보려는 시도는 오히려 진실을 가리는 장막이 되고 있습니다. 저는 자폐 스펙트럼 특성을 지닌 사람으로서 위선과 허위를 민감하게 감지합니다. 그렇기 때문에 '정치적 올바름'을 내세우면서도 정작 비판적 사고가 실종된 서구 사회의 모습은 매우 충격적으로 다가옵니다. 저는 어떤 정당에도 속하지 않습니다. 당파성보다는 투명성과 정직성, 그리고 다수에게 실질적으로 효과적인 접근에 더 큰 가치를 둡니다.

극단적인 사례를 전체로 일반화하는 것은 인간이 자주 저지르는 오류이다. 언론은 이러한 오류를 부추기며, 자극적이고 과장된 인물을 통해 한 집단을 정의하려 한다. 언론은 한 집단의 가장 과장되고 자극적인 표현만을 앞세워 높은 조회수와 상업적 수익만 노린다. 내가 이 '이단적 여정' 속에서 만난 이들 중 다수는 소수자 집단에 속했지만, 그 누구도 미디어가 그려내는 극단적 이미지에 부합하지 않았다.

이단적 사고를 가진 사람들 중에는 재능이 뛰어나고 자기 성찰적인 성향을 지닌 이들이 많다. 하지만 복잡한 사고는 고통을 낳는다. 그 무게가 버겁다. 보람도 있지만 외롭고 힘들다. 다른 이들이 단면만 볼 때, 우리는 여러 관점을 본다. 그게 고립과 슬픔을 낳는다. 한 방향의 시선만이 허용되는 사회에서 여러 관점을 동시에 보는 일은 사람을 소진시키도 한다.

　세상은 인간을 하나의 범주에 가두고, 단순화하며, 집단화하려고 한다. 이러한 세계에서 민감한 자아로 살아가는 일은 큰 용기를 요구한다. '정체성 고아'라 불리는 이들 혹은 신경다양성을 지닌 사람들은 이러한 감정을 그 누구보다 잘 알고 있다. 깊게 다가오는 외로움에도 불구하고 자신을 있는 그대로 드러낼 용기를 낼 때, 누군가는 '나만 그런 게 아니구나!' 하고 느낄 수 있을 것이다.

　집단의 반대파와 정체성 고아들은 어떤 명칭에도 자신을 쉽게 가두지 않는다. 특히 과거의 반작용으로 생겨난 용어들에 대해서는 더욱 그렇다. 인간은 자신을 단편적인 정체성 하나로 규정할 수 없으며, 온전한 색채로 드러낼 수 있을 때 비로소 진짜 '나'를 만나게 된다. 하지만 스스로를 침묵시키는 환경에서는 그 온전함이 빛을 볼 수 없다.

　그래도 여전히 희망은 있다. 나는 점점 근본주의적 사고에 금이 가고 있으며, 이제 서로를 이해하고 연결하려는 움직임이 일어나고 있다고 느낀다. 온라인에 흩어져 있던 외로운 목소리들이 이제 점차 하나로 모이고 있다. 작가, 운동가, 팟캐스트 진행자, 심리 전문가까지 다양한 이들이 이 흐름에 동참하고 있다. 나는 자유로운 아이디어 교환과 역사적 맥락에 대한 인식이 어우러져 '정체성'과 '자아'를 순응의 굴레가 아닌 확장으로 이끄는 미래를 희망한다.

대학 캠퍼스에서부터 디지털 공간까지, 의견 차이를 견디는 법을 익히는 일은 어렵지만 그만한 가치는 충분히 있다. 우리에게는 새로운 모델, 새로운 사례, 새로운 사고의 리더들이 필요하다. 다행스럽게도 이러한 존재들이 서서히 나타나고 있다. 무엇보다 우리가 해야 할 일은 이런 주제에 대해 꾸준히 관심을 갖되, 분노에만 기대거나 소셜 미디어의 급류에 휩쓸리지 않도록 스스로를 단단히 붙드는 것이다. 우리가 비판적 사고와 분별력 있는 태도를 가지면, 우리 자신뿐만 아니라 공동체의 안녕에도 희망이 생긴다. 집단사고의 위험을 인식할 수 있을 때에야 비로소, 힘들게 얻은 개인적 통찰을 바탕으로 이 복잡한 세상을 스스로의 힘으로 살아갈 수 있게 될 것이다.

집단사고의
효과

오늘날 온라인에서 볼 수 있는 굳어진 집단사고, 즉 마치 좀비처럼 같은 의견만 되풀이되는 모습은 오프라인에서도 실질적인 영향력을 행사하며 우리 일상 속의 인간관계에도 영향을 준다. 수백만의 교사, 기술자, 치료사, 배관공, 전업주부, 목수, 의사, 교수, 소방관, 간호사 등 다양한 직업군의 사람들이 지금 심리적인 위기에 직면해 있다. 지금 우리는 사람들 스스로가 공개적으로 질문하거나 탐색하고 토론하는 것을 두려워하는, 심리적으로 위험한 시대를 살고 있다. 이런 과정들이야말로 사람들을 하나로 묶는 힘이 될 수 있는데도 말이다. 만약 그런 마찰이 처음부터 허용되지 않는다면, 극복해야 할 긴장감도 없게 되고, 그래서 사람들 마음속 조용한 질문들은 억눌린 채로 남는다. 이 문제는 우정, 직장, 민주주의, 가족, 그리고 우리가 소중히 여기는 지성과 철학 전통 모두에 영향을 미친다.

결국 우리는 정치에서 위선을 보게 되고, 사람 자체에 대한 믿음과 이해가 아니라 이념에 대한 맹목적인 동의로 만들어진 우정을 목격하게 된다. 더 나아가 '권력에 맞서 진실을 말한다'라는 고귀한 행위조차, 이제는 개인적 갈등을 세상에 드러내는 도구로 전락하고 말았다.

오늘날의 캔슬 컬처와 그로 인한 군중 공격 사례에서 촉발점이 된 발언을, 타인의 판단에 휩쓸리기 전에 직접 듣거나 읽어 보면 의외로 사소한 경우가 많다. 물론 때때로 실제로 심각한 발언이 촉발점이 되기도 하지만, 많은 경우에 표현이 심각하게 왜곡되거나 맥락이 제거된 상태에서 군중의 분노를 사게 된다.

가장 격렬하게, 그리고 대중적으로 군중심리와 집단사고, 그리고 자기침묵의 그림자가 드리우는 곳은 바로 대학과 학교다. 수많은 교수와 교사들이 말 한마디로 일터를 잃고, 기숙사와 강의실에는 냉랭한 자기침묵의 기류가 팽배하다는 증언이 끊이지 않고 있다. 토론토의 한 교사도 그런 상황을 겪었다.[20] 그는 교육 분야에서 오랫동안 존경받아 온 인물이었다. 그는 어느 다양성 워크숍에서 '캐나다의 교육 시스템은 미국만큼이나 부당하다.'라는 진행자의 발언에 조심스럽지만 분명하게 반론을 제기했다. 두 나라의 역사적 맥락을 보았을 때, 캐나다가 전반적으로 더 공정한 정책을 펼쳐 왔다는 점을 지적하고 싶었던 것이다. 그는 캐나다의 교육 시스템이 아무런 문제가 없다고 말한 것이 아니었다. 다만 그 미묘한 차이를 워크숍 진행자에게 알리고 싶었을 뿐이었다. 그러나 그처럼 조심스럽고 온건한 발언에도 불구하고, 워크숍 진행자는 해당 교사를 공개적으로 문제 삼으며, 마치 그가 캐나다 교육 시스템이 완전히 공정하고 아무런 결함도 없다고 말한 것처럼 몰아세웠다. 그러나 당시 녹취록을 확인하면 알 수 있듯이, 그는 그런 말을 한 적이 없다. 단지 미국과 캐나다 두 나라의 교육 현장을 경험한 사람으로서, 상대적으로 캐나다가 더 공정해 보인다고 조심스럽게 표현했을 뿐이다. 그 다음 주 두 번째 워크숍에서, 진행자는 그 교사를 교육 불평등에 관한 자신의 메시지를 방해한 '저항 사례'로 공개적으로 지목했다. 이는 해당 교사에게 치명적인 수모로 다가왔고, 그는 진정성 있는 대화를 나눌 기회마저 빼앗겼다고 느꼈다. 결국 그는 비정상적인 소통 방식과 그로 인한 업무 손실, 정신적 피해를 이유로 산재 보상을 청구했고, 이는 인정되었다. 해당 결정문은 해당 행위가 "학대적이고, 극심하며, 괴롭히는 성격을 띠어 직장 내 괴롭힘과 집단 따돌림의 수준에 이른다."라고 명시하였다. 그러나 그의 명성은 끝내 회복되지 못했고, 근무했던 학교에서마저 환영받지 못하는 분위기였다. 그는 20여 년간 여러 학교에서 대안 학습자들을 옹호하며 헌신해 온, 널리 존경받는 교장이자 교육자였다. 하지만 안타깝게도, 이 모든 사건이 남긴 깊은 정신적 상처와 감정적 충격에서 끝내 벗어나지 못한 그는 2023년 스스로 생을 마감했다.

미네소타 햄라인 대학교의 한 미술사 교수는 예언자 무함마드의 그림을 수업 자료로 잠시 보여 줄 예정이었다.[21] 그는 그 이미지가 어떤 이들에게는 무해하지만, 또 어떤 이들에게는 깊은 불쾌감을 줄 수 있음을 충분히 인식하고 있었다. 그는 강의계획서에 해당 내용을 명확히 알리고, 줌 강의에서도 사전 공지를 통해 학생들에게 미리 알리는 등 신중을 기했다. 이 그림은 전 세계 미술사 수업에서 흔히 사전 고지 없이 사용되지만, 교수는 학생들의 권리와 안녕을 위해 신중히 접근했던 것이다. 그런데 이 그림을 보고 불편함을 느낀 한 학생이 수업 후 교수에게 문제를 제기했다. 이 학생은 수업 전 사전 고지를 받았음에도 별다른 반응을 보이지 않았으며, 이미지가 나타난다는 공지를 듣고도 줌을 나가지 않았다. 그녀는 수업을 모두 듣고 난 후 교수에게 문제 제기를 한 뒤, 이를 학교 측에도 알렸다. 교수는 당황스러운 이 상황을 학과장에게 알렸고, 학과장은 "당신은 올바르게 행동한 것 같다. 학문의 자유를 믿기에 당신을 지지한다."라고 말했다. 하지만 학교 행정은 달랐다. 결국 교수의 다음 학기 계약을 해지했다. 교수는 현재 대학을 상대로 소송을 제기한 상태다.

의견 불일치나 오해에 대한 두려움은 학생들과 교수 모두에게 영향을 미친다. 엠마 캠프Emma Camp가 〈뉴욕 타임스〉에 기고한 글에 따르면, 수업 중에 한 사소한 발언도 공개적인 배척으로 이어질 수 있다고 한다. 학생들은 또래로부터 소외될까 두려워 침묵을 선택하며, '말도 태도도 안전하게 하자'라는 태도로 수업에 참여한다. 이러한 분위기는 강의실 토론의 질을 떨어뜨릴 뿐 아니라 학생들의 정신적 건강에도 부정적인 영향을 미친다. 2019년 〈교육의 사회심리학Social Psychology of Education〉라는 학술지에 발표된 연구[22]에 따르면, 대학생들의 자기침묵은 슬픔, 불안, 분노, 학업 저조, 교사-학생 간 관계 악화, 그리고 흥미롭게도 학생의 자율성 저하마저 불러왔다. 그중에서도 특히 자율성 저하는 젊은이들이 대학을 졸업하고도 자신의 신념에 확신을 갖지 못하고 불안정한 상태로 나아가게 되는 방식을 보여 준다. 자신을 숨기는 행위는 그들의 성장과 자율성을 방해한다.

자기침묵과 우울증에 대한 연구들은 또한 스트레스, 완

벽주의, 그리고 반복되는 부정적 사고와도 연관이 있음을 보여 준다.[23] 대학생들은 경험의 부족과 새로 주어진 독립성으로 인해 정신 건강 측면에서 매우 민감한 상태에 있으며, '이 말을 해도 되나?' 또는 '틀렸다고 비난받지 않을까?' 하는 두려움 속에서 복잡한 이론이나 이념에 스스로를 맞추느라 정신적으로 소모되곤 한다. 이처럼 모호하고 엄격한 규칙과 침묵의 문화는 탐험, 호기심, 미지에 대한 열린 자세가 필요한 나이에 지나치게 큰 부담이 된다.

미국 대학원의 박사과정 학생 중 약 절반이 학업을 중단한다는 보고가 있다.[24] 이는 완전히 중퇴하거나 오랫동안 휴학한다는 뜻으로, 많은 학생들이 '번아웃'을 원인으로 꼽는다. 나도 박사과정을 밟은 가족들 곁에서 성장했기에, 그 경로가 얼마나 극도로 고단하고 심리적 소모가 큰지 누구보다 잘 알고 있다. 하지만 오늘날에는 고립과 외로움이라는 키워드가 소셜 미디어와 뉴스 보도 전반에 반복적으로 등장하고 있다. 무엇이 이 과정 자체를 그렇게도 힘겹고 고통스럽게 만드는 것일까?

학부와 대학원 시절, 우리는 문장 속 아주 작은 부분이라도 마음에 들지 않거나 문제 있다고 생각하면 이를 예민하게 짚어 내는 훈련을 받았다. 우리는 저자의 글을 비판적으로 평가하는 데 집중했다. 단락을 분해하고 내용을 의심하며, 그룹 토론을 거쳐 끊임없이 분석했다. 물론 아이디어를 깊이 있게 검토하는 일은 필수지만, 너무 지나친 분석은 본래 의미를 흐릴 수 있다. 그렇게 되면 아이디어가 뿌리를 잃고, 사람 또한 혼란에 빠지게 된다. 활발하고 건설적인 피드백은 사람을 연결시키지만, 자의적인 해석과 공격적인 태도는 관계를 끊어 버린다.

고등교육의 현재 모습은 학계 내부에서 교수들이 서로의 연구를 비평하고, 새로운 연구를 발표하며, 그에 대한 반론을 학술지에서 주고받는 순환 구조로 요약될 수 있다. 이 과정 속에서 학문는 점차 축적되고 확장되며, 마치 바람을 삼키는 잡초처럼, 세력을 키우는 거대한 모래 폭풍처럼 규모를 키워 간다. 학생들이 문장을 쪼개고 분석하는 기술을 배우는 것처럼, 교수들 역시 서로의 작업을 날카롭게 해체한다. 이것은 요즘 학계의 본질이자, 일종의 '과잉 트집 잡기 문화'라 할 수 있다. 문장이 끝없이 해부당하고, 경쟁자들에 의해 새로운 해석이 덧씌워지면서, 원저자의 의도는 점점 희미해진다. 언제든지 한 저자의 사상이 경쟁자에 의해 조각나고, 왜곡된 해석으로 재구성되며, 상대방의 논거를 강화하는 데 이용될 수 있다. 이러한 문화가 박사과정 중도 포기율에 영향을 미치는 것은 어찌 보면 당연한 일이다. 학계의 과도한 비평 중심 문화는 자기침묵과 집단 공격 문화를 조장했고, 비판적 사고와 열린 토론이라는 고등교육의 본래 목적을 훼손하고 있다. 그리고 지금, 우리는 집단적 억압 속에서 점점 더 말을 잃어 가는 악순환 속에 살고 있다. 그 침묵이 비판적 사고와 대화의 기회를 더욱 가로막는 지금의 현실은, 어쩌면 피할 수 없던 결말이었는지도 모른다.

남을 깎아내려야 점수를 얻는 문화가 만들어지면, 예의 바른 날카로움이나 건설적 사고는 결코 주목받을 수 없다. 학문의 부정적 풍조는 대학 캠퍼스를 넘어 사회 전역에 확산되고 있으며, 매년 졸업생들은 자신들이 배운 비판적 태도를 사회 각계각층에 그대로 전파하고 있다. 교육, 정부, 기술, 치료 같은 다양한 분야에서 우리는 서로를 경계하거나 의심해야 할 대상으로 바라보도록 준비된 것처럼 느껴질 때가 많다.

학계만이 문제의 원인이 아니며, 대중 매체 역시 자극적이고 극단적인 콘텐츠를 통해 시청률과 클릭 수, 그리고 수익을 창출한다. 전반적으로는 수준 높지만 편협한 교육을 받은 사람들, 비판적 사고 중심의 교육을 제대로 받지 못한 사람들, 그리고 분노와 계급 갈등을 부추기는 미디어가 어우러져, 현재 우리는 마트, 친구, 가정, 온라인 등 일상 속에서 긴장된 분위기를 경험하고 있다.

반대 의견 ≠ 감정 상함 ≠ 트라우마 경험

두려움과 서로를 깎아내리는 과잉 반응 속에서 우리는 어떤 사람이 되었는가? 우리는 본능적으로 갈등을 일으키는 존재인가, 아니면 미디어와 여러 영향들로 인해 그런 행동을 하는 것인가?

쉽게 기분이 상하는 사람들의 성격 특성을 분류하기 위한 실제 용어가 있다. 샌디에이고 주립대의 제레미 B. 버너스Jeremy B. Bernerth 교수는 '상처받기 쉬운 성향Proclivity to Be Offended, PTBO'이라는 단어를 만들었다. 2020년 국제 학술지 〈비즈니스 리서치 저널Journal of Business Research〉을 통해 그는 PTBO를 단일 사건이나 특정 상호작용의 결과가 아니며, '도덕적 분노'와도 구별되는 '상태'로 정의했다.[25] 이는 사람이 지속적으로 머무르는 성향으로서, 심지어 사소한 일에도 불쾌함을 느끼는 상태를 의미한다. 오늘날 극단적 꼬리표 붙이기와 반대 의견에 대한 배타적 태도가 PTBO 문화를 형성했고, 이는 자기침묵 문화와 상통한다.

버너스는 PTBO가 직장에서 사람들의 업무 성과와 생산성에 미치는 영향을 중점적으로 살펴보았다. 누군가가 끊임없이 모욕감을 의식하며 정신적 에너지를 소모하는 상태라면, 집중력은 물론 팀 협업과 프로젝트 수행에도 악영향을 미치게 된다. 연구 결과, PTBO가 높은 사람들은 그렇지 않은 사람들보다 업무 성과가 낮았다.

그는 스포츠맨십과 시민 행동이라는 개념을 통해, 개인이 좌절에 얽매이지 않고, 큰 흐름을 인식하며 상황을 유연하게 받아들이는 태도를 설명한다. 이와는 대조적으로 "생각이 자꾸 방해받는 사람들은 삶의 중요한 순간에 몰입하지 못해 불만을 느낀다."라고 그는 말한다. 이러한 관찰은, 이견을 표현하기 어려운 문화가 개인의 내면에 얼마나 큰 피로감을 남기는지를 여실히 보여 준다. 그는 다음과 같이 지적한다. "항상 불쾌한 상황을 예민하게 살피는 사람은 조직 내 애매한 결정도 부정적으로 받아들이기 쉽다."

버너스가 PTBO를 개념화하고 세 차례의 연구를 통해 그 실체를 파헤치던 중 마주한 진실은 의외였다. 놀랍게도 PTBO 수치가 높은 사람들은 예상과 달리 남에게 도움을 주거나 친절한 편이 아닌 것으로 나타났다. 쉽게 상처받는 사람이 더 배려심 많을 것이라는 통념과 달리, 이들은 오히려 인간관계를 덜 가지려는 경향을 보였다.

그의 연구는 '조직 공정성 organizational justice'이라는 개념과도 연결된다. 조직 공정성이란 직원들이 자신의 직장을 얼마나 공정하다고 느끼는가를 뜻한다. PTBO가 높을수록 조직에 대한 인식은 부정적이다. 연구에 따르면, "사람들이 보통 문제 삼지 않는 사회적 행사나 전통에 쉽게 기분 나빠

하는 성향은, 조직에서 자기가 어떻게 대우받는지 생각하는 데까지 영향을 준다." 다시 말해, 일상적 관계에 대한 섬세한 이해가 없으면 개인과 조직의 안녕 모두에 부정적인 영향이 생긴다.

일부 직장과 조직, 기업은 명백히 부당하거나 불공평하거나 심지어 학대적인 면이 있다. 그렇기 때문에 민감한 소통과 윤리, 공정성에 대한 교육이 반드시 필요하다. 하지만 버너스는 이렇게 지적한다. "개인 간 상호작용과 조직의 정책 및 결정이 어떻게 실행되는지를 세심히 관찰하는 것은 좋은 출발점이다. 하지만 단순한 일화에 대해서나 객관적 데이터에 대해서나 한결같이 화를 내는 사람들의 요구에 무작정 굴복하는 것도 바람직하지 않다."

우리는 직장에서 지켜야 하는 기본적인 사항과 실제로 나쁘고 해로운 규칙을 명확히 구분하는 역량을 갖춰야 한다. 이러한 구분은 비판적 사고와 세밀한 이해, 그리고 타협을 요구하는데, 모든 사람이 모든 일에 대해 같은 생각을 하는 경우는 드물기 때문이다. 누군가가 반대 의견에 강한 반응을 보인다고 해서 반드시 그 사람이 억압당하거나 심리적 상처를 입는 것은 아니다. 극단적인 상황에서는 그럴 수도 있지만, 일상적인 상호작용이 소셜 미디어에서 '학대'로 과장되어 표현되는 것은 심각한 우려와 성찰을 요구한다.

분노하는 아바타

　인터넷의 불투명한 익명성은 왜곡된 인식과 소통을 부추긴다. 대화의 맥락을 놓치고, 직접 대면하는 물리적 존재감이 사라지면서, 우리는 서로가 서로에게 아바타 같은 존재가 되었다. 알고리즘은 이 불씨에 기름을 붓는 격이다. 이 과정에서 우리는 조각난 자아가 되어서 소셜 미디어를 통해 관계를 꾸려 가며, 바로 눈앞에 있는 실제 삶과는 점점 멀어지고 있다. 우리는 알고리즘이라는 제분소에서 휘저어지고, 크림처럼 반죽되어 젤라토처럼 포장된다. 그리고 상표처럼 찍혀 나온 정체성으로 사회와 문화를 움직인다. 이 소셜 미디어 플랫폼들은 더 이상 단순한 가상공간이 아니다. 지금은 우리의 현실 감각을 조종하며, 사회의 계층과 역사를 주도하고, 우리 각자의 소중한 삶까지 관장한다.

　무엇보다 우려스러운 것은, 집단사고와 자기검열, 소셜 미디어가 복합적으로 작용한 결과, 사람들 스스로가 처음부터 접하는 정보의 범위를 제한하고 있다는 사실이다. 퍼듀 대학교의 법학 교수인 R. 조지 라이트^{R. George Wright}는 이 문제에 관한 다수의 연구를 발표했으며, 〈노트르담 법학·윤리·공공정책 저널^{Notre Dame Journal of Law, Ethics & Public Policy}〉에 게재된 '현대 통신 기술하의 자기침묵과 사고 및 토론의 축소^{Self-Censorship and the Constriction of Thought and Discussion Under}

Modern Communications Technologies'라는 제목의 논문[26]을 통해 자기침묵 문제와 그것이 공동체에 미치는 심각한 피해 및 사기 저하 가능성에 대해 특히 비판적으로 다루고 있다. 우선 그는, 사람들이 '무엇을 말할지'보다 앞서 '어떤 정보를 자신의 마음속에 들여보낼 것인지'를 선택하는 데서부터 문제가 시작된다고 말한다. 사람들이 소외감과 혼란을 느끼는 것은 당연한 일이다. 누군가가 중요한 정보에 스스로 얼마나 접근을 차단하고 있는지를 우리는 결코 확신할 수 없기 때문이다. "이러한 자기검열의 특징은, 적어도 부분적으로는 자발적이고 체계적으로 자신의 생각이나 말에 꼭 필요한 정보의 흐름을 차단하거나 왜곡한다는 데 있다. 이것은 단순히 이미 형성된 신념을 표현하지 않는 문제에 그치지 않는다. 보다 근본적인 문제는, 생각과 말을 구성하는 데 핵심적인 역할을 할 수 있는 정보 자체를 애초에 받아들이지 않거나, 그 중요성을 축소하며 진지하게 접근하지 않는 체계적인 자기검열에 있다."

   오늘날 소셜 미디어의 알고리즘은 우리를 다양한 생각과 관점에서 점점 더 차단하고 있다. 이로 인해 자기검열, 좀 더 정확히 말하면 '사고 노출 자체를 통제하는 검열'이 현대 미디어 생태계에 구조적으로 내재하게 되었다. 우리는 온라인에서 누가 진짜인지, 무엇이 진실인지 점점 알기 어려워지고 있다. 특히, 사람들이 온라인상에서 몰입하게 되는 정체성 기반 커뮤니티들은 점점 현실을 대체하는 거품처럼 작용하며, 자아와 인간성에 대한 편협하고 협소한 인식을 강화한다. 이런 제한된 정보 노출은 결국 현실과 인간다움에 대한 감각을 무너뜨리는 악순환을 만들어 낸다.

집단 따돌림과 '캔슬 컬처'의 영향

지금 우리를 이끄는 문화적 변화와 사회적 힘의 소용돌이는 어렵고 혼란스럽다. 많은 사람들이 서로를 이해하고 대화하며 대화 속 복잡성과 미묘한 차이를 받아들이는 능력을 잃고 있다. 이로 인해 사회 전반에 분열과 외로움, 오해가 만연하며, 이는 개인의 정신 건강뿐만 아니라 사회적 분위기에도 심각한 위협이 된다. 학생, 교수, 친구, 가족들이 원활한 관계 유지를 위해 자신의 생각을 숨겨야 하고, 질문 자체가 받아들여지지 않거나 부정적인 결과를 낳는다고 느낄 때, 사람들은 점점 답답하고 갇힌 듯한 느낌, 불안, 분노, 속상함, 초조함, 나아가 고립과 우울감마저 경험하게 된다.

우울증과 자기침묵은 상관관계가 있으며, 자존감이 낮은 사람일수록 그 상관관계는 더 강하다. 일부 연구는 '자기 은폐self-concealment'를 통해 우울증을 직접적으로 예측할 수 있다고 말한다.[27] 또 다른 연구에 따르면, 결혼 생활에서 갈등이 자주 일어날 때, 자신의 감정을 제대로 표현하지 못하고 마음속에 쌓아 두는 '자기침묵'이 발생할 수 있다. 이런 상태가 지속되면 억눌린 분노가 쌓이고,[28] 거절당하는 것에 대해 예민하게 반응하는 '거절 민감성'이 높아져 결국 우울증으로 이어질 가능성이 크다.[29] 결국 우리는 사람들로 하여금 자신의 의견을 표현하는 것을 두려워하게 만드는 문화 속에서, 우울증에 더 쉽게 빠질 수밖에 없는 사회를 만들어 가고 있는 셈이다.

다니엘 바르탈Daniel Bar-Tal 은 〈정치심리학의 발전Advances in Political Psychology〉이라는 학술지에 실린 글에서 "자기침묵은 더 나은 세상을 만드는 데 걸림돌이 될 뿐 아니라, 그것을 실행하는 이의 용기와 진실성을 빼앗아 간다."라고 지적한다.[30] 여러 연구는 용기 있게 자신의 생각을 표현하고 미래에 대한 희망을 품는 것이 우울을 극복하는 데 가장 중요한 원동력임을 보여 준다.[31] 그렇다면 지금 우리는 스스로에게 질문해야 한다. 소셜 미디어라는 거센 파도 앞에서 침묵을 선택하는 순간, 우리 내면의 성장도 함께 멈춰 버리는 것은 아닐지 말이다.

수십억 명이 소셜 미디어를 이용하며 '좋아요'와 '공유'라는 강력한 중독에 빠져 있다. 사람들은 필사적으로 소셜 미디어에서 인정받고 싶어 한다. 스탠퍼드와 하버드 등의 연구자들은 소셜 미디어의 중독성과 "도파민 루프^{dopamine} ^{loop}"가 뇌의 보상 체계와 기억, 집중력을 방해한다고 경고한다.[32,33] 무엇보다도, 부정적인 평가와 '캔슬'의 두려움에 눌려 많은 이가 침묵을 택하고 있다. 이는 전형적인 힘의 불균형이자 자기침묵의 전형적 사례라 할 수 있다. 그리고 이 현상이 인류 역사상 가장 거대한 규모로 일어나고 있다는 점이 가장 충격적이다.

극단주의가 파고드는
심리적 틈새

집단 정체성을 좇는 것은 일시적인 피난처가 될 수 있으나, 때로는 더욱 어두운 목적에 이용되기도 한다. '소속'과 '공동체'의 중요성은 많이 회자되지만, 실제 집단이 주는 것은 대개 순간적이고, '집단 정체성' 자체가 가진 한계도 크다. 결국 사람은 자신의 피부와 육체라는 한계를 지니며, 자기 내면의 생각과 환멸에 영향을 받는다. 겉으로는 합일이나 결속, 연대가 있어도, 그 이면에는 언제나 일정한 간극이 존재한다. 삶의 의미에 대한 혼란과 실존적 불확실성은 집단 정체성 형성의 배경이 되며, 경우에 따라 극단적인 사고방식의 씨앗이 되기도 한다.

극단주의는 거칠고 절제되지 않은 방식으로 강렬한 생각

에 집착하는 상태라고 할 수 있으며, 그것은 거의 중독 혹은 강박에 가까운 힘으로 작동한다. 이는 정치, 대인관계, 과학, 교육 등 다양한 영역에서 점차 판단의 나침반을 흐리게 만든다. 하나의 생각이 전부라는 착각 속에서, 우리는 '진실'이라는 이름의 함정에 빠지게 된다. 그러나 이 메커니즘을 꿰뚫어 보기 시작하면, 극단주의는 특정 이념이나 성향의 문제가 아니라, 우리 모두가 마주하고 있는 일상의 일그러진 거울임을 깨닫게 된다. 따라서 극단주의를 이해하는 것은 자신의 성향을 보다 건강한 방식으로 조절하고 측정할 수 있는 기준점을 찾는 셈이다. 일상 곳곳에서, 특히 소셜 미디어 속에서 우리는 이미 그런 극단의 흐름 안에 놓여 있다. 때로는 그게 너무 자연스러워서, 오히려 '정상'처럼 보이기까지 한다. 하지만 극단주의의 실체와 그것을 움직이는 동기를 이해하게 되면, 개인의 삶 속에서도 그 징후를 식별할 수 있다. 따라서 건강한 공동체 소속감과 병적인 집단사고 사이의 경계를 분석하고 성찰하는 것이 중요하다. 다행히도, 세계 각지의 연구자들과 사회과학자들은 이러한 심리적 작용 메커니즘을 분석하며, 인간의 사고와 행동을 규명하고 있다. 그리고 우리는 그 지식에 접근할 권리가 있다.

  극단주의에 관한 문헌은 방대하며, 이는 주로 국제적 차원의 정치 폭력과 최근 미국의 이념적 양극화 현상에 대한 관심에서 기인한다. 놀랍게도, 전직 테러리스트를 대상으로 한 연구에 따르면, 이러한 심리 과정은 우리 주변의 이웃, 친구, 직장 동료들 사이에서도 자주 일어나며, 그 규모는 작지만 일상적으로 관찰된다. 즉, 이웃 간의 작은 다툼에서 폭력적인 테러에 이르기까지 여러 인간관계에서 비슷한 욕구와 생각의 방식이 발견된다. 강렬한 욕구는 강렬한 행동을 이끌어 내며, 소속감, 의미, 목적의식이 바로 우리 행동을 움직이는 중요한 원동력이다.

심리학자들은 여러 이론을 통해 극단주의를 연구한다. 그러나 인터넷이 어떻게 새로운 집단과 급진화의 경로를 만들어 냈는지에 대한 광범위한 개념 틀은 아직 마련되지 않았다. 단순히 2000년대에 포챈* 같은 초기 사이트에 노출된 것을 말하는 것이 아니다. 정체성을 강화하는 알고리즘이 사람들의 자아 개념과 사고방식을 말 그대로 뒤바꾸었음을 의미한다. 인터넷이 가져온 광범위한 노출은 사회 전반에 걸쳐 불확실성을 확산시켰고, 그 결과 극단적인 집단 정체성이 형성되었다. 가상 세계는 새로운 이익집단을 만들어 냈으며, 이들은 오프라인에서도 활발하게 활동하며

---

* 4chan, 2003년 미국에서 시작된 익명 이미지 게시판. 인터넷 밈 생성과 함께 극단주의 온상이 됨.

긍정적·부정적 변화를 일으키고 있다. 인터넷은 사람들의 태도, 욕구, 그리고 심리적 특성을 토대로 분류하는 사이코그래픽스psychographics 방식을 통해 완전히 새로운 계층을 탄생시켰다.

클레어몬트 대학원의 집단 정체성 연구 권위자인 마이클 호그Michael Hogg 교수는 〈심리 과학의 최신 동향Current Directions in Psychological Science〉라는 학술지에서 다음과 같이 서술한다.[34] "집단에 동일시하는 것은 자기 불확실성을 해소하는 강력한 방법이다. 자기 불확실성이 커질수록, 사람들은 독특하고 명확하며 삶을 포괄적으로 설명해 주고 행동 지침까지 제시하는 정체성을 더욱 강하게 추구한다." 오늘날처럼 정보가 넘쳐나고 정체성이 혼란스러운 시대에는 이러한 확고한 집단과 명확한 정체성이 더욱 매력적으로 느껴질 수밖에 없다. 이러한 심리적 메커니즘에 대한 연구는, 우리가 극단주의를 이해하고 그것에 저항하는 데 매우 중요한 토대를 제공한다.

영국 출신의 호그 교수는 남아시아에서 어린 시절을 보냈고 현재는 미국 남부 캘리포니아에 정착해 있다. 그는 현재 전 세계적으로 극단주의와 집단 정체성 문제를 연구하는 다양한 프로젝트를 이끌고 있다. 그가 만든 '불확실성-정체성 이론uncertainty-identity theory'은 심리학계에서 널리 언급되는 개념으로, 그 정의는 이름 그대로이다. 즉, 자기 자신에 대한 불확실성은 강력하고 명확한 규범과 규칙을 지닌 집단에 쉽게 끌리게 만들며, 이러한 집단은 개인에게 강한 정체성과 확신을 제공한다. 그렇게 함으로써 정체성과 자아 확신을 획득하는 것이다. 오늘날 이러한 현상은 우리 주변에서도 자주 나타난다. 우리가 아는 누군가가 X, 인스타그램, 틱톡, 페이스북 같은 플랫폼에서 시작된 사상이나 그룹에 빠져들고 있는 모습을 본 적이 있을 것이다. 페이스 요가와 같은 뷰티 트렌드를 중심으로 한 비교적 무해한 팬덤 현상에서부터, 종교적 광신으로 이어지는 심각한 컬트 이념에 이르기까지 다양한 양상으로 나타난다.

불확실성-정체성 이론은 "집단 및 집단 간 행동, 사회 정체성과 관련된 현상에 대한 동기적 설명"이라고 호그는 밝힌다.[35] 나아가 이 이론은 급진화와 극단주의가 어떠한 조건에서 생겨나고, 어떤 방식으로 나타나는지를 이해하는 데에도 유용하다고 한다. 사람들은 특히 자신이 누구인지에 대한 불확실성을 줄이고자 한다. 그는 다음과 같이 설명한다.

집단에 대한 동일시는 개인이 공유된 집단 정체성과 전형적 특성을 내면화하도록 하여 자기 정체성에 대한 불확실성을 감소시키는 심리적 메커니즘이다. 이 전형은 '나는 누구인가?', '어떻게 행동해야 하는가?', '타인은 나를 어떻게 인식할 것인가'에 대한 인지적 틀을 제공한다. 그러나 모든 집단이 이와 같은 불확실성 감소 효과를 동일하게 제공하는 것은 아니다. 비교적 모호함이 없고, 구성원들이 정체성에 대해 공통된 이해를 가지며, 뚜렷하고 규범적인 기준을 가진 독특한 집단이 더 효과적으로 불확실성을 줄여 준다. 보다 극단적인 사회적 맥락이나 심리적 조건에서는 자기 불확실성이 극단주의 집단에 대한 강한 소속 욕구 및 열정적인 동일시로 이어질 수 있다. 이러한 극단주의 집단은 대중주의적 이념과 행동을 기반으로 구성되고, 피해 의식과 음모론이 담긴 이야기를 통해 구성원을 결속시키며, 카리스마적이고 독재적인 해로운 리더십을 중심으로 조직된다.

자기침묵 현상을 논의할 때 호그의 이론을 적용하면 무척 명확해지며, 많은 시사점을 줄 수 있다고 본다. 간단히 말해, 자아 정체감이 약한 사람은 집단 정체성에 쉽게 매혹되기 쉽고, 그 집단과의 동일시는 곧 자기침묵으로 이어질 가능성을 높인다. 이처럼 불건전한 심리적 순환은 자아를 잠식한다. 집단 속에서도 자기 자신으로 남기 위해서는 높은 수준의 자기 인식과 감정적으로 단단한 내면이 꼭 필요하다.

욕구의 충돌

극단적인 집단 정체성으로 이어지는 또 다른 경로는 내적 욕구 간의 경쟁이다. 우리는 모두 안전, 연결, 주거, 의미에 대한 욕구를 지니고 있으며, 어떤 사람들에게는 특정 욕구가 다른 욕구들을 밀어내면서 극단주의로 나아가게 된다. 2018년, 메릴랜드 대학교의 저명한 교수인 아리에 크루글란스키Arie Kruglanski가 이끄는 연구팀은 〈인지Cognition〉라는 학술지에 발표한 논문을 통해 극단주의의 인지적 과정을 명확하게 설명했다.[36] 이들은 욕구 간 경쟁이 어떻게 작동하는지에 대해 다음과 같이 서술한다. "폭력적 극단주의의 경우, 핵심적인 지배 욕구는 삶의 의미에 대한 갈망이며, 이때의 해방된 행동은 바로 그 의미를 얻기 위한 수단으로서의 공격성이다." 연구진은 지배적인 욕구가 어떻게 개인의 사고와 행동을 압도해 극단적 행위로 이어지는지를 구체적으로 보여 준다. 그들은 이 과정을 '정보에 노출됨 → 문제에 대한 인식이 커짐 → 주의가 특정 방향으로 좁아짐 → 다른 욕구와 목표들이 점차 사라짐'이라는 일관된 심리 흐름으로 설명한다.

"특히 삶의 의미에 대한 욕구가 지배적이 되면, 그 사람의 관심은 목표와 직접적으로 연관된 것들로 향하게 된다. 동시에 가족, 안전, 건강과 같은 다른 문제들에 대한 관심은 자연스럽게 줄어들게 된다." 전직 스리랑카 자살 특공대 멤버였던 한 연구 참여자는 연구팀과의 인터뷰에서 이런 일화를 전했다. 특공대 지원자들은 잠시 대기실에 머물렀다가 바로 옆방에서 토론을 진행한다. 그리고 토론에 너무 몰두하는 바람에 다른 방이 어땠는지 기억나지 않는다고 답하는 사람만 선발된다. 만약 누군가가 대기실의 사소한 부분까지 기억한다면, 그 사람은 선발되지 않는다. 왜냐하면 임무에 완전히 몰입하는 것은 필수 조건이기 때문이다.

《사회심리학: 기본 원칙 핸드북Social Psychology: Handbook of Basic Principles》에서 크루글란스키와 그의 연구진은 인간 내면의 균형을 다음과 같이 묘사한다.[37]

우리가 절제된 상태에 있을 때, 기본적인 욕구들은 서로를 견제하며 조화롭게 작동한다. 아무리 간절한 욕구라도 그것이 다른 소중한 욕구를 짓누를 수 있다는 직감을 느낄 때, 사람은 본능적으로 한발 물러서게 된다. 예컨대, 개인적 성취 욕구를 만족시켜 줄 수 있는 권위 있는 직위를 제안받더라도 그것이 중요한 인간관계의 손상으로 이어진다면, 보통은 그 제안을 거절하게 된다. 존중과 인정을 받고자 하는 마음이 위험을 감수해야 하는 도전을 부추길 수 있지만, 안전과 편안함을 향한 욕구가 그 열기를 식히고 조절하게 만드는 것이다. 하지만 특정한 욕구가 과도하게 증폭되어 다른 모든 욕구를 압도한다면, 그 순간 사람은 균형을 잃고 극단주의로 향하게 된다.

이 개념은 소속에 대한 욕망이 사람으로 하여금 자신의 성별이나 정신 건강, 인종, 장애 등 한 가지 특성에 지나치게 집중하게 만들 수 있음을 보여 준다. 그렇게 되면 자신의 다른 면모들은 점차 무시되고, 전체 정체성이 그 하나의 요소에만 갇히게 된다. 크루글란스키 외 연구진은 이를 "강박적 열정"이라 부르며, 그것은 "개인이 특정한 관심사에 지나치게 몰입한 나머지, 다른 관심사들에는 정신적 에너지를 거의 쓸 수 없는 상태"라고 설명한다.

당신이 자주 우울감과 성적 정체성에 관한 이야기를 올려서 알고리즘의 선택을 받고, '좋아요'와 '공유'를 많이 받았다고 생각해 보자. 당신은 그 피드백에 이끌려 비슷한 글을 계속 쓰게 되고, 점점 그 세계에 빠져들어 마치 중독처럼 스스로 그 안에 갇히게 된다. 그 결과, 당신은 알고리즘의 산물이 되어서, 의도치 않게 극단적 면모를 띠게 되고 자신이 원래 지니고 있던 다른 모습들은 희미해진다. 물론 나는 사람들이 온라인에서 드러내는 정체성이 전적으로 허위라는 말을 하려는 것이 아니다. 하지만 그것이 전부가 되어 버릴 때, 그 배경에는 종종 외로움과 어디엔가 소속되고 싶은 간절한 욕망이 존재한다. 그 욕망 자체는 잘못된 것이 아니며, 인간이라면 누구나 가질 수 있는 자연스러운 감정이다. 그러나 우리에게 중요한 과제는 집단이나 알고리즘에 예속되지 않고도 의미 있는 소속감을 형성할 수 있는 건강한 길을 찾아가는 것이다.

실체성과 불확실성: 집단 결속의 요인

우리는 단순히 소속되고 싶은 마음 이상으로, 무언가 더 깊은 이유로 특정 집단에 끌리고, 때로는 거기서 쉽게 빠져나오지 못하게 된다. 마이클 호그 교수는 이 현상을 '실체성 entitativity'이라는 개념으로 설명한다.[38] 이는 규범과 규칙을 포함하여, 집단을 '집단답게' 만드는 요인을 가리킨다. 어떤 집단에 속하면 우리는 자연스럽게 그 안의 행동 양식에 영향을 받으며, 특정 행동은 강화되고 다른 행동은 억제된다. 이와 함께 '원형prototype'이라는 개념도 등장하는데, 이는 그 집단이 어떤 존재인지 가장 선명하게 보여 주는 전형적인 인물을 뜻한다. 집단 안의 다른 사람들은 그 인물을 거울삼아 자신을 들여다보고 맞추려 한다. 특히 종교 집단이나 남학생 클럽 같은 환경에서는 그런 인물들이 쉽게 눈에 띈다.

집단 내의 억압적인 규범과 규칙은 구성원들이 집단에 더 잘 동조하게 만들며, 자기침묵을 촉진시키고 결국 개성을 희생하게 만든다. 호그 교수의 지도 학생인 재커리 호만 Zachary Hohman은 박사학위 논문에서 이렇게 썼다.[39]

특정 집단이 심리적으로 중심적인 의미를 갖게 되면, 사람들은 자신과 타인을 고유한 개인으로 보지 않고, 그 집단의 정체성과 규범의 틀 속에서 인식하게 된다. 그 결과, 사람들은 개별성을 잃고 '사회적 정체성'으로 자신을 설명하게 된다. 탈개별화의 한 가지 결과는 사람들이 집단의 원형에 부합할 것으로 간주되고, 실제로 그에 걸맞게 행동하게 된다는 것이다. 우리는 그 사람을 더 이상 고유한 인간으로 보기보다는 집단의 원형에 투영하여 해석하고 평가한다. 이 현상은 타인에게만 적용되지 않는다. 우리는 스스로에 대해서도 똑같이 적용하며, 나의 개성과 고유성보다 집단의 원형에 자신을 맞추려고 하게 된다.

사람들은 집단에 속해 있으면서 자신이 스스로 침묵하고 있다는 사실조차 깨닫지 못하는 경우가 있다. 뭔가 이상하다는 감정은 있지만, 자신이 목소리를 내지 않고 있다는 점을 명확히 인지하지 못하는 것이다. 이는 소속 욕구가 그만큼 강하게 작용하고 있기 때문이다. 호그가 이끄는 연구팀은 자아에 대한 불확실성이 클수록, 사람들은 강력한 규범과 질서와 전통을 갖춘, 반대 의견을 허용하지 않는 집단에 더욱 끌린다고 설명한다.

  이 글이 말하는 핵심 교훈 중 하나는 집단이 주는 매력에 현혹되지 말고 신중하게 소속 집단을 선택하고 판단하라는 것이다. 물론 현실에서는 자신과 완벽히 부합하는 집단만을 찾아 속하는 것이 불가능할 때도 있다. 누구나 어느 정도의 공동체 속에서 소속감을 느끼고, 정체성을 공유할 필요가 있기 때문이다. 문제는 이것이 자신도 모르게 모든 것을 집어삼키는 수준에 이르렀을 때 발생한다. 우리는 지금, 소셜 미디어가 촉발한 대규모 집단 동일시 현상이 그 위험성을 적나라하게 드러내고 있는 시대를 살고 있다. 호그 교수와 연구진은 이렇게 말한다. "사람들이 특정 맥락에서 자신에 대해 불확실함을 느낄 때, 보다 구체적이고 뚜렷한 구조와 원형을 지닌 집단에 강하게 이끌린다. 이러한 실체성 높은 집단은 자기 정체성에 대한 불확실성을 해소하는 데 효과적이기 때문에, 사람들은 이러한 집단에 더욱 깊이 동일시하게 되는 것이다."

  실체성이 높은 집단은 일반적으로 눈에 띄기 쉽다. 치어리딩 팀, 남학생 클럽, 산악 트레킹이나 급류 래프팅을 즐기는 모험가 그룹 같은 경우, 유사한 복장과 몸짓, 언어를 통해 강한 '집단 에너지'를 발산한다. 하지만 이러한 특성은 크고 명확한 조직에만 국한되지 않는다. 가까운 친구들 사이, 온라인 커뮤니티, 학교 내 소모임 등에서도 동일하게 나타난다. 이러한 집단들이 어떤 식으로 작용하는지는 구성원의 자기 확신 수준에 따라 달라진다. 자기 자신에 대한 불확실성이 클수록 사람은 그 집단에 더 깊이 몰입하고, 심지어 광적으로 헌신하게 된다. 호그 교수는 이처럼 실체성이 높은 집단을 조직하고 확산시키는 사람들을 '실체성의 주도자 entrepreneur of entitativity'라 부른다.

  여기서는 위기도 중요한 역할을 한다. 개인의 위기뿐만 아니라 사회적 위기도 사람들로 하여금 자신의 집단 정체성을 자각하게 하며, 언어와 행동을 통해 그 집단을 지속적으로 공고히 하도록 한다. 이러한 부단한 노력은 테러 단체와 같은 극단적·폭력적 집단에 사람들을 빠져들게 하는 원인이 되기도 한다. 전쟁, 자연재해, 가족 내 폭력 등은 광범위한 존재적 불안과 개인적 불확실성을 초래하며, 호그 교수가 이끄는 연구진은 "극심한 사회적 불확실성은 이데올로기의 강한 구속력을 강화하고, '집단과의' 사회적 동일시를 통해 정통주의와 극단주의를 낳는다."라고 주장한다.

  안타깝게도 오늘날 우리는 대부분 인터넷이 조장한 극단

적인 이념과 정치적 신념 속에서 살아가고 있으며, 그 깊이에 빠져들고 있다는 사실조차 깨닫지 못할 때가 많다. 일부는 시간이 지나고 나서야 서서히 각성하고, 자신이 좁은 이념의 틀 안에 갇혀 있었다는 것을 알아차린다. 하지만 이러한 자각은 수년이 걸릴 수도 있다. 인간의 본성과 집단 심리를 이해하게 되면, 우리는 더 명확한 인식과 스스로 선택할 수 있는 힘을 가질 수 있다. 안개가 걷히고 난 뒤의 외로움은 어쩔 수 없지만, 현실을 더 진솔하게 바라보고, 자신의 위치를 이해하며, 무엇보다 진정성 있는 인간관계를 형성할 수 있는 지혜를 얻게 된다.

  누구나 세상을 살아가는 데 있어 자기만의 길을 찾아야 하지만, 만약 그 여정을 소홀히 한다면 사람들은 자신도 모르게 극단적으로 편향된 정체성 틀에 갇히고 만다.[40] 그렇게 되면 대중의 감정을 자극하는 정치 이념이나 지도자에게 쉽게 매혹되고, 음모론과 피해의식에 대한 이야기에 쉽게 이끌리는 자신을 발견하게 된다. 호그 교수와 심리학자인 앰버 개프니Amber Gaffney는 그들의 공동 저서에서 이렇게 말한다. "개인이 집단과 자신을 동일시할 때 자기 불확실성이 감소하는 이유는, 해당 집단이 '나는 누구인가'라는 정체성에 대한 해답을 제공할 뿐 아니라, 무엇을 생각하고 느끼며 행동해야 하는지를 규범적으로 제시해 주기 때문이다. 아울러, 동일시된 집단은 내집단과 외집단 구성원 모두의 행동 양상을 예측 가능하게 만들며, 사회적 상호작용의 전개 양상에 대한 불확실성도 줄여 준다. 또한 동일시는 우리의 세계관과 자아 개념에 대한 합의를 제공하고, 이러한 합의는 불확실성을 더욱 줄여 준다."

이들은 자아에 대한 불확실성이 강한 사람들이 왜 높은 실체성을 지닌 집단에 이끌리는지를 다음과 같이 설명한다. 개인은 자신의 '개별 속성'이나 '특정 타인'과의 관계 속에서도 불확실성을 느낄 수 있지만, "자아 개념 전체를 관통하는 불확실성을 해결하는 것은 훨씬 더 어렵다. 일반적으로 자신이 누구인지에 대해 더 확신을 느낄 수 있는 지점을 찾을 수 없기 때문이다." 자기 불확실성은 때때로 "압도적으로 느껴지며 거의 해결이 불가능하게 여겨지기도 한다."라고 말하며, 특히 세 가지 주요 상황에서 이러한 현상이 가장 뚜렷하게 나타난다고 지적한다. 그 첫 번째는 자아 개념이 지나치게 단순한 경우이다. 즉, "개인이 가지고 있는 정체성이 거의 없고, 그 정체성들조차도 상당히 겹쳐서 결과적으로 하나의 정체성처럼 작동할 때"이다. 다시 말해, 다양한 역할과 경험이 부족하여 독립적인 사고를 할 수 있는 기반이 부족한 경우이다.

결과적으로 자기 불확실성이 높은 사람은 새로운 자극에

대해 비판적으로 사고하거나 독립적으로 사고를 전개하기보다, 이미 주어진 구조 안에 의존하게 될 위험이 크다. 예를 들어, 어떤 사람이 자신의 고향을 벗어나 본 적도 없고, 가족 사업에 종사하며, 어린 시절부터 알고 지낸 초등학교 동창과 가정을 꾸렸다고 가정해 보자. 그의 삶을 구성하는 정체성들은 거의 분화되지 않은 채 한 덩어리로 얽혀 있다. 외부 세계에 대한 체계적 노출이 적었던 그는, 기존의 세계관이 흔들리는 순간 자신에 대한 감각까지도 쉽게 무너질 수 있다. 이는 곧, 사고의 확장 가능성을 가로막는다.

두 번째로, 자기 정체성에 대한 불확실성이 심화되는 경우는 정체성들이 서로 겹쳐 있을 때이다. 이른바 '정체성 중첩 불확실성'은 어느 하나의 불안이 전체 자아를 침식하며 빠르게 퍼져 나가는 특징이 있다. 이는 자신이 살아온 환경에서 벗어나 낯선 세계로 발을 내딛으려 할 때 흔히 겪게 되는 감정이다.

세 번째는, 개인이 자신의 불확실성을 해소하기에 충분한 감정적, 물리적, 인지적, 사회적 자원이 없다고 느낄 때이다. 이때 개인은 불확실성을 "흥미로운 도전이 아닌, 불안으로 가득한 위협"으로 받아들인다. 익숙한 세계를 떠난 사람이 외부의 복잡한 현실 앞에서 길을 잃고, 자아 전체가 흔들리는 실존적 위기를 맞이하게 되는 것이다.

이 말이 우리에게 주는 의미는 무엇일까? 불확실성이 피할 수 없는 현실이라면, 우리는 어떻게 해야 집단사고에 휩쓸리지 않고 자신을 잃지 않을 수 있을까? 호그 교수는 이렇게 해석한다. "불확실성을 해결할 수 있는 자원이 있다고 느끼면, 그것은 짜릿한 도전이다. 우리에게 긴장감과 생동감을 제공하고, 해결했을 때는 만족감과 숙달감을 느끼게 한다. 그러나 자원이 없다고 생각하면, 그것은 불안과 위협으로 다가와 무력감과 통제 불능의 감정을 불러일으킨다."[41] 이는 불확실한 상황에서 재정, 사회적 네트워크, 그리고 산책과 같은 간단한 건강 관리 등을 아우르는 삶의 기반을 다지는 것이 매우 중요하다는 점을 시사한다. 특히 이러한 '주도적인' 행동은, 내가 그간의 경력 속에서 만나 온 민감하고 호기심 많으며 신경다양성을 가진 독자들에게 특히 중요하다. 이들에게는 체계적인 틀을 만들고 실행하는 것이 어려운 과제이기 때문이다.

호그 교수와 개프니는 이렇게 적었다.

변화와 변화의 가능성은 필연적으로 불확실성을 초래한다. 변화는 사람들이 자신과 자신이 살아가는 사회적·물리적 세계에 대해 오랫동안 형성해 온 익숙하고 습관적인 이해를 의심하게 만든다. 그 결과 사람은 더 이상 확신을 품고 미래를 예측하기 어렵다고 느끼며, 상황에 맞는 행동을 계획하기도 어려워진다. 이는 자신의 환경을 스스로 조율하고 통제할 수 있다는 주체적 감각의 상실로 이어진다. 변화와 불확실성은 인간 삶에 내재된 본질적 특성이기 때문에 완전한 회피는 불가능하다. 그럼에도 불구하고, 사람들은 불확실성을 줄이고자 끊임없이 노력한다. 그 접근 방식과 성공 여부는 불확실성의 강도와 지속 기간, 그것의 초점과 기원, 영향을 미치는 삶의 범위, 그리고 자신이 문제를 해결할 수 있다는 믿음과 자원의 유무에 따라 달라진다.

극단주의에서 벗어나기

극단주의 집단에서 빠져나온 이들, 이른바 '탈퇴자'들을 다룬 연구에는 우리가 어떻게 집단사고의 사슬을 끊을 수 있을지를 보여 주는 흥미로운 일화들이 있다. 덴마크 보안·정보 책임자였던 안야 달가르-닐센Anja Dalgaard-Nielsen은 사람들이 극단적 테러 집단에서 이탈하는 데는 세 가지 핵심 이유가 있다고 말한다.[42] 그것은 신념에 대한 의심, 리더십의 실패, 그리고 개인적 환경의 변화다.

신념에 대한 의심의 경우, 사람들이 "우리 대 그들"이라는 서사에 대해 서서히 혹은 급격히 환멸을 느끼며, 다른 관점들도 타당하다는 사실을 깨닫게 되면서 절대적 헌신이 무너진다. 달가르-닐센은 이렇게 말한다. "어떤 탈퇴자들은 조금씩 신념을 잃어 갔다. 하지만 어떤 이들은 단번에 눈이 번쩍 뜨이는 극적인 경험으로 그렇게 되었다."

의심을 일으키는 계기 중 하나는, 극단주의자의 삶에 사랑하는 사람이 등장하여 그가 다른 사람들을 바라보는 방식을 뒤흔드는 것이다. 그 사람은 친한 친구일 수도 있고, 연인이거나 인생의 멘토일 수도 있다. "이런 일이 벌어지면, '우리는 선하고 정의롭고, 그들은 악하고 교활하며 살인적이다'라는 이분법적인 서사가 무너집니다." 달가르-닐센이 말했다. "다수의 무장 이슬람주의자들과 과거 좌파 성향의 극단주의자들은, 자신들이 믿어 온 호전적인 서사가 제시하는 세계관이 실제보다 지나치게 단순화되어 있음을 인지하고, 보다 복잡한 현실을 받아들이게 되면서 결국 그 이념에서 벗어나게 된 것으로 보입니다."

자기침묵이라는 관점에서 보았을 때, 극단주의에서 이탈하는 두 번째 요인인 리더십의 실패 또한 중요한 역할을 한다. 달가르-닐센은 "어떤 사람들은 자신의 헌신을 끊임없이 의심받는 것 때문에 점차 소속감을 잃고 정신적 피로감을 호소한다."라고 서술하며, 집단 내 갈등과 배신 또한 이탈의 계기가 된다고 덧붙인다. 집단 안에는 자신을 계속 감시하지 않으면 진정한 자아를 드러낼 수 없다는 불안감이 퍼져 있다. 이것은 일종의 '타인의 기대에 부응하려는 강박'으로도 해석될 수 있다.

마지막으로, 사람들은 자신의 삶에 어떤 변화가 생기면 극단주의에서 벗어나는 경우가 많다. 달가르-닐센은 그 이유로 번아웃이나 최전선 활동의 피로감, 나이 듦, 사랑하는 사람에 대한 그리움, 평범한 삶에 대한 갈망, 그리고 극단적 행동이 가족과 친구에게 끼친 영향에 대한 죄책감을 들고 있다. 특히 30대에 들어서면서, 가족이나 일과 같은 삶의 책임이 점점 커질수록 그런 변화는 더 자연스럽게 찾아온다.

극단주의 집단이나 사고방식에 빠진다는 말이 조금 과하게 느껴질 수도 있다. 하지만 이 개념은 우리의 삶 속 여러 부분에 더 미묘하게 적용될 수 있다. SNS나 뉴스에서 비슷한 시각만 반복해서 보게 된다면, 그런 정보의 흐름에서 빠져나오는 방법을 알아 두는 것이 매일의 정신 건강에 도움이 될 것이다.

균형점 찾기

세계적으로 유명한 사회심리학자인 조 포가스 Joe Forgas는 1969년, 22세의 나이에 소련의 영향권에 있던 공산주의

헝가리를 탈출했다. 그는 잘츠부르크로 향하는 한 미국인의 차 트렁크에 숨어서 탈출하는 데 성공했다. 현재 호주에서 교수로 활동하는 그는 표현의 자유와 개인의 자유라는 주제를 매우 뜻깊게 생각한다.

그는 내게 다음과 같이 말했다.

자유, 보편적 인본주의, 관용, 개인주의의 가치는 저에게 항상 매우 중요했습니다. 자유민주주의 사회에서 태어난 많은 이들이 이러한 가치를 당연하게 받아들이지만, 저는 의식적이고 다소 위험한 선택을 통해 자유민주주의 사회에서 새로운 삶을 찾아야만 했습니다. 이러한 경험은 개인의 자유가 침해되는 현실과, 세계 전역에서 확산되고 있는 포퓰리즘이 만들어 내는 억압적이고 집단 중심적이며 소속과 경계를 과도하게 강조하는 정체성 기반의 움직임에 대해 더욱 민감하게 반응하도록 만들었습니다. 저는 우리가 자유, 이성, 인권과 같은 계몽주의의 핵심 가치를 지켜 내기 위해 지금 이 시대에도 흔들림 없는 노력을 계속해야 한다고 믿습니다. 이 가치들은 서구 문명을 지금의 번영으로 이끈 중요한 기반이었기 때문입니다. 인간은 진화 과정에서 형성된 집단 중심성과 혈연 기반의 소속 본능을 지니고 있기에, 포퓰리즘 지도자들의 선동이나 집단주의적 담론에 쉽게 영향을 받을 가능성이 늘 존재합니다.

그의 생애 전반에 걸친 경험은 그가 오늘날의 극단주의를 어떻게 인식하고 있으며, 우리가 이에 대해 실질적으로 어떤 대응을 해야 한다고 믿는지를 이해하는 데 시사하는 바가 크다. 특히 심리학자로서, 개인이 내면의 급진적 충동을 통제하기 위해 어떤 태도와 실천을 취해야 하는가에 대한 그의 관점은 주목할 만하다. 그는 "실험 사회심리학은 인간이 현실을 합리적으로 발견하기보다는 집단의 통합과 생존을 위해 행동하는 근본적 경향을 보여 준다."라고 말한다.

"인간의 사고는 기존 신념과 일치하지 않는 정보를 배제하고, 신뢰하기 어려운 개인적 사례에 지나치게 의존하며, 사물을 단순화하고 분류하는 경향인 '확증 편향'에 의해 특징지어집니다. 이러한 인지적 특성들은 진리를 합리적으로 탐구하기보다는 합의된 신념을 형성하고 유지하는 데 일조하지요." 이에 그는 편견을 인식하고 열린 마음을 유지하며, 다음과 같이 행동할 것을 조언했다. "특히, 단순하고 확신에 찬 내집단의 신념이 종종 오류를 포함할 수 있다는 점을 인식하고, 표현의 자유와 사상의 자유로운 교류라는 가치를 적극적으로 수호해야 합니다."

그는 또한 내게 다음과 같이 말했다.

자유와 개인주의를 얻는 대가로 우리는 소속감을 상실하게 되며, 이는 종종 소외와 고립으로 이어집니다. 정체성, 의미, 소속감을 찾는 것은 매우 흔한 일이며, 의미 있는 개인적 관계, 사회적 접촉, 우정, 자발적인 그룹 소속 및 사회 참여를 통해 가장 효과적으로 충족됩니다. 그러나 이러한 과제들은 매우 어렵고, 사람들의 확실성과 정체성에 대한 욕구는 집단 갈등을 강조하며 신봉자들에게 의미, 단순함, 확신, 도덕적 우위성, 소속감을 제공하는 부족 정치 세력에 의해 쉽게 이용될 수 있습니다.

포가스는 개인의 힘을 본질적으로 믿으며, 미국 헌법 같은 정치 구조가 권력과 편향을 견제한다고 본다. 완벽하지는 않지만, 서구 자유민주주의는 지금까지 개인의 자유를 가장 잘 지켜 온 체제라고 믿는다. 그는 좌우 양쪽의 극단주의에 대해서는 모두 경계한다.

포가스의 관점을 떠올리게 하는 인물이 또 있다. 바로 카탈리나 코페츠 Catalina Kopetz 라는 연구자다. 그녀는 메릴랜드 대학교에서 아리에 크루글란스키 교수의 지도를 받으며, 극단주의에 관한 연구에 몰두해 왔다. 그녀는 포가스의 조국 헝가리와 마찬가지로 억압적인 정권 치하에 있었던 루마니아에서 태어났고, 현재는 미시간주 웨인 주립대학교에서 종신 교수로 재직 중이다. 나는 그녀와 영상 통화를 시작하며 이렇게 물었다. "사람이 자유로운 발언을 더 본능적인 '욕구'로 느끼게 만들 수는 없을까요?" 나는 자기침묵을 넘어서 자유롭게 말할 수 있는 사회가 되길 바라는 마음으로 질문을 던졌다. 그러자 그녀는 조용히 이렇게 말했다. "자유로이 발언하고자 하는 욕구만이 특별한 것은 아니에요. 결국 중요한 건, 자신을 중요한 존재로 느끼는 게 핵심입니다. 그리고 그런 느낌은 내가 내 목소리를 분명히 내는 데서 얻어진다고 생각해요."

"표현의 자유는 많은 이들에게 자기 존재의 무게를 실감하게 해 주는 창구입니다. 자신이 의미 있고, 말을 할 자격이 있으며, 세상에 영향을 미칠 수 있다는 확신을 안겨 줍니다." 다시 말해, 어떤 이들에게는 표현의 자유와 언론의 자유가 더 살아 있다는 느낌, 주도권, 자기 주체성, 그리고 존재감을 느끼게 해 주며, 다른 모든 욕구를 잠재울 정도로 강력한 정서적 원천이 된다.

코페츠는 자신의 전문 분야인 동기와 목표 추구 이론에 근거해, 한 개인이 특정 목표와 그에 부합하는 핵심 욕구를 가질 때, 이 둘이 강하게 결합하여 '목표와 욕구가 하나로 융합되는' 현상이 발생한다고 설명한다. 사람들이 자신의 목소리가 억눌리고 존재감이 위협받을 때, 표현의 자유는 이러한 결핍을 채우는 중요한 역할을 하며, 말하고자 하는 욕구와 들리려는 욕망이 크게 증폭된다고 한다. 그녀는 이 상태를 "다른 모든 것이 무의미해지는 현상"이라고 말한다.

코페츠는 공산주의 통치 시절 루마니아에서 프랑스, 그리고 미국으로 이어진 자신의 삶과 성장 과정을 들려주었다. 그녀는 각 과정마다 스스로의 동기와 역량을 발견했다고 한다. "루마니아에서 대학을 다니기 시작했을 때는 공산 정권이 막 무너진 직후였어요. 심리학이 20년 동안 금지되었는데, 차우셰스쿠[*]가 심리학자들이 진실을 드러낼까 두려워해서 그랬던 거죠. 1990년대에야 심리학과가 생겼고, 제가 그 첫 세대입니다."

그녀는 프랑스로 유학을 떠나 아리에 크루글란스키 교수 밑에서 공부하였고, 두 사람의 관심 분야는 매우 잘 맞았다. 그는 그녀에게 미국 유학을 권유했고, 그녀는 이전에는 생각하지 못했던 그 도전을 받아들이기로 했다. 박사 학위를 마친 후에는 동기와 목표 추구가 현실 세계에서 어떻게 작

---

[*] Nicolae Ceaușescu, 1965년부터 1989년까지 루마니아의 독재 체제를 이끌었던 공산당 지도자.

용하는지 이해하기 위해 중독 문제로 고통받는 집단을 연구했다. "그들에게서 많은 것을 배웠습니다."라고 그녀가 전했다.

나는 그녀에게 요즘 극단주의가 만연한 소셜 미디어 환경에서 자신의 학문적 관심이 어떤 역할을 할 수 있을지 묻고 싶었다. 그녀는 온라인상에서 벌어지는 일들과 사회의 정치적 분열을 주의 깊게 보고 있을까?

"네, 저도 인지하고 있습니다." 그녀는 덧붙였다. "아주 많이요."

"우리는 타인과의 연결성을 완전히 잃은 것 같습니다. 각자 자신만의 거품 안에 살면서 그 거품에 맞는 정보만 받아들이고 다른 것은 차단하곤 하죠."

"균형은 단일한 원칙이 아닌 복수의 가치가 맞물릴 때 가능하며, 그 지점에서 우리는 필연적으로 조정과 타협의 과정을 거치게 되는 것이지요." 코페츠의 연구 분야가 '동기'와 '목표 추구'라는 점을 감안하면, 그녀가 사람들의 제약 조건과 우선순위 설정 방식에 초점을 두는 것은 자연스러운 일이다.

"서로 얼굴을 맞대고 있을 때는 강제로라도 상호작용을 해야 하고, 즉시 상대방의 반응을 확인할 수 있어요." 그녀는 또 이렇게 말했다. "하지만 가상 환경에서는 그런 피드백이 없고, 다른 의견에 노출되지 않아도 되므로 극단주의가 가능해집니다."

그녀가 덧붙였다. "바로 제약이 없기 때문입니다."

본질적으로 제약과 균형은 극단주의를 방지하는 역할을 수행한다. 그러나 소셜 미디어는 이러한 제약 조건과 균형 감각이 결여된 공간이다. 코페츠는 사람들이 실제 삶에서 겪는 몸짓 언어, 감정 표현, 유머의 타이밍, 상처받기 쉬운 감정 등 다양한 사회적 제약이 온라인 공간에서는 작동하지 않기 때문에, 소셜 미디어가 극단적인 사고와 행동을 부추긴다고 분석한다.

"페이스북과 같은 소셜 미디어는 인류에게 있어 최악의 재앙입니다." 그녀는 단언했다. 2008년 페이스북에 가입했던 그녀는, 그것이 사람의 사고방식에 어떤 악영향을 주는지를 곧 깨닫고 즉시 계정을 삭제했다. 사람들은 그녀의 우려에 대해, "그래도 사람들과 이어지게 해 주지 않느냐?"라고 반문하지만, 그녀는 "그건 진짜 연결이 아니다."라고 답하곤 했다.

그녀가 가장 걱정하는 건 제자들이다. 대학원생 제자들의 진로에 대해 책임감을 느끼지만, 요즘 그들은 과학이 아닌 이념이 중심이 된 가상 환경 속에서 자라고 있다. 학문적 성과조차도, 그녀 표현에 따르면, '저속하게 변질되어' 버렸고, 그렇게 변질시킨 이들이 오히려 상을 받고 연구비를 받아 간다고 한다. 그러니 박사과정 학생들 역시 그들처럼 언론에 나오고 싶어 할 뿐, 이제는 아무도 시간을 들여 묵묵히 연구에 집중하려 하지 않는다. "이제 우리의 목표는 과학자가 되는 게 아니라, 대중을 즐겁게 해 주는 것입니다."라고 그녀는 말했다.

"부디, 우리를 일깨우는 계기가 생기길 바랍니다."

Part 2
침묵을 깨고 나아가기

자유롭게
반대할 수 있는 기쁨

당신도 우리가 자유롭게 반대할 수 있는 기쁨을 잃었다고 느끼는가? 한때 대학 강의실은 활기차고 시끄러웠으며, 학생들은 서로뿐 아니라 교수에게도 당당히 질문하고 도전했다. 그곳에는 자유분방한 '브레인스토밍'과 소리 내어 생각하는 즐거움이 존재했다. 나는 대학에서, 가족과 함께한 식탁에서, 그리고 친구들과의 대화에서 그러한 환경을 경험할 수 있었던 것을 감사하게 생각한다. 반대 의견은 두려워할 대상이 아니다. 오히려 신나는 파티 같은 것이다.

그러나 유감스럽게도 지금 우리 모두는 정반대의 어두운 상황에 처해 있다. 현재 우리의 상호작용은 신선함을 잃었고, 두렵고 건조하며, 그 범위도 매우 제한적이다. 이런 상황에서는 농담도 파티처럼 느껴지지 않는다. 우리는 너무나 분리되고 고립되어 자기 목소리를 내는 일이 마치 전쟁을 선포하는 것처럼 어렵게 느껴지고, 단순한 질문을 할 때조차 긴장감에 떨게 된다. 온라인 담론의 현주소에 실망하기 쉽지만, 자유로운 발언과 다양한 의견을 펼칠 수 있는 장이 아직 남아 있다는 사실에 감사해야 한다. 이견을 표명할 수 있는 공간을 보존하는 일은 전 세계적으로 반드시 우선시되어야 한다.

여러 연구 결과는 이견의 가치를 뒷받침할 뿐만 아니라, 명확하게 구분된 집단 내에서도 이견을 제시하는 이들이 배척당하기보다 오히려 환영받고 존중받을 수 있음을 보여준다. 학교, 직장, 종교 공동체에서 서로 다른 의견을 논의할 시간을 따로 마련하는 것은 신뢰를 쌓는 데 큰 도움이 된다. 따라서 우리는 이 어둠에서 서서히 벗어나 이견의 기쁨을 찾아야 한다. 필요하다면 가족, 좋아하는 영화, 대학 시절 추억 등을 떠올려서라도 말이다. 이러한 기억과 사례는 활기차고 역동적인 토론 및 아이디어 교환으로 돌아가기 위한 영감과 동기가 된다.

한편, 진부하고 조용한 '안전지대'인 메아리 방을 떠나는 일은 쉽지 않다. 자기침묵이 일시적인 안전감을 줄 수 있으나, 결국 답답함을 동반한다. 이견을 내는 용기에는 슬픔과 존재론적 고민이 따르며, 이는 우리가 속한 스포츠 팀, 학교, 친구 모임, 교회, 정치적 소속 등 어떤 집단 이념에서 벗어나려는 시도에 언제나 어려움이 따름을 의미한다. 결국, 이러한 변화와 용기는 큰 부담이지만, 그럼에도 불구하고 필요한 과정임을 이해해야 한다.

내면의 신전이 무너질 때

한 아이의 엄마이자 운동선수인 제이드는 복음주의 교회에서 정교회로 넘어갔다가 10년 전 종교 생활을 완전히 내려놓았다. 그 변화는 그녀에게 큰 시련이었으며, 지금도 잃어버린 사회적 유대를 떠올리며 자신이 올바른 선택을 했는지 스스로 되묻곤 한다. 그녀의 결혼은 실패했고, 가족과의 유대감도 느슨해졌다. 무신론자 그룹에도 들어가 보았지만, 종교 집단에서 느꼈던 것과 유사한 극단주의를 발견했다. "잠시 무신론 단체에 속해 있었는데, 저에게는 그들과 종교인이 동전의 양면처럼 느껴졌어요. 무엇이든 확신하며, 집단적으로 움직였죠. 저는 그런 확신과 집단성을 벗어나기 위해 교회를 떠난 것이었어요."라고 그녀는 말했다. "전 이제 그걸 믿지 않아요. 그리고 밖으로 나와보니, 그 모든 게 도무지 말이 안 되는 거였더라고요." 그녀는 이렇게 덧붙였다. "하지만 제가 그렇게 많은 걸 잃게 될 줄은 상상도 못했습니다. 정체성과 소속감, 그리고 나를 괜찮고 따뜻한 사람으로 여겨 주던 사람들의 시선까지 끊어져 나갈 줄은 몰랐어요. 그걸 알았더라면 아마도 조용히 물러났을 거예요. 그렇게 공개적으로 떠나진 않았겠죠."

종교적 문맥에서 이와 같은 과정을 일컫는 말이 바로 '탈신앙deconversion'이며, 이는 탐구해 볼 만한 개념이다. 이 단어는 마치 스스로를 어딘가에서 떼어내어 공허한 회색 지대로 던지는 듯한 이미지를 불러일으킨다. 어떤 곳을 떠나면, 그다음에는 어디에 속하게 되는가? 그 공간은 또 다른 종류의 '재개종'을 위한 자리가 되는가? 소속은 우리에게 어떤 의미를 가지는가? 우리는 그로부터 어떤 심리적 보상을 받게 되는가?

종교를 떠나는 과정과 그 이후의 영향을 설명하는 데 유용한 또 하나의 개념은 '환멸disenchantment'이다. 연구자 E. 마셜 브룩스E. Marshall Brooks 에 따르면, 몰몬교를 탈퇴한 이들 중 대다수가 "개인적 정체성의 상실, 극심한 외로움과 후회, 그리고 임상적으로 정의된 우울증 및 불안과 유사한 증상"을 경험한다.[43] 그는 또한 "(탈)신체화, 비인격화, 과잉 반성, 자기애 상실"과 같은 현상들이 몰몬교 탈퇴자들에게서 나타난다고 기술하고 있다.

탈신앙과 환멸은 굉장히 다루기 어려운 주제이며, 지금까지도 연구자들 사이에서 충분히 조명되지 못한 영역이다. 브룩스는 이렇게 말한다. "종교적 환멸은 문화적으로 보편화된 방식이나 사회적으로 통용되는 표현이 부족해서, 연구자들이 쉽게 추적하거나 설명하기 어렵다. 그래서 환멸은 쉽게 오해되거나, 전혀 다른 것으로 오인되기 쉽다." 이는 내가 자폐인의 '가면'과 위장 행동을 연구하면서 발견한 점과 소름 끼칠 정도로 닮아 있다. 자신을 감추는 삶은 당사자뿐 아니라 그 사람을 도우려는 주변 사람들에게도 혼란을 준다. 명확한 신호가 없기 때문에, 흔히 '오진'으로 이어지기도 하는데, 브룩스가 말한 '오인'도 바로 이와 같다. 환멸은 종종 일반적인 우울이나 불안처럼 보이기 쉽다. 이러한 깊은 진실을 숨기는 현상은 연구 환경 내에서는 미리 파악하기 매우 어렵고, 대개 어떤 위기가 닥친 이후에야 숨겨져 있던 진실이 폭발하듯 수면 위로 드러난다.

미국의 대표적인 시사·문예 매거진 〈디 애틀랜틱The Atlantic〉의 기자인 기자 존 포텐버리Jon Fortenbury는 종교를 떠나는 사람들의 심리와 건강에 대해 언급하며 이렇게 적었다. "미국에서 종교를 떠난 이들 중 상당수는 과거 소속된 공동체로부터 소외감을 느끼며 불안과 우울에 시달리고, 때로는 자살 생각까지 하게 된다. 반면 자유를 느끼는 사람들도 있다. 탈신앙에 대한 이야기는 사람마다 다르지만, 강한 종교적 신념을 내려놓으면 건강 상태에도 영향이 미칠 수 있다."44 2010년 수행된 연구에서는, 최근 신앙을 내려놓은 사람들 중에서 건강 상태가 뛰어난 사람은 20% 정도였던 반면, 종교 공동체에 여전히 소속되어 있는 사람들 중에서는 40%가 '아주 건강하다'라는 평가를 받았다.45 이는 종교 공동체가 주는 익숙함과 안정감이 스트레스와 충돌로 인한 긴장을 완화해 주는 효과 때문인 것으로 보인다. 집단주의는 정신과 신체 모두에 큰 영향을 미친다. 하지만 그렇다고 해서 현실과 동떨어진 안정을 위해 비판적인 시각을 포기해야 한다는 뜻은 아니다.

   종교를 떠나거나 의심하는 이들을 지원하는 국제 비영리 단체인 '종교로부터 회복하기Recovering from Religion'의 창립자이자 저자인 심리학자 대럴 레이Darrel Ray는 자신의 환자들이 교회를 떠난 뒤 우울증에서 벗어나는 데 보통 2~3년이 걸린다고 전한다. 이 과정에서 환멸을 느끼고, 이전에 믿었던 이상에서 벗어나 새로운 시각으로 세상을 바라보는 법을 배우게 된다. 이러한 경험은 극단적인 좌파나 우파, 혹은 과거 자신이 속했던 어떤 집단을 떠날 때에도 공통적으로 나타난다. 집단을 떠나는 일은 고통스러운 일이며, 동시에 공동체와 소속감, 세상에 대한 확신을 잃는 과정이다.

집단사고를 넘어 자유로운 사고로

집단사고나 이념으로부터 벗어날 때는 충격, 우울, 무기력, 안도, 혼란, 슬픔 등 여러 감정이 뒤섞여 나타난다. 자기침묵의 압박을 견뎌 본 사람은 개인의 자유와 자기실현이라는 목표가 멀리서 빛나는 불빛처럼 느껴지며, 그 빛을 향해 강한 역풍과 폭풍을 뚫고 나아가야 한다는 사실을 잘 알고 있다. 자기침묵을 극복하는 과정은 결코 쉽지 않기에 내면의 감정을 세심히 관찰하는 것은 매우 중요하며, 이 복잡한 현상을 다룬 연구가 부족하므로 다각도로 파고들 필요가 있다.

정체성은 생각, 경험, 그리고 인간관계가 얽혀 복잡하게 구성된 네트워크이다. 무언가에 의심이 생기거나 비판적으로 생각하기 시작하면, 마음속에서 쉽게 받아들이기 힘든 혼란이 일어나고, 그로 인해 우울하거나 불안해지며 마음이 뒤숭숭해질 수 있다. 특히 오랜 기간 자기침묵을 지속한 사람은 심각한 우울증에 빠질 위험이 크다. 학교, 신앙, 정치, 스포츠 등 다양한 집단 이념에 대해 깊이 사고하는 수많은 비판적 사상가들은 예리한 지성을 기반으로, 기존의 교리나 통념에 공개적으로 문제를 제기하고 싶어 한다. 그러나 정신적·사회적·정서적 장애물에 맞닥뜨려 실제 이행하지는 못한다. 발언을 주저하게 되는 이유는 다양하다. 가족과 친구를 포함한 사회적 관계망이 해당 이념에 깊이 얽혀 있는 경우가 많고, 때로는 그 신념이 지나치게 내면화되어 벗어나는 것 자체가 도덕적 죄책감으로 느껴지기도 한다.

나는 교사, 치료사, 운동선수, 목사, 사서, 학생 등 다양한 사람들이 오래도록 소속돼 있던 집단과 정체성을 떠난 경험에 대해 많이 들었다. 어린 시절부터 발도르프Waldorf 대안학교에서 자라며, 성인이 된 후에도 10년간 같은 방식으로 아이들을 가르쳐 온 데니스는, 결국 그 교육 철학이 더는 자신의 삶과 어울리지 않는다고 판단하고 조용히 그 길을 떠났다. 많은 이들에게 사랑받는 교육이지만, 그녀는 자신의 가치와 맞지 않아 떠났다. 그러나 이 결정은 큰 파장을 불러왔다. 데니스는 "제가 발도르프를 떠난다는 것은, 어렸을 때부터 내 집 같았던 공동체와 완전히 끊어지는 것을 의미했어요. 그 공동체는 내 정체성의 근본이었으니까요."라고 말했다. "발도르프 교육에 대한 애정과 가치는 여전하지만, 학교 철학에 대한 의문과 떠나는 과정에서 받았던 대우 때문에 제 어린 시절과 세계관에 대해 깊이 고민하게 됐습니다."

텍사스에 사는 보수주의 성향의 전직 치료사인 제이미의 이야기도 들어 보자. "우리 마을에서 저희 아버지는 꽤 유명한 공화당 판사였습니다. 제가 진보적 입장을 취하는 것 자체로도 지역 사회에서 큰 이슈가 되었어요."라고 그녀는 말했다. "텍사스 오스틴에서 치료사로 일하고 있는 저는 몇 년에 걸친 내면의 여정을 통해 결국 복음주의 신앙에서 완전히 발을 뗐습니다." 제이미는 한때 종교 활동에 깊이 몰입해 있었고, 22살에 결혼한 뒤에는 선교를 비롯해 교회 관련 일이라면 빠짐없이 참여했다고 한다. "사회복지학 대학원에 입학하면서 이전과는 다른 정치적 시각들을 접했고, 그로 인해 제 정치적 정체성에 대해 혼란을 겪게 되었습니다. 저는 보수적인 복음주의 기독교 공동체 출신으로, 한동안은 진보적 복음주의자가 되려 했습니다. 하지만 시간이 지나면서 종교에 대한 생각을 다시 정리했고, 결국 불가지론이 제 신념과 가치에 가장 부합한다는 결론에 이르렀습니다." 이런 오랜 질문과 비판적 사고 끝에 자신에게 맞는 길을 찾은 사람들은 어떤 선택을 하든 더 큰 평화와 진정성을 누릴 수 있다.

또 다른 여성 윌로우는, 여성이 머리를 자르는 것부터 메이크업을 하거나 바지를 입거나 쇄골이 드러날 정도로 깊이 파인 옷을 입는 것까지 금지되는 폐쇄적 종교 공동체에서 성장했다. 그녀는 다음과 같이 말했다.

다행히도 저의 주 양육자였던 아버지가 제가 십 대일 때 그 집단을 떠났어요. 저는 다른 사람들만큼 철저하게 규율 속에 길들여지지는 않았지만, 그 공동체가 남긴 낙인은 뿌리 깊게 남아 있었죠. 순결 문화는 숨 쉴 틈 없이 강요됐고, 친구들이 평범하게 누리던 것들조차 저는 경험하지 못했어요.《해리 포터》도 어른이 되어서야 겨우 읽었답니다. 마법 이야기는 금지였으니까요). 고등학교 시절 내내 심한 불안과 우울 속에서 버텼고, 지금 와서야 제가 진단받지 못한 ADHD*였다는 걸 알게 되었어요. 하지만 그때는 제 고통을 '관심받으려는 행동' 정도로만 여겼어요. 모두가 저를 이상하게 보거나 껄끄럽게만 대했죠. 누구도 제 안을 들여다보려 하지 않았어요. 그때도, 그리고 지금도 가끔은 물속에서 허우적대며 겨우 숨을 쉬고 있는 기분이에요.

윌로우는 고향을 떠난 뒤 열여덟 살에 남편을 만나 알래스카로 이주했다. "처음엔 외로움이 너무 두려웠어요. 그런데 그 고립이 제 정신 건강엔 정말 큰 도움이 되었죠. 지나치게 간섭하던 가족과 떨어져 나만의 생각을 가질 수 있게 되었거든요." 그녀는 결국 기독교와 보수 공화주의를 떠났고,

---

* 주의력 결핍 과잉행동장애

한 번도 뒤돌아본 적이 없다고 했다.

그녀는 자라온 공동체를 떠나는 일이 결코 쉬운 결정이 아니었으며, 그 과정에서 깊은 외로움을 경험했다고 고백했다. 여전히 자신이 어딘가 바깥에 있는 사람처럼 느껴질 때가 있고, 특히 가족 같은 이들과 함께할 때는 본연의 자신을 드러내기보다 감정을 억누르고 조심스럽게 행동한다고 한다. 그럼에도 지금의 평온한 삶에 대해서는 후회가 없으며, 선택에 만족하고 있다. 다만, 그 공동체의 사랑이 조건부였다는 것을 알면서도, 그 안에서 경험한 소속감과 포용의 기억은 지금도 아련하게 남아 있다고 덧붙였다.

삶을 뒤흔드는 전환은 늘 고통스럽다. 이 길은 감정적 위험을 감수해야 하며, 자신을 완전히 드러내는 용기가 요구된다. 하지만 집단사고의 굴레에서 벗어나면 삶의 질은 눈에 띄게 나아질 수 있다. 기독교 근본주의를 떠난 이들에 대한 연구에 따르면, 종교적 순응에서 벗어난 해방감, 상호 감정 교류가 가능한 새로운 인간관계, 자율성과 자유가 심리적 안녕에 기여한다고 한다.[46] 모든 귀한 것에는 고통이 따르기 마련이다. 그러나 집단이 부여한 거짓된 안정감을 넘어서 진정한 자아를 만날 수 있다면, 그 대가는 충분히 지불할 만하다. 집단사고의 저편에는 진정한 기쁨이 존재한다.

반대의 본질적인 목적

네덜란드 출신의 사회심리학자인 졸란다 제텐^{Jolanda Jetten}은 호주 퀸즐랜드 대학에서 사회적 정체성과 집단 행동을 연구하고 있다. 또한 그녀는 많은 사회과학 연구가 '순응'에 집중해 온 점을 지적하며 '반대'를 연구한다. 예를 들어, 그녀는 기존 연구들이 집단 내 반대를 '충성심 부족'으로 간주하는 경향이 있다고 지적하면서, 실제로는 이러한 반대가 집단의 가치를 지키려는 진심 어린 관심에서 비롯된 경우가 많다고 주장한다. "집단 구성원들은 집단을 사랑하고, 다른 구성원들의 행동 방향에 대해 걱정을 하기 때문에 반대할 수 있는 것이다."[47] 그녀와 공동 저자인 매튜 혼시^{Matthew Hornsey}는 이렇게 설명한다. "반대는 집단 규범을 더 나은 방향으로 바꾸려는 시도이며, 이를 '건설적 일탈' 혹은 '건설적 애국심'이라고 부릅니다."

오늘날 다수의 이단적 사상가 및 작가들은 인간이라는 존재에 대해 혹은 자유로운 사고를 하는 개인이라는 점에 대해 강한 자부심을 가지고 있는 편이다. 이것이 그들의 근본적인 가치이며, 사회과학자들이 '높은 동일시자^{high identifiers}'라 부르는 유형이다. 즉, 그들은 관심이 있어서 목소리를 내고, 관심이 있어서 반대하는 것이다. 그리고 이들은 모두 지적인 삶의 미래에 이해관계가 있고 깊은 관심을 갖는다. 이에 대해 제텐과 혼시는 이렇게 썼다. "자신이 속한 집단과 강하게 동일시하는 사람들은 오히려 집단을 위해 문제점을 지적하고 변화를 요구한다. 그들의 반대는 집단을 해치지 않도록 집단 규범을 바꾸려는 마음에서 나온 것이다."

그러나 현실 속의 반대자들은 대개 묵묵히 일하고, 그들의 공로는 시간이 지난 후에야 드러난다. "소수의 영향력은 간접적이고 늦게 나타나며, 눈에 잘 띄지 않는다. 이들이 변화를 이끌어 냈다 해도, 그 영향력 덕분이라고 여겨지지는 않는다."라고 그들은 말했다. "소수 의견이 중요한 까닭은 집단이 스스로에게 도취되지 않도록 경계하고, 통념에 의문을 제기하며, 구성원 모두가 긴장감을 유지하게 만들기 때문이다. 이렇게 반대하는 소수는 무의미해진 규범과 관습을 변화시키는 역할을 한다."

반대자를 표현하는 또 다른 용어로는 '도덕적 반항아 moral rebel'가 있다. 이는 '자신이 비도덕적이라 느끼는 규범이나 기대, 관습에 정면으로 맞서는 사람'을 의미한다. 이런 사람들은 '긍정적 일탈자 positive deviant'라고도 불린다. 실제로 스탠퍼드 대학교의 브누아 모냉 Benoît Monin 교수가 이끄는 연구진은 도덕적 반항이 집단에 특정한 위협을 가할 수 있다고 말한다.[48] 그래서 반대자는 종종 환영받지 못하지만, 사실 그들은 환영받아야 한다. 이들의 행동은 집단에 대한 비판으로 받아들여질 수 있고, 구성원들로 하여금 자신의 믿음을 다시 생각하게 만들며, 이들이 공모하여 비도덕적인 일에 대해 맞서기도 한다. 이런 모든 요소가 존재적 위기, 반발심, 방어적 태도를 유발할 수 있다. 이에 대해 제텐과 혼시는 "반대하는 소수자는 다수가 고정관념에서 벗어나 생각하도록 강요함으로써 집단 전반에 영향을 미친다."라고 기술했다.

물론 반대자를 받아들이는 일에는 의미 있는 보상이 따르기도 한다. 그들은 "집단이 반대자와 일탈자를 받아들임으로써, 구성원들은 자신들의 신념과 가치를 진정성 있게 실천하고 있음을 드러내고, 그로 인해 공동체의 결속력은 더욱 강화된다."라고 기술했다. 어쩌면 우리는 반대자를 인류를 위한 열정적인 응원자라고 생각해 볼 수 있지 않을까?

아직은 비교적 덜 알려져 있지만, 제텐과 혼시는 다음과 같이 주장한다. "일부 집단은 반대 의견이 주는 장점을 인식하고, 구성원들 중 일부가 반대 의견을 자유롭게 개진할 수 있도록 비공식적인 역할을 마련하기도 한다." 나는 성인이 된 후에는 이런 모습을 거의 본 적이 없지만, 학창 시절 교실 토론 시간에 선생님들이 반대 의견을 장려했던 기억은 있다. "한 가지 예로, 중세 시대의 어릿광대들은 주변적이고 위협적이지 않은 특성 덕분에 왕이나 여왕 앞에서 불편한 사실을 자유롭게 지적할 수 있는 유일한 사람들이었다." 그리고 이렇게 언급했다. "현대로 치자면 조직의 문제를 파악하려고 의도적으로 반론을 제기하는 '악마의 변호인*'이 바로 그 역할을 하고 있다."

이는 몇 가지 중요한 의문을 불러일으킨다. 대학이나 직장, 소셜 미디어 플랫폼은 이견이 존재할 수 있는 공간을 확보하고 있는가? 사람들은 서로를 불쾌하게 만들까 봐 두려운 나머지, 반대의 중요성을 잊고 있는 것은 아닌가? 우리는 틀리는 것에 대한 두려움, 감정을 해칠 수 있다는 염려로 인해 상실하고 있는 것이 무엇인지 진지하게 되새겨야 한다. 우리는 반대할 수 있는 용기를 내는 이들을 응원해야 한다.

반대의 목소리를 내는 용맹한 자들

비주류의 목소리를 지지하고, 관습에 얽매이지 않는 시선을 존중하며, 말하기 어려운 진실을 과감히 드러내는 개인과 신생 조직의 사례는 지금도 무수히 존재한다.

---

* devil's advocate, 어떤 사안에 대해 일부러 반대 입장을 취하는 사람.

오늘날 표현의 자유와 사유의 다양성을 옹호하는 움직임은 여러 조직을 중심으로 활발히 전개되고 있다. 헤테로독스 아카데미Heterodox Academy는 대학 사회 내에서 열린 토론과 다양한 시각의 교환을 지지하며, 이를 위해 학생, 교수, 행정가들 간의 협력적 네트워크를 형성한다.[49] 개인 권리 및 표현 재단Foundation for Individual Rights and Expression, FIRE 은 정치적 이념과 관계없이 누구든 자유롭게 발언할 수 있는 권리를 법적으로 보호하며, 실질적인 법률 지원을 제공하는 비영리 단체다.[50] 브레이버 엔젤스Braver Angels는 서로 다른 정치적 배경을 가진 시민들이 직접 만나 대화를 이어 갈 수 있도록 돕는 시민 참여형 조직이다.[51] 이러한 시도는 학계뿐 아니라 사회 전반에서 폭넓게 나타나고 있다.

   기존 질서에 도전하는 언론인, 인플루언서, 팟캐스터들도 눈에 띈다. 팟캐스터이자 래퍼인 콜먼 휴즈Coleman Hughes는 그의 팟캐스트 〈콜먼과의 대화Conversations with Coleman〉를 통해 다양한 정치적 견해를 가진 인물들과 대화를 나누며, 날카롭고 균형 있는 철학적 시각을 선보이고 있다.[52] 그의 날카로운 통찰력과 균형 잡힌 진행 방식은 많은 이들의 지지를 받고 있다. 인플루언서인 마크 그로브스Mark Groves는 관계와 진정성의 중요성을 이야기하며, 의견 충돌을 피하지 않고 오히려 그것이 진짜 연결로 나아가는 길임을 강조한다. 연설가 아프리카 브룩Africa Brooke은 자신의 금주 경험을 바탕으로 진정성 있는 자기 표현의 여정을 시작했고, 흑인 여성으로서 사회가 부여한 획일적 정체성의 틀에서 벗어나고자 했다.53 언론인 바리 와이스Bari Weiss는 기존 언론 환경의 한계를 절감하고, 보다 다양한 정치적 목소리를 담기 위해 〈뉴욕타임스〉를 떠나 〈프리 프레스The Free Press〉를 창간하며 새로운 미디어 생태계를 만들어 가고 있다.54 일각에서는 이들을 논란의 인물로 보며, 독자들 역시 그들의 관점에 동의하지 않을 수 있다. 하지만 이들이 공통적으로 보여 준 점은 기존의 일방적 사고를 벗어나, 관점의 다양성을 위한 공적 플랫폼 구축을 시도했다는 데에 있다. 이는 집단사고의 장벽을 넘어서고자 하는 과감한 발걸음이다.

유명한 에세이스트인 메건 다움Meghan Daum은 자신의 팟캐스트 〈말할 수 없는 것The Unspeakable〉를 통해 예술가, 연예인, 언론인, 과학자, 학자 등과 대화를 나누며, 현재 사회에 만연한 문화적·도덕적 전제에 대해 의문을 제기하는 '말하기 어려운' 주제들을 다룬다.55 "제가 작가가 된 이유는 세상에서 벌어지는 일들을 올바르게 바라보고, 사람들이 느끼지만 입 밖에 내지 못했던 진실을 글로 표현하고 싶었기 때문입니다. 누군가는 공감하지만 감추고 있던 감정들, 그것을 꺼내는 것이 창작자, 특히 작가의 역할이라고 생각해요."

그녀는 내게 말했다. "90년대 초반 글을 쓸 때는 그런 진실과 위선을 지적하는 에세이가 높이 평가되었던 시기였죠. 저는 '잘했다'라는 격려 속에서 다음 원고 요청도 받았습니다."

그녀는 사람들이 자신이 느끼거나 생각해야 한다고 믿는 것과 실제로 느끼고 생각하는 것 사이의 간극에 늘 관심을 가져왔다. 그녀의 초기 글은 〈뉴욕 타임스〉, 〈LA 타임스〉, 〈뉴요커〉 등 다양한 매체에 널리 실렸다. 하지만 2014년경 문학계의 분위기가 바뀌기 시작하는 것을 체감했다. 그녀의 작가 친구들은 사적으로 한 말과 온라인상에서 한 말이 달랐다. 메건은 매우 혼란스러워했다. 그리고 그 즈음 그녀는 '재분류'되었다고 말한다. 즉, 온라인 사회 정의 운동에 적극 참여하지 않았기 때문에 문제적 인물로 인식되었다. 그녀는 언제나 그렇듯 자신의 생각을 공개적으로 밝히며 타인에 동조하지 않았을 뿐이다. '백인, 이성애자, 시스젠더[*]'라는 이유로 정체성 이슈에 접근할 자격이 없다는 비판을 받았지만, 그녀가 실제로 플랫폼을 제공해 온 다양한 목소리는 널리 알려지지 않았다.

현재 메건은 사람들이 오프라인에서 직접 만나, 평소엔

---

[*] cis, 생물학적 성별과 자신이 인식하는 성별이 일치하는 사람.

감히 말할 수 없었던 속내를 나눌 수 있는 장을 미국 곳곳에서 만들고 있다. 많은 이들이 그녀에게 외롭다는 말을 전했고, 그 절실한 고백들이 바로 이 모임의 시작점이었다. 나는 그녀에게 같은 길을 걷고자 하는 '침묵의 파괴자'들에게 어떤 조언을 해 주고 싶은지 물었다. 메건은 "지적으로 정직하게 말하세요. 단순하고 자극적인 문구에 기대지 마십시오."라고 조언했다. 극단주의를 이기는 유일한 길은, 미묘한 차이를 포용하는 조용한 통찰이라고 그녀는 힘주어 말한다.

메건을 비롯해 관점의 다양성을 옹호하는 수많은 개인과 조직은, 논쟁이 지닌 고유한 아름다움과 기쁨에 애정을 품고 있으며, 이를 지키기 위해 정성과 헌신을 아끼지 않는다. 이들이 추구하는 것은 일부 편협한 반대자들이 주장하듯 무분별한 혐오 발언의 장이 아니다. 이러한 구분은 매우 중요하며, 우리가 더 섬세한 통찰과 관용의 감각으로 나아가려면 이들이 실제로 어떤 주장을 펼치고 있는지를 차분히 들여다볼 필요가 있다.

이견이 던진 돌멩이 하나, 진실의 물결을 일으키다

이 책을 준비하며 사람들과 대화를 나누어 보니, 미국은 자기가 속한 동네나 학교, 직장 내에서 다양한 사상과 배경을 접할 기회가 부족한 나라라는 인상을 받았다. 오늘날 다양성·형평성·포용성Diversity, Equity, and Inclusion-DEI을 위한 노력이 활발하지만, 대개는 강제로 진행되고 겉핥기 식이며, 섬세한 탐구보다는 핵심 요점 외우기에 그치는 경우가 많다. 그래서 서로 다른 인구 집단의 감정과 내면세계에 대해 깊이 느끼고 이해하는 데는 한계가 있다.

연결과 공감, 그리고 이해는 단지 책을 읽거나 동영상을 보는 데서 오는 것이 아니라, 타인의 현실에 천천히, 인내심을 가지고 함께 머무르는 것에서부터 시작된다. DEI 차원에서 탁월하고 섬세한 노력이 많이 이루어지고 있으나, 때로는 다소 동떨어진 듯한 인상을 주기도 한다. 2023년 MIT에서 열린 카리스 포스터Karith Foster 등과의 토론은 잘 수행된 DEI와 그렇지 못한 DEI의 차이를 섬세하게 보여 주었다.[56] 포스터는 다양성 참여 전문가로서 '안전한 공간'에서 '용기 있는 공간'으로 나아가 진정한 자기 표현을 옹호하며, 특히 흑인 여성으로서 DEI 활동에 만연한 분열을 극복하려 애쓰고 있다. 코미디언으로서 진실을 말하는 그녀는 사람들의 내면을 세심히 살피며, '반전Inversity'이라는 이름의 DEI 컨설팅을 운영하고 있다.

1996년 UC 버클리 대학의 두 연구자가 발표한 논문에 따르면, 소수 의견에 노출된 사람들은 다양한 문제 해결 전략을 더 잘 활용하고, 더 많은 정보를 기억하며, 사고의 유연성과 독창성을 발휘해, 그렇지 않았다면 발견하지 못했을 해결책을 찾아낸다고 한다.[57]

UC 버클리 연구자들은 정치적 사안에 대한 소수 의견 노출에 주목했으며, 소수 의견이 "정보 탐색을 촉진하는 경향"이 있음을 발견하였다. 이는 매우 고무적인 결과로서, 우리는 이러한 경향을 더욱 장려할 필요가 있다. 우리는 사람들이 비판적인 사고를 통해 스스로 판단에 이르길 바란다. 연구는 소수 의견자들이 "다수 의견을 이해하려는 동기를 갖고, 그 입장을 분명히 하기 위한 정보를 찾는다."라는 사실을 보여 주었다.

20년이 지난 후, 소셜 미디어 시대에 접어든 지금도 이 성향은 계속 나타난다. 2018년에 발표된 또 다른 연구는 다음과 같이 기술했다. "어떤 사람들은 소셜 네트워크의 다양성을 조심스러움의 징후로 보지만, 다른 이들은 이를 관점을 넓히는 기회로 삼는다."[58]

다양한 관점에 노출되면 아이디어에 대한 건강한 도전과 새로운 정보 탐색을 촉진할 수 있지만, 종종 알고리즘이 이를 가로막는다. 연구진은 "다양한 뉴스 추천이 뉴스 노출을 늘릴 수 있다"고 밝혔으나, 실제로 사람들이 그런 뉴스를 보게 되는지는 보장되지 않는다. 사람들은 '좋아요'와 '공유' 같은 보상에 집중하고, 플랫폼은 이를 활용해 사용자가 더 오래 머무르도록 유도한다. 결과적으로, 보고 싶은 내용만 계속 보여주며, 같은 관점이 반복되는 메아리 방에 갇히게 된다. 이윤 추구 시스템에서는 중독과 분노를 자극하는 콘텐츠가 우선시되며, 비판적 사고는 환영받지 못하는 위험 요소가 된다. 다행히도 사용자는 알고리즘이 아닌 시간 순서대로 업데이트를 볼 수 있도록 설정할 수 있다.

사실 우리가 흔히 생각하는 것처럼 소그룹이나 청중이 그렇게까지 뚜렷하게 나뉘어 있는 건 아닐지도 모른다. 한국의 한양대학교 미디어커뮤니케이션학과 손동영 교수는 한 연구에서 이렇게 지적한다. "사람들이 자신의 태도와 다른 관점을 담은 미디어를 접하게 되면, 주변에 같은 의견을 가진 사람이 거의 없다고 느껴 결국 사회 전반에서 그들의 존재 비율을 낮게 추산하게 된다."[59] 이는 '다원적 무지 pluralistic ignorance'라고 불리는 심리 현상으로, 실제로는 다수가 동의하는 의견임에도 불구하고, 개인이 그것이 소수 의견이라고 오해하게 되는 것이다. 다시 말해, 자신과 생각이 다른 미디어에 자꾸 노출되다 보면, 사회 전체에서 자기와 비슷한 의견을 가진 사람이 별로 없다고 착각하게 되고, 그래서 실제로는 다수에 속하더라도 목소리를 내는 걸 망설이게 된다.

손 교수는 정보가 매체와 지역 공동체를 통해 확산되는 양상을 분석하고, 그 과정에서 사람들이 주류 여론에 압도되어 어떻게 스스로 침묵하게 되는지를 시뮬레이션 모델로 이론화했다. 손 교수가 이끄는 연구팀은 정치적 혹은 관점의 다양성과 관련해 아주 작은 일탈, 다른 목소리 하나만으로도 침묵의 악순환을 끊는 데 결정적인 역할을 할 수 있다고 주장한다. 공동체 내에 지배적인 담론이 형성되어 있으면, 그에 반대되는 소수 의견은 쉽게 묵살되며, 침묵의 패턴이 고착화되는 경향이 있다. 특히 종교처럼 구성원 간 유대가 강한 집단일수록 이러한 자기침묵은 더욱 뚜렷하다. 반대 의견을 말하는 것이 두려워 자기침묵이 반복되기 때문이다. 그러나 손 교수에 따르면, 사람들이 기존과 다른 관점을 마주하는 순간, 침묵의 악순환은 사라지기 시작한다.

온라인에서 다양한 생각과 관점에 노출되면 사람들은 크게 두 가지 방식으로 반응한다. 하나는 혼란, 다른 하나는 환영이다. 사이버심리학에서는 서로 다른 관계망이 하나의 온라인 공간에 겹쳐지는 현상을 '컨텍스트 붕괴 context collapse'라고 부른다. 이는 본래 분리되어 있어야 할 여러 사회적 집단인 가족, 친구, 직장 동료 등이 하나의 플랫폼, 예컨대 페이스북 같은 SNS에서 동시에 연결되며 발생하는 현상이다. 이처럼 서로 다른 집단이 한 공간에 뒤섞이게 되면, 사용자는 각 관계에 맞춰 다른 정체성과 언어를 동시에 조절해야 하며, 이는 상당한 심리적 부담이나 스트레스를 유발할 수 있다. 반면, 제니 데이비스^{Jenny Davis}와 네이선 저겐슨^{Nathan Jurgenson}은 개인이 속한 다양한 집단과 네트워크가 하나로 모이는 상황의 긍정적인 측면을 강조하기 위해 '컨텍스트 결합^{context collusion}'이라는 용어를 제안했다.[60] 서로 다른 사람들을 한 공간에 모으는 일은 오히려 즐거운 경험이 될 수 있다. 결혼식은 본래 서로 다른 사회적 관계들이 하나로 모이는 대표적인 예로, 소셜 미디어는 이러한 사회적 연결을 디지털 환경에서 재현하고 있다는 것이다.

  소셜 미디어가 처음 등장했을 때, 많은 이들은 그것을 전 세계의 친구들과 가족들이 사진, 생각, 경험을 나누는 하나의 거대한 온라인 파티로 여겼다. 이제 우리도 다시 그 시선을 회복하고, 온라인상에서 피할 수 없는 어색함이나 불편함을 받아들이는 법을 배워야 할 시점일지도 모른다. 초창기 온라인 문화는 소박한 기쁨을 나누는 데서 오는 진심 어린 감사를 품고 있었고, 그 공간은 기쁨과 호기심을 자유롭게 펼칠 수 있는 진정한 의미의 '안전한 공간'처럼 느껴지기도 했다. 하지만 온라인 세계는 어느 순간부터 점점 거칠어졌고, 분노를 양분으로 삼는 알고리즘은 결국 혐오로까지 번지기 시작했다. 소수자 집단 일부는 스스로를 보호하기 위해 더 좁고 폐쇄적인 공간 속으로 물러났다. 물론 이는 때로 반드시 필요한 조치였지만, 오히려 분리를 심화시키는 결과를 낳기도 했다. 악의나 해를 끼치려는 의도가 없는 상황에서, 격렬한 의견 충돌은 혐오 표현과는 구별되며, 그러한 의견 교환이야말로 서로를 더 깊이 이해하고 긴장을 완화하는 데 기여할 수 있다. 그런데 오늘날 '안전한 공간'이라는 이름으로 갈등 가능성을 모두 차단해 버리려는 시도는, 아이러니하게도 생각의 다양성을 가로막는 벽이 되고 있다.

2021년 친펑 주Qinfeng Zhu와 마르코 스코릭Marko Skoric의 연구에 따르면, 온라인상의 정치적 갈등은 '안전한 공간' 형성을 부추기며, 특히 소수 의견을 가진 사람일수록 관계를 끊고 자신만의 공간을 만들 가능성이 크다.[61] 그들은 "특히 소수 의견을 가진 사람일수록 정치적 갈등 상황에서 관계를 끊고 자신만의 공간을 만들 가능성이 크다."라고 말한다. 사람들은 뉴스피드를 적극적으로 관리하고, 온라인 네트워크를 가지치기하며, 마음에 들지 않는 사람을 음소거하거나 차단해 버림으로써 디지털 공간을 자신만의 세계로 재편성한다.

이것이 바로 다양성의 가지치기가 위험한 이유다. 두 사람은 다음과 같이 지적한다. "일반적으로 더 많은 선택권은 더 강력한 필터링 능력을 요구하는데, 이것이 오히려 다양성을 줄이는 결과를 낳을 수 있다. 다양한 관점에 노출되는 것은 정보에 밝고 관대한 시민을 키우는 데 매우 중요하기 때문에, 소셜 미디어가 동질적인 정치적 환경을 어떻게 조성하는지 알아보는 것이 필요하다." 그들은 온라인에서의 '언팔로우' 행동이 선택적 회피의 한 형태라고 말한다. 즉, 동의하지 않는 정보를 의식적으로 걸러내는 것이 사람을 회피 상태, 즉 '안전한 공간'으로 몰아넣는다는 것이다.

그들은 유대감이 약한 관계에서 정치적 견해 차이가 발견될 경우 사람들이 언팔로우를 얼마나 자주 하는지에 주목했다. 그들은 실제로 약한 유대감이 "정치적 의견 불일치 앞에서 특히 취약하다."라는 것을 발견했다. 유대감이 약한 관계를 끊는 것은 정치적 다양성에 대한 노출을 줄인다는 의미다. "선택적 회피는 특정 상황에서 소수 의견을 방어하는 중요한 심리적·사회적 메커니즘을 제공할 수 있지만, 동시에 사람들로 하여금 상대방 의견을 듣지 못하게 하여 기존 분열을 강화하고 정치적 교착 상태로 이어질 수 있다."라고 그들이 주장한다. 다양한 관점에 꾸준히 노출되는 경험은, 우리가 타인과 소통할 때 요구되는 비판적 사고력을 기르는 데 핵심적인 역할을 한다. 따라서 우리는 온라인 그룹과 네트워크, 학교, 직장, 이웃, 가족 모임 등 가능한 모든 영역에서 의견 차이에 노출될 수 있도록 공간을 열어 둬야 한다. 지적인 성숙과 비판적 사고를 겸비한 사람이 되려면, 끊임없이 다양한 견해에 자신을 노출시키고, 관점 차이를 견디고 탐색하는 연습을 반복해야 한다. 이견과 갈등은 단절이 아니라, 더 깊은 이해와 관계로 나아가는 계기가 될 수 있다.

코네티컷 대학교의 심리학자 버트 하지스Bert Hodges 교수는 순응과 반대 사이의 긴장 관계를 탐구한다.[62] 그는 사람들이 순응자 아니면 반대자로 나뉜다는 전통적 시각에 의문을 품고, 우리 모두가 상황에 따라 이 두 역할을 번갈아 맡는다고 설명한다. "의견 일치와 불일치는 모두 우리 사회에 깊이 뿌리내린 일상적인 현상이다." 다시 말해, 우리는 상황에 따라 어떤 순간에는 다수의 의견을 따르기도 하고, 또 다른 순간에는 자기 의견을 이끌어 가기도 한다. 중요하다고 여기는 주제일수록 반대 입장을 취할 가능성이 높아지고, 중요도가 낮을수록 순응하는 경향이 나타날 수 있다. 하지스 교수는 "사회적 이해는 의견 일치나 불일치로 환원될 수 없다."라며, 모든 상호작용과 사고는 서로 얽히고 의존하는 방식으로 작동한다고 말한다.

우리는 끊임없는 대화를 통해 서로 영향을 주고받으며,

이는 비판적 사고와 표현의 자유를 바라보는 새로운 관점을 제시한다. 반대한다는 건 외톨이가 되거나 버림받는다는 뜻이 아니다. 오히려 다른 사람들이 그 입장에서 세상을 바라보고, 성찰하고, 논쟁하며 더 많은 것을 배우게 되는 하나의 시작점이다. 생각의 다양성과 의견의 충돌 속에서 관용의 근육을 키워 나갈 때, 반대 의견을 기꺼이 표현할 수 있는 자유롭고 활기찬 공간은 더 강하고, 더 분명하며, 더 해방된 형태로 발전해 간다.

혼자 설 수 있는 용기

오늘날 우리는 정보 과잉의 시대에 살아가며, 스마트폰을 통해 전 세계로부터 쏟아지는 뉴스와 데이터를 실시간으로 마주한다. 사회과학 연구에서 알 수 있듯이, 이처럼 과도하게 연결된 사회는 개인에게 보이지 않는 긴장과 불안을 가중시키며, 존재 자체의 불확실성을 증폭시켜 막연한 긴장감과 무기력함이 감돌게 만든다.[63] 우리의 심리적 구조는 이 모든 자극을 버틸 만큼 단단하지 않을지도 모른다. 실제로 미국 예시바 대학교 교수인 심리학자 사브리나 로마노프Sabrina Romanoff의 연구는 이러한 압도감이 인간을 마비, 무기력, 탈진 상태로 몰아넣을 수 있음을 보여 준다.[64]

이와 대조적으로, 나는 자연사 박물관에 걸려 있는 거대한 동물들의 뼈를 떠올린다. 공룡이나 상어, 거대한 털북숭이 매머드 같은 생명체들이 몸을 구부리고 앞으로 돌진하던 그 거대한 힘 말이다. 하지만 오늘날 우리 인간들은 필터링되지 않은 정보의 범람 속에서 감정적으로 지탱해 줄 중심축을 잃어버린 듯하다. 무분별하게 쏟아지는 정보가 그 결핍을 더욱 심화시키고 있다.

  기존에 확립된 믿음을 의심하고, 우리 주변의 다양한 정보를 비판적으로 사고하는 것은 쉽지 않다. 지속적으로 비판적 사고를 하는 과정은 때로 외롭고 고립된 느낌을 주며, 혼란스럽고 길을 잃은 듯한 기분이 들게 한다. 따라서 감정적 중심축을 강화하는 것이 비판적 사고 및 비판적 의사소통 능력을 기르는 데 중요하다. 이러한 근육을 키워 나갈 때 자율성과 개별화라는 필수 요소를 이해하는 것이 도움이 된다. 또한 자기침묵을 극복하려 할 때 인간이 심리적으로 어떤 어려움에 직면하는지 이해하는 것도 중요하다.

  집단사고라는 그물에 깊이 얽힌 이들은 처음부터 더 높고 험한 산을 넘어야 할지도 모른다. '집단 탈퇴자'들을 만나고 그들의 이야기를 연구하면서, 나는 이들이 오랜 시간 하나의 고정된 사고 틀 안에 머물렀기 때문에, 어떤 심리적 발달 과정이 일시적으로 멈춘 듯한 인상을 받았다. 어떤 이들에게는 한동안 독립적인 사고 자체가 불가능하게 느껴질 정도였다. 비판적 사고를 해 본 적 없는 사람에게는 무기력감이 뚜렷이 감지되었고, 스스로 생각하려는 시도 자체가 낯설고 두려운 일이었다. 마치 한 번도 수영을 해 본 적 없는 사람이 깊은 물에 발을 들이려는 것처럼 말이다. 이 주제에 대한 연구는 드물지만, 국제적인 극단주의 사건을 다루는 변호사들은 이러한 극단적 사상이 양육 방식에까지 영향을 미친다는 사실을 알고 있다. 네덜란드 연구진이 2024년 학회지 〈가족과 법률 Family & Law〉에 발표한 논문에 따르면, 폭력적 이념이 어린이에게 성공적으로 전이될 위험성은 잘 알려져 있지만, 그 장기적 영향을 명확히 측정하기 어렵기 때문에 제도적 개입 방법이 합의되지 못하고 있다.[65]

집단사고는 개인의 자아 형성과 독립적 사고의 발달을 억제하는 경향이 있다. 이는 자기 정체성 확립에 중요한 정신적 성장을 방해하며, 심리적 손상을 초래할 수 있다. 동시에, 세상을 좁은 관점에서 해석하게 만드는 이념적 근시는 정신과 신체 간의 감각적 통합을 저해하며, 개인이 현재 경험을 인식하지 못하도록 만든다. 이와 같은 상태는 심리적 해리 dissociation 의 한 양상으로 볼 수 있다.

선교사 부모 밑에서 자라 어린 시절을 해외에서 보낸 심리학자 말린 위넬 Marlene Winell 은 종교적 트라우마 분야의 선두 주자로서, 근본주의와 복음주의를 떠난 사람들을 위한 워크숍을 진행하고 있다. 그녀는 한 영상에서 탈종교자들이 너무 오랫동안 보호된 환경에 있었기 때문에 일종의 '발달 지연' 같은 감각을 겪는다고 말한다.[66] 한 참석자는 종교로부터 보호받는 것이 마치 "계속해서 보조 바퀴를 달고 있는 느낌"이라고 이야기한다. 이상화된 믿음을 걷어내고 현실로 내려오는 과정은 삶의 복잡하고 불편한 진실을 마주하게 만든다. 이러한 전환 과정에서 많은 사람들은 정서적, 심리적으로 다시 어린 시절로 되돌아간 듯한 경험을 하게 된다.

현실로 내려온다는 개념은 상징적인 표현이 아니라 실제적인 경험이다. 나무를 바라보고, 동물에 대해 경이로움을 느끼며, 자신의 동물적 본성을 인식하는 것이다. 이는 정신적 각성의 순간이다. 소셜 미디어의 집단사고, 정치적으로 편향된 환경, 가족의 신념 체계, 해로운 친구나 동료들과의 관계 등 어떤 식으로든 집단 이념에 사로잡혀 있다가 벗어날 때에도 우리는 비슷한 경험을 하게 된다. 나 역시 매일 걷고, 동물들과 시간을 보내고, 조용한 시간을 갖는 것이 현실성과 신체 감각을 되찾는 데 도움이 된다는 걸 발견했다.

위넬은 그녀의 영상에서 이 개념을 언어화하며 "착한 동물이 되세요."라고 말한다. 모든 사람은 언젠가 자신이 동물임을 깨닫는다. 그 깨달음은 모든 이들에게 공통된 것이며, 우리를 하나로 묶는 강력한 힘을 가진다. 우리는 복잡한 생태계와 사회적 관계의 지형을 헤쳐 나가는 존재들임을 상기시킨다.

'개별화'란, 어린 시절에서 청년기를 지나 어른이 되어 가는 여정일 수도 있고, 캠퍼스에서 사회로 나아가는 변화일 수도 있으며, 혹은 맹목적인 이념에서 벗어나 스스로 비판적 사고를 할 줄 아는 존재로 변해 가는 과정일 수도 있다. 중요한 건, 자기 자신과 생각, 존재감을 있는 그대로 받아들이고 편안해지는 것이다. 말하자면, 오랜 시간 자신을 침묵시켜 온 틀을 깨고, 주변을 휘몰아치는 문화의 소음으로부터 벗어나 지금 이 순간, 이 자리에 깊이 뿌리내리는 일이다.

미지의 영역에 발을 내딛는 것은 본질적으로 두렵고 벅찬 일이다. 불확실한 상황에 맞춰 방향을 바꾸고 몸을 구부리는 사고의 유연함을 기르는 일도 마찬가지다. 그건 마치 무용수의 춤과도 같다. 무용수가 쏟아지는 생각의 흐름에 맞춰 몸을 이리저리 구부리며 자신만의 리듬을 만들어 가는 모습을 떠올려 보자. 그 춤에 몸을 맡기고, 내 안에 단단히 자리 잡은 중심축을 느끼는 일은 정말 값진 경험이다. 또 다른 비유를 들자면, 무용수가 발걸음을 딛을 때마다 소리가 나고, 그 소리가 색색의 빛이 되어 무대를 밝혀 간다. 춤을 계속 추다 보면, 어떤 음악이 마음을 울리는지 그리고 내가 진짜로 생각하고 믿는 게 무엇인지 점점 더 또렷해진다.

집단사고에서 벗어나자마자, 아직 여물지 않은 목소리로 반대 의견을 외치는 건 섣부르다. 그 사이엔 반드시 거쳐야 할, 눈에 보이지 않는 조용한 여정이 있다. 그것은 비판적 사고 능력을 키워 개인의 의견이 온전히 형성되도록 하는 시간이다. 그런 시간을 거쳐야만, 스스로의 관찰과 현실 속 경험을 진지하게 받아들이고, 비판적 사고를 유지한 채 세상을 헤쳐 나갈 수 있는 자신감과 지적 유연성을 기를 수 있다. 다시 말해, 사람들은 자신의 생각을 자유롭게 펼치고 스스로 결론에 도달하는 데 있어 안전함을 느껴야 한다. 그러면 그 생각을 누군가와 나눌 수 있고, 그런 자유로운 사고를 바탕으로 자신만의 일이나 취미를 구축할 수 있게 된다. 토론과 비판적 사고의 이상을 다른 사람들과 공유하는 일은 친구 사이든, 직장이든, 가족이든 더 많은 솔직함과 진정성을 불어넣는 첫걸음이 된다. 자기침묵이 사라질 공간이 마련되면, 사람들은 비로소 가면을 벗는 연습을 하게 된다. 물론 초반에는 서툴고 극단적인 말들이 나오는 등 시행착오를 겪을 수 있지만, 연습을 거듭할수록 자신의 중심을 찾게 된다.

이 여정을 걸어갈 때 꼭 기억해야 할 것이 있다. 질문은 당신을 지켜 주는 등불이고, 의심은 나침반이다. 타인의 결론이 아니라, 당신만의 결론에 도달해야 한다. 낙태, 트랜스젠더, 인종, 성별, 교육, 총기, 환경 등의 주제에 대해 어떤 관점이든 맹목적으로 받아들일 필요는 없다. 이러한 이슈는 단지 정치적인 문제가 아니라 인간적인 문제다. 따라서 자기 내면의 깊은 영역으로 들어가, 이러한 문제들을 철저히 분석하고 해체하며 자기만의 통찰로 재구성할 필요가 있다. 많은 탈종교자들이 그러했듯, 누구든지 기존의 사고 틀을 벗어나 반박하고, 재정립하고, 목소리를 낼 권리가 있다. 그 과정 끝에, 어떤 사람은 자신이 속한 공동체의 가치관에 여전히 동의하게 될 수도 있고, 또 다른 사람은 비판적 사고를 통해 완전히 새로운 방향으로 나아갈 수도 있다. 의심은 때로 차갑고 무섭다. 하지만 결국 그것이 당신을 진실에 더 가까이 데려다줄 것이다. 복잡함을 기꺼이 껴안고, 끊임없이 궁금해하길 바란다.

자율성의 씨앗을 틔우며

사회과학자들은 '죽음의 현저성 mortality salience'이라는 현상에 대해 연구한다.[67] 이는 사람이 언젠가 끝을 맞이할 존재라는 사실을 얼마나 자각하고 살아가는지를 말한다. 그런데 이 개념을 접하면서 나는 또 다른 개념이 떠올렸다. 나는 그것을 '삶의 현저성 aliveness salience'이라 부르고 싶다. 말하자면, 지금 이 순간을 살아 있다는 감각, 그리고 자기만의 고유한 삶에 깨어 있는 의식이다.

자기침묵으로 고통받는 많은 사람들은 현실을 충분히 받아들이지 못하며, '삶의 현저성'이 낮은 편이다. 여기서 말하는 현실은 인간 존재의 기본 전제들이다. 우리는 태어나고, 고통을 겪고, 죽는다. 그 여정 속에는 기쁨과 즐거움, 의미도 있지만, 죽음은 실재하며, 실패도 실재하고, 예기치 못한 사고는 일어난다. 그리고 이 모든 것을 견뎌 내는 일은 중요하면서도 결코 피할 수 없는 과정이다. 자기침묵은 현실에 저항하고, 지금 이 순간과 거리를 두는 방어기제다. 지금 이 순간은 때로 사람의 모습을 똑바로 노려보며, 자신의 가장 깊은 감정과 생각을 직면하게 만들 수 있기 때문이다. 하지만 고통을 겪거나, 죽음을 가까이서 체험하거나, 극심한 고난을 극복하는 등 어떤 계기로든 현실을 받아들이게 되는 경험을 할 때, 우리는 더욱 담대해지고 두려움이 줄어들며, 더욱 강한 힘으로 현실과 마주할 수 있게 된다.

그리고 마침내 자율성을 향한 여정이 시작된다.

나는 자율성이란 소속감만큼이나 자연스럽고 본능적인 성장 방향이라고 본다. 이 두 가지는 겉보기에는 상충되는 욕구처럼 보일 수도 있지만, 오늘날 자율성 개념을 논의하는 많은 이론가들은 자율성을 갖게 될수록 우리는 인간이 얼마나 서로 연결되어 있는 존재인지를 더 깊이 이해하게 된다고 말한다.**68** 우리는 개별적인 존재가 되기를 바라지만, 동시에 고립되기를 원하지는 않는다. 그래서 우리는 자기침묵에 맞설 수 있는 완벽하고 유기적인 구조를 갖추고 있다. 이는 곧, 개인이 자기 정체성을 탐색하고 이를 명확히 드러내되, 의견이 일치하지 않더라도 타인과의 유대감을 유지할 수 있어야 함을 의미한다. 관점의 차이가 있더라도 나로 살아가며 사랑과 우정, 존중과 소속감을 누릴 수 있다는 것, 그것이야말로 진정한 아름다움이고 완전함이다.

자율성 연구의 권위자인 로체스터 대학교의 리처드 M. 라이언Richard M. Ryan 교수와 동료들에 따르면, "개인은 자율적으로 행동할 때, '마음이 온전히 모이고', '자신의 내면과 조화를 이루며', '자신의 행동에 대한 주인의식'을 느낀다."**69** 이는 자율성의 핵심 요소인 정직함과 자발성을 표현하는 공통된 감각들이다. 자기결정성 이론Self-Determination Theory, SDT의 공동 개발자인 라이언 교수는 내재적 동기, 자기결정성, 자율성을 이해하는 데 핵심적인 역할을 해 온 연구자다. 그와 동료들의 연구에 따르면, 자율적으로 행동하는 사람은 목표를 향해 나아갈 때 '내적으로 분열되지 않고', 조화를 이루며 기능한다. 나는 이들의 자율성에 대한 개념이 개인이 자기침묵을 넘어서 진정한 자기 정체성을 발현하게 될 때의 상태를 잘 설명하고 있다고 본다. 예컨대, 이들은 자율성을 "다양한 가능성을 열린 마음으로 처리하고, 그것을 개인의 감수성, 욕구, 그리고 이미 인지된 제약들과 조화시키는 방식의 조절 특성"으로 정의한다.

철학을 전공한 뒤, 발달장애인들과 함께 일하며 연구를 이어 간 라이언은 동료 에드워드 데시Edward Deci와 자기결정성 이론을 공동 개발했다. 1970년대에는 대부분의 심리학자들이 보상 중심의 동기 이론을 따랐다. 즉, 성적, 돈, 지위, 외적 인정 같은 요소들이 인간 행동을 유도한다고 믿은 것이다. 그러나 라이언과 데시는 창의성, 열정, 자율성과 같은 내재적 요인들이 인간 행동에 중요한 영향을 미친다는 사실을 발견했다. 이로써 내재적/외재적 동기 구조라는 개념이 정립되었고, 자기결정성 이론은 이러한 이론적 구분을 포괄하는 핵심 틀로 자리 잡았다.

자기결정성 이론은 이제 연구 및 심리학 분야에서 성공적인 접근법으로 확립되었으며, 라이언과 데시의 연구는 수십 년간 수천 회 인용되었다. 학회와 워크숍, 전문 교육과 국제 강연도 활발히 이루어지고 있다. 그들의 웹사이트에는 자기결정성 이론이 "인간은 스스로 성장하고 도전을 극복하며, 새로운 경험을 통합해 통합된 자아를 만드는 능동적인 존재"라는 전제로 출발한다고 밝히고 있다. 하지만 이러한 자연적 발전 경향은 자동적으로 진행되는 것이 아니라, 오히려 꾸준한 사회적 지지와 영양이 있어야 비로소 작동한다. 이러한 접근 방식과 철학은, 내가 현대의 정신 건강, 웰빙, 자기침묵 현상을 관찰하고 내린 판단과 매우 흡사하다. 자기결정성 이론에 따르면, 건강한 발달은 자율성·유능감·관계성, 즉 독립적인 정체성, 과제를 해낼 수 있는 자신감, 타인과 연결될 수 있는 능력에 기반한다. 이 세 가지 요소가 충분히 발달하지 않으면 많은 문제가 발생하며, 반대로 잘 발달한다면 많은 성공을 이룰 수 있다. 나 역시 이 세 가지가 감정적 중심축을 형성하는 핵심 요소라고 생각한다.

흥미롭게도 자율성 확보는 신경발달적 차이neurodevelopmental differences를 지닌 사람들에게 큰 어려움이다. 나의 저서인 《유별난 게 아니라 예민하고 섬세한 겁니다Divergent Mind》에서 나는 상호의존, 서로 다른 정보 처리 속도에 대한 이해, 자기수용, 필요할 때 타인의 실질적인 도움을 받는 것에 대해 상당히 자세히 다뤘다. 모든 사람이 그렇겠지만, 특히 신경다양성인들은 자신의 진정한 내적 동기와 열정이 일어나 취미에서 진정성 있게 표현되어야 더 큰 자율성을 얻는다.

즉, 조용히 숨겨진 '틈새' 관심사가 완전히 드러날 필요가 있다. 너무나 많은 사람들, 특히 '특정 관심사'를 감추도록 교육받은 신경다양성인들은 자신의 고유한 면을 침묵시키고 있다. 만약 이를 표현했다면 더 건강한 결과를 누렸을 것이다. 강박적인 집중이 일과 직업으로 이어지고, 나아가 자율성을 가져올 수 있는 방법은 여러 가지 있다. 나 역시 내 책에서 논의했듯, 만족스러운 일을 하는 것이 실존적으로나 실질적으로 자율성을 부여하는 데 매우 중요했다.

자기 자신의 내면 동기에 주의를 기울이는 것은 자율성을 이루는 데 있어 중요한 부분이다. 각자가 집착하는 대상에는 반드시 그만한 이유가 존재한다. 이를테면 패션에 열정을 느낀다면, 그것은 소재의 느낌 때문일 수도 있고, 옷을 입은 당신을 바라보는 사람들의 시선 때문일 수도 있다. 조류 관찰을 즐기는 사람은 다양한 깃털, 바람의 느낌, 혹은 평화롭고 고요한 언덕과 숲에 매료되었을지도 모른다. 나는 내 책에서 다른 사람들의 내면 세계에 대한 호기심이 나의 주요한 내적 동기임을 밝힌 바 있다. 그 호기심이 글쓰기와 인터뷰라는 나의 직업적 방향성을 결정지었고, 나는 그 일을 통해 호기심을 충족하고 생계를 이어 가고 있다.

경제적인 부분까지 충족되면서 자신만의 길을 찾게 되면, 사람은 자신감, 자율성, 주체성, 그리고 '자아 실현'의 감정을 경험하게 된다. 그리고 무엇보다 중요한 것은 자신의 '무언가'를 숨기지 말고 계속 이어나가는 것이 중요하다. 라이언과 동료들은 다음과 같이 말한다. "이러한 타고난 경향은 본질적으로 내적 동기에 의해 움직이며, 외적인 보상이나 압력이 없어도 사회적 맥락이 이를 방해하지 않을 경우 자발적으로 나타난다."

그러나 사람의 본래 성향이 자율성을 확대하는 방향으로 작용할 수 있음에도, 그것이 어떤 형태로든 억압당하면 부정적인 결과가 초래된다. "내적 동기와 그에 딸린 호기심, 동화하려는 성향, 그리고 기쁨은 지나치게 통제적이거나 불안정한 환경에서 위축되며, 이는 정상적인 발달을 저해하고, 심한 경우 정체와 정신병리학적 증상을 불러온다." 이는 자기침묵 현상을 논할 때 매우 중요한 문제이다. 많은 사람이 이러한 환경에 놓여 있다. 나는 소셜 미디어가 사람들이 자유로이 자신을 표현하는 공간이라기보다, 사실은 통제받는 공간이라고 본다. 자기침묵의 문화에서는 허용되는 발언 범위를 인지하고 있어, 사람들은 언팔로우, 집단 따돌림, 배척에 대한 두려움으로 인해 무의식적으로 자기침묵을 하게 된다. 이런 환경은 자율성을 키우는 데 필요한 조건과 완전히 반대다.

혼자라는 착각, 모두는 연결되어 있다

우리가 마음속 진심을 말하지 못하는 이유 중 하나는 바로 소속감을 잃게 되는 두려움 때문일 것이다. 그러나 그렇게 해서 얻은 소속감은 진정한 소속감이 아니다. 자기다움을 지키면서도 관계를 이어 가는 방법은 분명히 존재한다. 자기 생각을 숨기지 않으면서도 타인을 배려하고 사회 안에서 활발히 살아가는 건 섬세한 균형이 필요한 일이지만, 사회적 연결 속에서 자율성을 잃지 않는다면 그 춤은 훨씬 더 우아하게 이어질 수 있다. 마음이 통한다는 것은 동일한 관점을 갖거나 모든 의견에 동의한다는 뜻이 아니다. 사랑하는 가족 구성원과 정치적 입장이 완전히 달라도 서로를 깊이 아끼는 경우는 흔하다. 많은 가족에게 이는 익숙한 일상의 일부이며, 이를 농담으로 풀어내거나 명절 이야깃거리로 삼거나 신문 칼럼이나 밈으로 유쾌하게 표현하기도 한다. 이렇게 다름을 경험하고 유쾌하게 풀어내는 과정에서 우리는 더욱 확신에 찬 자아를 만들어 간다. 자기 목소리를 잃지 않고도 타인과 이어지는 훈련은 우리 삶을 더 넓고 깊게 만든다. 실제로, 관점의 다양성을 가족의 핵심 가치로 삼는다면 건강한 자율성을 촉진하는 데 큰 역할을 할 수 있다. 이는 연결성과 개별성을 동시에 지지해 주기 때문이다.

자율성을 발달시키는 핵심에는 내면화 과정이 있다. 이

는 성공하는 방법에 대해 주변 환경으로부터 배우는 동시에, 그 배움 속에 자신의 고유한 삶의 방식을 녹여 넣는 일이다. 예컨대, 직장에 새로 입사한 사람이 있다면 처음에는 사무실 내 위계 구조에 부담을 느낄 수 있다. 그러나 시간이 지나면서 그 위계 구조가 주는 질서와 안정성을 점차 이해하고 받아들이게 된다. 반대로, 시작부터 저항하게 되면 타인과 잘 지내거나, 상사와 멘토에게서 배우거나, 직장을 유지하거나, 자율성을 기르며 새로운 조직에 적응하는 것이 어려워진다. 하지만 이 과정이 곧 사람을 기계처럼 만든다는 뜻은 아니다. 오히려 이는 사회 속에서 원활한 관계를 유지하기 위해 필요한 부분들을 현실적으로 조정하는 과정이며, 자기 고유의 개성과 방식을 찾아 일을 처리하고 삶을 살아가는 자기만의 정체성을 갖추는 일이기도 하다.

　심리학자 밸러리 타리코 Valerie Tarico는 '개별화'란 불확실성과 모호함, 그리고 삶의 복잡성을 수용하는 훈련이라고 말한다.[70] 또한 실제 삶은 명확한 범주나 단순한 해답으로 설명되지 않는다는 점을 이해하는 것이라고 강조한다. "복잡한 문제에 대해 쉽게 내리는 해답은, 때때로 아예 해답이 없는 것보다 더 해로울 수 있습니다. 우리가 삶의 방향을 제대로 이끌어가려면, 우리의 행복을 결정짓는 복잡한 원인들과 흐름을 이해해야 한다. 이 안에는 우리가 손쓸 수 있는 부분과 그렇지 못한 부분이 모두 포함되어 있다."

철저히 수용적인 자세도 자율성에 도움이 될 수 있다. 이는 물려받은 정체성과 신념을 버리는 것도 자연스러운 삶의 일부라고 받아들이는 자세이다. 개인이 전통을 고수하겠다고 선택할 수도 있지만, 반드시 그래야 할 의무가 없다는 점이 현대인으로서 누릴 수 있는 자유다. 예를 들어, 폐쇄적인 지역에서 성장한 동성애자는 자신의 성 정체성을 인정받는 곳에서 살며, 공개적으로 동성애자로 살 수 있다. 마찬가지로, 유대인 가문에서 태어난 사람이 무신론자가 되더라도 다른 방식으로 가족과의 유대를 유지할 수 있다. 타리코는 이렇게 말한다. "개별화란, 과거로부터 온 메시지나 신념, 습관들 중 어떤 것을 앞으로도 지니고 갈지를 스스로 선택하는 자아를 형성하는 일이다. 그것은 곧, 나는 부모나 조상, 혹은 내 또래 친구들이 아니라는 것을 깨닫는 것이다. 그들의 희망, 믿음, 습관, 상처, 죄책감, 고통, 대처 방식이 꼭 나의 것이 될 필요는 없다. 심지어 내가 원하지 않는다면 과거의 나조차 이제 더 이상 나일 필요는 없다."

개별화에 관한 고찰

특히 집단사고에 깊이 잠식된 환경에서 자란 이들에게

'나'라는 독립된 존재로 서는 것, 즉 개별화의 과정은 두렵고 버거운 일일 수 있다. 이는 마치 바다 생물이 처음으로 다리를 사용해 육지로 올라오거나, 태아가 포근한 자궁을 떠나 신선한 공기를 처음 마시는 상황과 유사하다. 어른이 되어 자기 자신으로 살아가기 위해 친구나 가족과 어려운 대화를 나눌 때, 느끼는 감정은 때로 감당하기 힘들다. 이러한 상황에서 어떻게 개인의 심리적 경계를 설정하며, 혼란이나 상대의 분노에 대응해야 할까?

개별화는 다양한 방식으로 이뤄질 수 있는데, 자신을 뿌리 깊은 나무로 상상해 봐도 좋다. 뿌리는 단단하고 줄기는 곧게 하늘을 향해 서 있다. 가족 모임에서 누군가 다가와 크리스마스에는 모두 교회에 가야 한다고 말한다. 가족들은 1년에 딱 한 번, 크리스마스에만 교회에 간다. 그 외에는 기독교 정체성을 깊게 생각하지 않는다. 하지만 당신은 온 가족이 크리스마스에 교회에 함께 간다고 해서 가족 간의 사이가 더 가까워지지 않으며, 자신의 정서적·영적 필요도 채워지지 않는다고 느낀다. 당신은 이미 참석하지 않기로 마음먹었다. 가족 네 명의 앞에서 당신만 교회에 안 가겠다고 하면 어떨까? 무슨 말을 해야 할 것인가?

이때 전통에 대해 더 깊이 있는 대화를 나누어 모두가 새로운 차원으로 생각하게 하려면, 자신의 내면과 감정 경험에 대한 통찰을 활용할 수 있다. 이 통찰은 자신의 경험과 성찰을 나누고 소통하는 데 도움을 주며, 보통 다른 이들이 더 진지하게 마음을 열도록 만든다. 그 결과 모두가 한자리에 모여 있으면서도 각자의 개별성을 드러내게 된다. 그러면 어떻게 하면 될까? 먼저 숨을 고르고 자신을 중심에 놓으며 마음을 가슴과 몸의 중심으로 가라앉힌다. 이제 그 자리에서 자신의 생각과 감정을 솔직하게 나눈다. 예를 들어, 다음과 같이 말할 수 있을 것이다. "나는 우리 가족을 정말 소중히 여겨. 늘 보고 싶고, 함께하는 시간도 늘 부족해. 그리고 예전에는 교회에 다니는 것이 우리의 전통이었던 것도 잘 알고 있어. 하지만 우리가 나이가 들면서 지금은 그런 전통을 다들 어떻게 생각하는지, 함께하는 시간을 더 의미 있게 만들기 위한 다른 생각들은 없는지 궁금해." 이는 솔직하고 진정성 있게 대화하는 방식이며, 상대가 자신의 마음과 관점으로 응답하도록 한다. 마음 중심적인 방식으로 분위기를 조성했기 때문에, 다른 사람들은 안전함을 느끼고 새로운 생각과 아이디어로 응답할 기회를 갖게 된다. 진심을 담아 이끌고 비판적 사고를 발휘함으로써, 우리는 주변의 규범과 문화를 변화시키는 첫걸음을 내딛는다.

개별화 과정의 핵심은 자신을 믿고, 자기 자신에게 충실하며, 자신의 진실을 소통하는 것이다. 다른 이들이 복잡한 감정을 이해하고 진심과 이성을 균형 있게 사용하는 법을 배우는 데 시간이 걸릴 수 있지만, 점차 모두가 개별성을 경험하며 더욱 진실된 관계를 맺을 수 있게 된다.

온라인에서 본연의 자신을 지키기 위한 저항

우리는 소셜 미디어의 엄청난 압박 속에서도 온라인에서 자신의 개성을 지키기 위해 노력할 수 있다. 사회과학, 특히 사이버심리학 문헌에는 온라인 세계의 압력 아래 우리가 어떻게 자기 모습을 변화시키는지 이해하는 데 도움을 주는 용어들이 있다. 예를 들어 '인상 관리'는 온라인상에서 타인이 자신을 어떻게 인식하는지를 조절하는 것으로, 자기 표현과 밀접한 관련이 있다.[71]

연구자의 시각에서 온라인 자기 표현 문제는 꽤 큰 도전 과제이다. 우리 모두가 은유적인 가면을 쓰고 있다면, 진실은 어떻게 알 수 있을까? 2017년 마가렛 홀Margeret Hall과 사이먼 캐튼Simon Caton은 "잠재적인 온라인 소셜 미디어 데이터는 방대하지만, 연구자들이 진실된 모델을 찾아내고 진위를 확인하는 능력은 낮다."라고 밝혔다.[72]

방콕에 거주하는 철학 교수 소라즈 홍라다롬Soraj Hongladarom은 이렇게 말한다. "소셜 네트워킹 사이트의 등장으로 온라인 세계에서 '자아'를 어떻게 이해할 것인지에 대한 문제가 생겼다. 온라인 세계에 존재하는 새로운 유형의 자아가 나타난 듯하다. 두 자아의 경계가 점점 모호해지고 있다. 또한 온라인 자아와 오프라인 자아가 융합되는 현상도 나타나는데, 이는 현실 자체가 정보적이라는 관점을 반영한다."[73] 홍라다롬 교수는 태국에서는 표현의 자유가 매우 제한적이기 때문에 많은 이들이 오직 온라인에서만 존재하는 완전히 새로운 페르소나를 창조한다고 말한다. 그는 "그곳의 활발한 소셜 미디어 이용자들은 매우 '창의적'이 되었다."라고 평가한다. '자아'의 정확한 본질과 정의에 깊은 관심을 가진 그는 이렇게 썼다. "온라인 자아는 개인이 세상에 자신을 드러내기 위해 만든 일종의 가면이며, 때로는 그 페르소나가 실제 뒤에 숨은 진짜 인물을 드러내지 않고 독자적인 정체성을 갖도록 의도되기도 한다."

사이버심리학 분야의 학회지 〈심리학의 최전선 Frontiers in Psychology〉에 실린 온라인 정체성 재구성에 관한 논의에서 자오 황 Jiao Huang 외 연구진은 "자신의 특정 특성에 만족하지 못하는 사람일수록 온라인에서 자기 과장을 더 많이 하는 경향이 있다."라고 밝혔다. 이는 다른 연령대보다 인터넷을 통해 자신의 정체성을 탐색하는 청소년들과 특히 관련이 깊다.

2020년 영국 울버햄튼 대학교의 심리학 교수인 크리스 풀우드Chris Fullwood가 이끄는 미국, 호주 공동 연구팀의 논문74에 따르면, "자기 개념이 뚜렷하고 자기 관찰력이 높은 사람일수록 온라인과 오프라인에서 일관된 자아상을 제기한다. 반면 젊은 성인과 사회불안이 높은 이들은 온라인에서 이상화된 자아상을 주로 드러낸다. 또한 사회불안이 높고 자존감이 낮은 사람들은 오프라인보다 온라인 소통을 더 선호한다." 그들은 인상 관리 연구를 인용해 "행위자는 자신이 놓인 소통 환경에 가장 적합한 가면을 쓴다."라고 말했다. 또한 "자신을 어떻게 표현할지 확신이 없을 때 이상화된 자아상을 기본 자기 표현으로 삼는 경향이 있으며, 이는 자기 정체성이 불분명한 젊은 세대가 이 행동을 더 자주 하는 이유를 설명할 수 있다."라고 덧붙였다.

온라인 정체성 실험에는 긍정적 측면과 부정적 측면이 모두 존재한다. 연구진은 다음과 같이 서술한다. "자아 정체감이 덜 확립된 성인들도 청소년들처럼 다양한 자기 표현을 온라인에서 시도하면서 자아 탐색의 기회를 얻을 수 있다. 하지만 자존감이 낮은 이들은 자신이 원하는 인상을 줄 수 있다는 믿음이 부족하여, 청중에 따라 자아 표현 방식을 바꾸는 등 타인의 인정을 얻기 위한 전략을 취하기도 한다."

물론 자기를 타인에게 맞춰 표현하는 것은 우울한 일이

다. 이는 결국 '연기'를 늘리고 '진정성'을 줄이는 결과를 초래한다. 그로 인해 정서적 기반이 약화되고 자아 일관성이 무너지기 쉽다. 하지만 만약 이러한 정체성 실험이 일시적이고, 탐색의 일환이라면 다르게 평가할 여지도 있다. 아마도 우리는 과거에 해보지 못했던 자아 탐색을, 지금에서야 온라인이라는 장에서 조심스레 시도하는 것인지도 모른다. 그 자체로는 성장의 과정일 수도 있다. 여기에는 긍정적인 측면도, 부정적인 측면도 존재한다. 어떤 부분은 자연스럽고 건강해 보이기도 한다. 다만 우려되는 건 그 실험이 지나칠 때다.

게다가 정체성은 변하기도 하는데, 우리는 디지털 발자국을 통해 자기를 '영구 보존'하고 있다. SNS에 게시물을 올리고, 취업 사이트 프로필을 업데이트하면서 말이다. 그동안 바뀌어 온 여러 정체성이 디지털 기록으로 남아 있는 상황에서는, 온라인에서 자신을 어떻게 '재구성'해야 할지 막막하게 느껴질 수 있다. 우리는 과거로 돌아가 스스로를 지우거나 다시 써야 하는 것일까?

유럽의 연구자들은 노르웨이와 스페인의 언론인들을 대상으로 흥미로운 연구를 진행했다.[75] 그들은 언론계에 입문한 지 6개월에서 3년 사이인 기자들을 선정했는데, 이들은 막 사회에 등장한 '공인'으로서 온라인 평판을 관리해야 했고, 대학생에서 직업인으로 막 전환한 사람들이었다.

　흥미롭게도, 이들의 정체성 실험은 분명히 일시적인 성격을 띠었다. "참여자들은 젊은 시절 온라인에 남긴 흔적이 현재의 전문 언론인 이미지와 맞지 않아 자기 표현에 어려움을 겪고 있었다. 대부분은 과거의 실험적이고 자유로운 표현들이 자신의 미래에 부정적 반응을 초래할까 봐 걱정했다. 몇몇은 과거에 위험한 콘텐츠를 공유했다고 밝혔고, 단순히 그 시절 게시물이 부끄럽다고 털어놓은 이도 있었다." 연구진은 이어서 "참여자들은 과거 게시물에 대한 부정적 반응을 걱정하면서, 시간의 혼란스러움을 경험했다고 밝혔다. 다시 말해, 이러한 걱정은 과거의 장난스럽거나 실험적인 자기 표현이 앞으로의 직업적 정체성이나 자기 자신 전체에 어떤 해를 끼칠 수 있는지에 대한 것이었다."라고 덧붙였다.

　본 연구의 주요 관심사는 아니었으나, 연구 참여자들은 모두 '캔슬'당하는 것에 대해 걱정하는 것으로 나타났다. 어느 작가는 이렇게 말한다. "인스타그램 게시물은 크게 신경 쓰지 않지만, 트위터는 나를 불안하게 해요." 이들은 온라인에서 글을 올릴 때는 '분쟁을 피하고 평화를 유지해야 한다는' 부담감도 느낀다고 한다. 연구진은 이런 긴장감과 자제하는 태도가 정신 건강과 사회·정치 참여에 영향을 줄 수 있다고 보았다. "참여자들은 자신의 이미지를 신중하게 다루며 과거와 현재의 콘텐츠를 스스로 검열했다. 흥미롭게도 일부는 온라인 정체성에 갇힌 듯한 느낌을 받는다고 말했다."

다른 사례로, 풀우드 교수가 이끄는 연구진은 "자기 정체성이 보다 안정적인 사람들은 자신이 누구인지에 대해 확신을 가지고 있으며, 다른 사람들에게도 인정받을 것이라 기대하기 때문에 온라인과 오프라인 모두에서 자신이 인식하는 이미지와 일치하는 모습을 보여 준다."라는 사실을 발견했다.

실제로 많은 사람들은 자신이 접하는 플랫폼과 청중에 따라 실시간으로 스스로를 검열하며, 자신을 통제하고 관리하려는 노력을 한다. 영국 에든버러 대학과 버밍엄 대학의 공동 연구에서는 이를 '회피 기반 자기조절Avoidance-based self-regulation, ABSR'이라 부르며, 이는 청중과 인상을 관리하기 위해 온라인상에서 자신의 모습을 맞춤 편집하는 전략이라고 한다.[76] "사람들은 자신이 원하지 않는 이미지를 피하기 위해, 자신이 어떤 모습으로 보일지를 조심하며 침묵을 선택한다."라고 연구진은 말한다. 그러나 진짜 문제는 "회피 기반 자기조절이 일반화되면 사람들은 가장 '안전한' 자아만을 보여 주게 되고, 결국엔 가장 까다로운 눈높이에 맞춘 표현만 살아남는다."라는 것이다. 이것이야말로 사회 전반에 퍼지는 자기침묵의 조용한 전염병이다. 우리가 매 순간 자신을 편집하고 다듬고 숨긴다면, 누구 앞에서라도 진짜 자신일 수 있을까? 그리고 그런 세상 속에서, 과연 누구의 진심이 믿을 만하다고 할 수 있을까?

연구자들은 자기초점적 주의self-focused attention, SFA, 즉 사람들이 자신과 타인의 감정을 과도하게 신경 쓰며 온라인에서 자기침묵에 이르게 되는 심리적 과정을 살펴보았다. 자기초점적 주의란 개인이 자신의 내면 감정뿐 아니라, 어머니, 상사, 연인 등 주변 사람들이 어떻게 느낄지를 끊임없이 의식하고 계산한 뒤, 그 결과를 반영해 조심스럽게 게시물을 올리는 현상을 뜻한다. 이 연구는 영국의 대학생 40명을 대상으로 한 소규모 조사였지만, 다른 연구 결과와 마찬가지로 이들은 "또래집단의 감시가 결국 불안과 억압의 구조를 낳는다."라고 경고한다. 모두가 본심을 숨긴 채 살아간다면, 우리는 마치 깨질 듯한 얇은 얼음 위를 걷듯 불안에 시달릴 수밖에 없다. 그렇게 해서 우리는 하나같이 신경이 곤두선 상태가 된다.

"모바일 기술이 일상화되고, 온라인 페르소나를 통해 콘텐츠를 즉각적으로 공유하려는 욕구로 인해 오프라인과 온라인의 경계가 점점 흐려지고 있다. 이러한 맥락에서, 대중의 자기초점적 주의가 더 넓은 범위로 퍼질 가능성이 있다."라고 연구진은 지적한다. "실제로 최근 보도에 따르면, 온라인 관중의 영향력이 커지면서 오프라인에서도 이미 회피 중심의 자기 규제가 나타나고 있는 것으로 보인다."

현실과 온라인의 경계가 모호해지고 이로 인한 자기검열이 심화되는 상황에서, 연구진은 다음과 같은 구체적인 대응 전략을 제안한다. 서로 다른 대상에게 맞춤형 게시가 가능하도록 프라이버시 설정을 조정하고(인상 관리 및 맥락 붕괴 방지), 원치 않는 사람들에게는 태그된 사진이 보이지 않도록 태그 설정을 선택한다. 그리고 '올리기 전에 두 번 생각'하는 원칙을 실천하여 원하는 대상에게 맞춤별로 더 적절한 인상을 전달하고, 삶 속의 특정 사람들과 보다 진정성 있는 연결을 구축한다. 이는 커뮤니티 내의 다양한 사람들과 보다 의식적이고 진정성 있게 소통하는 방법이다. 이러한 도구를 사용하는 것은, 자신을 숨기는 게 아니라 혼란을 피하기 위한 것이다. 부모님과 공유할 콘텐츠는 연인, 친구, 동료와 공유할 콘텐츠와 다를 수 있기 때문이다. 이런 '친구 설정' 도구를 활용할수록, 온라인상의 소통이 오프라인에서의 대화와 더 비슷해진다. 실제로 우리가 부모님과 하는 대화와 파티에서 친구와 하는 대화는 완전히 다르다. 그러니 앞으로는 소셜 미디어에 글을 올릴 때 공개 범위를 꼼꼼히 살펴보고, 전체 공개인지 가까운 친구에게만 공개할지 신중하게 결정하도록 하자. 또한, 게시하기 전에 한 번 더 내용을 되짚어 보는 습관을 들이는 것이 좋다.

다행스럽게도 이 모든 상황에도 불구하고, 우리의 중심축을 단단하게 만들고 보다 진정성 있게 사고하고 표현하려는 우리의 여정에는 희망이 있다. 많은 개인과 단체, 작가, 기자, 그리고 옹호자들이 침묵이라는 껍질을 깨고 자율성과 권한을 되찾는 길을 이끌고 있다.

자기 자신을 표현하기

일본에 거주하는 작가 데이비드 맥엘히니 David McElhinney의 글을 우연히 읽게 되었다. 이 글은 2023년 그웬 스테파니 Gwen Stefani의 발언 이후 불거진 논란을 다루고 있었다. 스테파니는 아버지가 일본을 자주 방문했던 영향으로 자연스레 일본 문화에 매료되었고, 어릴 적부터 일본 미학을 공연에 녹여냈으며, 자신을 어느 정도 일본인 같다고 느낀다고 말했다. 〈알자지라 Al Jazeera〉에 기고한 맥엘히니의 솔직한 글은, 일본 현지인들과의 인터뷰를 통해 그들이 스테파니의 일본 문화 사랑에 대해 기쁨을 느꼈다는 반응을 담고 있었다. 나는 이 글에 흥미를 느꼈다. 그는 그녀가 문화적 도용을 했는지 아닌지에 대한 판단을 피하고, 다양한 시각을 전달하는 본연의 저널리즘 역할에 충실한, 균형감 있고 이성적인 글을 써 내려갔다. "일본에서는 이 논란이 거의 반향을 일으키지 않았다."77 맥엘히니는 이렇게 전했다. "일본 언론은 스테파니의 인터뷰를 거의 다루지 않았고, 논란에 대한 언급도 소규모 웹진이나 블로그에서만 찾아볼 수 있다." 맥엘히니는 문화적 도용cultural appropriation이라는 개념에 대해 "한때는 미국 대학 내에서만 쓰이던 생소한 학문 용어였지만, 이제는 서구 주류 담론으로 자리 잡았다."라고 분석했다. 그가 인터뷰한 일본인 중 한 명은 이렇게 밝혔다. "대부분의 일본인은 문화적 도용에 대해 잘 알지도 못할뿐더러 특별히 민감하게 반응하지도 않습니다."

나는 도쿄에 사는 맥엘히니와 통화를 했고 그는 다음과 같이 전했다. "저는 이런 글을 쓰기 전에 특별히 고민하지 않는 편입니다. 세상은 어떤 글을 쓰든 누군가는 불쾌해하기 마련이기 때문이죠. 이 글은 제 의견을 담은 것이 아닌, 일본 현지인들이 스테파니의 발언에 대해 어떻게 생각하는지를 전하는 보도일 뿐입니다." 그리고 이렇게 덧붙였다. "그럼에도 불구하고 사람들은 여전히 화를 냈죠."

"저는 스스로를 보호하기 위해, 소셜 미디어를 거의 사용하지 않습니다."라고 그는 말했다. 실제로 그는 소셜 미디어를 거의 사용하지 않는데, 요즘 언론인들에게는 드문 일이다. 그는 도쿄에서 기자 동료 몇 명을 만난 후에야 그 기사가 좀 논란이 되었다는 얘기를 듣게 되었다. 그는 "사람들이 화났어?" 하고 동료들에게 물어봤다고 한다. 소셜 미디어와 단절된 그의 모습은 신선하기까지 하다.

그는 사람들이 불쾌해한다는 사실이 자신의 논지를 입증한다고 말했다. 불쾌감을 드러낸 이들은 일본에 거주하는 서양인들이지 현지 일본인들이 아니었다. "이는 대체로 서양인들의 관심사일 뿐"이라고 그는 덧붙였다.

"'논란'이라는 단어가 참 흥미롭습니다. 제가 정확히 무슨 문제를 일으킨 걸까요? 한 여성이 자신을 어느 정도 일본인 같다고 여긴다는 말을 했어요. 사람들은 '그렇게 말하면 안 된다.'라고 하지만, 정작 일본인들은 '사실 우리는 별로 신경 쓰지 않는다.'라고 말하죠. 제 생각에 진짜 논란은 바로 생각의 강요에 있습니다. 그 사람들은 일본인들에게 '누군가가 너희 문화를 빼앗았다고 생각하라.'라는 강요를 하고 있는 것입니다. 저는 오히려 그게 더 문제라고 생각합니다."라고 그가 설득력 있게 말했다. "요즘은 논란이라는 단어가 너무 자주 쓰이지만, 나는 그 단어가 의미를 잃었다고 봅니다."

그는 특히 미국 사람들이 마치 유리 위를 걷는 듯 조심스러워하는 심정을 이해한다. 그러나 그가 이해하지 못하는 점은, 수백 년 동안 개인의 자유와 자유민주주의를 위해 싸워 온 사회가 지금은 집단 정체성, 집단 소속, 집단사고를 우선시한다는 것이다. 그는 "이건 너무나도 자유롭지 않고 이상한 현상"이라고 다시 한번 말한다.

반대로 맥엘히니는 주류에 맞서는 데 익숙하다. "가족이 모두 배우라서, 저는 매우 자유로운 환경에서 자랐습니다. 북아일랜드에서 자란 제 세대는 직업 선택에 대한 큰 부담도 없었죠."라며 그는 입을 열었다.

"저는 배우인 부모님 밑에서 자랐고, 우리 가정은 중산층이었습니다. 여러 면에서 전통적이지 않은 환경이었어요. 저는 항상 권위에 반항하는 마음을 품고 자랐습니다. 누군가 제게 말이나 생각을 강요하는 걸 좋아하지 않았죠. 그래서 글을 쓸 때는 항상 제가 진심으로 믿는 바와 그때의 생각을 오롯이 담으려 합니다."라고 그는 말했다. 또한 때때로 생각이 변하기도 하지만, 그것도 깊이 있는 탐구와 토론의 일부로 받아들인다고 했다. "만약 당신의 정체성이 개인보다 집단에 기초한다면, 자신이 틀렸다고 인정하기 어려울 것입니다. 집단은 결코 그런 반성을 쉽게 허락하지 않기 때문이죠." 그는 이렇게 덧붙였다. "스스로를 검열한다면, 결국 다른 이들에게도 검열당할 문을 열어 주는 셈입니다."

어떤 이들은 문화적 도용, 즉 다른 문화의 요소를 자신의 이익을 위해 사용하는 것이 문제가 된다는 논쟁이 더 큰 토론거리라고 본다. 하지만 맥엘히니는 정확히 누가 이런 문제를 걱정하는지에 대해 핵심적인 질문을 던진다. 만약 일본에 거주하는 백인 미국인들이 한 백인 여성이 일본 문화를 좋아한다는 발언에 불편해하지만, 정작 그들이 '보호'하려는 일본인들은 신경 쓰지 않는다면, 그들의 걱정은 외교적 배려라기보다는 청교도적인 구원주의에 가깝지 않은가?

이는 고정관념에 얽매인 사고가 종교적인 신념과 유사해지는 또 다른 사례. 이러한 깊게 뿌리내린 개념에 도전하지 않으면 현실을 객관적으로 평가하고 소통할 수 있는 능력이 제한된다. 홀로 서는 용기는 자신의 신념을 지키면서도 타인의 반대를 감내할 수 있는 능력에서 온다.

나 자신에게
솔직하게!

공적인 삶과 사적인 삶, 기술의 영향, 집단사고라는 위압적인 소음, 그리고 기자나 상담사처럼 세상과 자신을 바라보는 시야를 넓혀 주는 사람들을 떠올릴 때가 있다. 이때 잠시 시간을 내어 반대 의견과 자율성에 대해 배운 것, 매일 느낄 수 있는 반발, 그리고 자신에게 충실하기 위해 할 수 있는 일들을 되돌아보는 것이 중요하다. 온라인 세계가 연결의 힘을 제공해 준 것은 사실이지만, 동시에 인터넷의 어두운 면을 인식하고 그것이 불러오는 숱한 심리적 압박을 잘 헤쳐 나가는 법을 배워야 한다.

연구원이자 작가이며 또한 교수로 활약하고 있는 미국인 브레네 브라운 Brené Brown 은 많은 사람들에게 회자된 TED

강연[78]과 베스트셀러 도서를 통해 삶의 다양한 영역에서 보다 진솔하게 자신을 드러낼 수 있는 문화를 촉진시켰다. 하지만 페이스북처럼 본래는 세상을 연결하겠다는 고무적인 의도에서 출발한 플랫폼들이 시간이 흐르며 복잡한 양상으로 변질된 것처럼, '감정을 솔직히 드러내는 것이 용기이자 연결의 시작'이라는 인식을 대중화시킨 브라운의 '취약성 혁명revolution of vulnerability'도 대중의 손에 넘어가면서 '취약성'이라는 개념과 그 사용 방식이 극적으로 달라졌다. 어떤 이들에게는 이제 '취약성'이 이제 알고리즘과 관심을 끌기 위한 과잉 공유를 의미하기도 한다. 본래는 진정한 슬픔이나 좌절을 표현하려던 시도가, 일부 인터넷 사용자들에겐 왜곡과 과장으로 변질된 것이다. 2010년대 소셜 미디어가 폭발적으로 성장하기 전까지는 정신 건강 상태를 공개하는 것이 매우 금기시되고 부정적으로 여겨졌지만, 이제는 소셜 미디어가 강렬한 감정을 끊임없이 공유해 클릭 수와 '좋아요'를 얻는 도구로 활용되고 있다. 이로 인해 진정한 치유와 연결의 매개체였던 취약성이 일종의 무기화되고 있다. 예를 들어, 직장에서 무례한 행동으로 문제를 일으킨 사람이 우울증을 호소하며 도리어 피해자인 척하면 사람들은 동정과 지지를 보내는 경우가 많다. 반면 자신의 잘못을 인정하고 피드백을 구하면, 스스로를 바로잡고 성장할 기회를 얻는다. 하지만 처음부터 자신에게 진실하지 않다면, 소셜 미디어상의 그 누구도 개인의 성장과 행복에 필요한 진정한 도움을 줄 수 없다.

요즘처럼 소셜 미디어의 영향력이 크고 누구나 연결과 소속감을 느끼고 싶어 하는 시대에, 과연 우리는 자기 자신에게 끝까지 진실할 수 있을까? 그저 보기 좋은 일부만 보여주는 게 아니라, 나라는 사람의 복잡하고 깊은 부분까지 드러내며 진실하게 살아가는 삶의 모습을 끝까지 지켜 낼 수 있을까?

브라운은 "경계 없는 취약성은 진정한 취약성이 아니다."라고 말한다.[79] 나는 우리가 앞으로 인간다움과 진실성을 지켜 나가기 위해 풀어야 할 중요한 과제 중 하나가 바로 '트라우마의 희석'이라고 본다. 감정이 과장되고 왜곡되면서, 타인의 고통이나 경험이 진짜인지 아닌지 판단하기가 점점 어려워지고 있다. 우리는 마치 심해 바닥에 흩어진 조개껍질 같은 정체성들 사이를 헤엄치며, 진실을 분별하려 애쓴다. 우리에게 필요한 건, 그런 껍데기를 깨고 진짜 나로 세상 앞에 서는 용기이며, 동시에 진정성과 진실을 중심에 두고 살아가는 사람들을 찾아가는 능력이다. 하지만 이런 일은 결코 쉽지 않다. 자신의 마음 깊은 곳을 직면하고, 그곳에서부터 세상과 연결되는 일은 많은 용기와 성찰을 요구한다. 반면, 감정적으로 터뜨리는 것은 훨씬 간단하다.

현재의 사회 분위기에서는 감정적으로 터뜨리는 일이 훨씬 쉬워졌다. 이는 온라인에서 새로운 유형의 '전문가'와 '인플루언서'들이 늘어난 탓이기도 하다. 그들은 분노를 선동하는 활동가에서부터 전문성이 부족한 상담사에 이르기까지 다양하다. 이들이 내놓는 메시지는 대부분 '이 사람은 나쁜 짓을 했으니까 우리가 다같이 미워해야 해!'라는 식으로, 짧은 반항심과 흑백 논리에 의존하고 있다. 이는 '무슨 일이 있었는지 사실을 살펴보고, 여러 관점을 들어본 뒤, 그 상황에 대해 내가 어떻게 느끼는지도 점검해 보고, 그런 다음 관련된 모두에게 가장 좋은 방향으로 행동하자.'라는 메시지와는 전혀 다르다. 우리가 이런 세심하고 균형 잡힌 사고에 익숙하지 않기 때문에, 결국 복잡한 사고력을 키우거나 진짜 자신의 목소리를 찾는 일이 더 어려워지고 있는 것이다.

진정한 나 자신과 마주하기

사람들은 슬픔을 드러내기보다 강렬한 감정을 표현하는 편을 택한다. 분노에 휩싸이고 세상에 쏟아내, 사람들이 그것을 '진짜 자기 자신'으로 착각하게 만드는 편을 택한다.

이러한 분노는 캔슬 컬처를 부추긴다. 사람들이 슬픔을 건강하지 못한 방식으로 다루고, 두려움과 후회를 타인을 향한 비난이나 집단 괴롭힘으로 이어 가기 때문이다. 소셜 미디어는 모든 이들이 정서적 짐을 쏟아 버리는 장소가 되었으나, 정작 누구도 자신의 아픔을 다루는 방법을 배우지 못했다. 역설적이게도 소셜 미디어의 공유 기술은 빠르게 발전해왔지만, 그 기술을 쓰는 사람들의 감정 조절 능력은 그 속도를 따라가지 못하고 있다. 이 '불균형'을 해소하지 않는다면, 온라인에서 진정한 연결과 치유는 어렵다.

자기조절self-regulation과 관련해서, 기술이 발달한 공유 문화의 문제점 중 하나는 학계 용어들이 과도하게 사용되거나, 설명하기 어려운 미묘한 감정을 대신하는 희생양으로 활용된다는 것이다. 혼란, 과부하, 슬픔, 두려움, 불확실성 같은 감정들을 정의하는 것보다는 '가스라이팅 멈춰! 나르시시스트 그만!' 같은 정신 건강 용어를 불쑥 내뱉는 편이 훨씬 쉽다. 즉, 심리학 전문 용어가 학계를 벗어나 SNS에 널리 퍼지면서 사람들은 이 화려한 단어들로 자신을 무장하지만, 사실 그 단어들이 가리는 건 고통과 슬픔, 무시 같은 더 깊은 감정이다. 이는 두 사람 사이 갈등과 비슷하다. 격한 분노 표현은 마치 부부가 싸울 때처럼, 항상 논쟁에서 더 힘들고 취약한 부분을 피해 버린다.

하지만 문제는 이것이 이제 인터넷상에서 대규모로 벌어지고 있다는 점이다. '진실의 종말'과 '포스트 진실 시대'라는 헤드라인이 넘쳐나는 것이 놀랍지 않다. 손끝 하나로 현실을 극적으로 바꿀 수 있는 힘을 갖게 된 사람들은 이제 책임을 지지 않으며 자신의 믿음이나 생각을 깊이 들여다보지도 않는다.

치료사들 역시 이런 사고방식에서 벗어나지 못한다. 그들도 소셜 미디어에서 '경계성', '공의존', '가스라이팅', '나르시시즘' 같은 용어를 지나치게 접하기 때문이다. 물론 이런 심리 개념들을 이해하는 데는 분명히 가치가 있으나, 환자들이 치료실에 오면 자기 내면을 돌아보기보다 외부 환경이나 타인만을 탓하는 경향이 커진다. 그러면 결국 모든 문제를 남의 탓으로 돌리는 태도가 전 지구적으로 확산된다. 이런 확산이 나는 몹시 불만스럽다. 이는 세상을 지나치게 단순화하고, 복잡성을 회피하며, 흑백 논리에 기대는 태도다. 이런 '집단적 비난'은 사회 전반에서 반복되고 있다. 모든 문제는 남의 탓이다. 나는 매일 SNS에서 이런 모습을 본다. 치료사들은 지금 당장 그 사람을 손절하라고 권유하며, 불완전하지만 우리를 온전하게 해 주는 인간관계들조차 희생시키게 만든다. 서로의 차이, 불확실성, 불완전함에 대한 포용력은 꼭 필요한 것임에도, 요즘은 너무나 쉽게 간과된다.

〈시카고 트리뷴〉의 닉 해슬럼Nick Haslam은 사람들이 자신이 겪는 모든 문제를 타인의 잘못으로 돌리는 데 "집중"하는 현상에 대해 "심각한 우려"가 따른다고 지적한다.[80] 타인을 비난하는 데 익숙해지면, 자기 내면의 문제까지도 전부 '타인으로부터 받은 트라우마'로 해석하게 된다. 트라우마를 가볍게 봐선 안 되지만, 그것이 자기 성찰 대신 타인을 비난하는 수단으로 쓰인다면, 온라인과 오프라인을 막론하고 왜곡은 점점 더 심화될 수밖에 없다. 무엇이 진실인지 판단하는 일이 갈수록 어려워지고 있다. 해슬럼은 "트라우마는 삶의 문제를 타인의 잘못으로 설명하는 방식입니다."라고 말했다.

이와 비슷하게, 심리학자 폴 마스든Paul Marsden은 〈메트로Metro〉 기사에서 이렇게 말한다. "일상의 불쾌한 경험을 과장해 '트라우마'로 정의하고, 이를 통해 남을 탓하는 문화는 심각한 문제를 낳습니다. 삶의 자연스러운 스트레스와 어려움까지도 병리적 현상으로 취급하며, 무조건 이름표를 붙이려 하죠. 그렇게 되면 심리학에서 말하는 '학습된 무기력' 상태에 빠지게 됩니다."[81] 이런 풍조 속에서는 진실을 파헤치려는 시도조차 사라지고, 우리 스스로는 물론 타인을 이해하는 능력도 점점 잃어 간다. 많은 사람들이 이런 흐름에 대해 공개적으로 문제를 제기하는 것을 주저한다. 괜히 예민한 사람으로 보일까 두려워서다. 하지만 바로 그런 불편한 질문들이 우리 자신과 타인을 더 깊이 이해하게 해 주는 열쇠다. 진심을 담아 서로에게 정직할 때, 비로소 우리는 진정한 연결과 치유, 그리고 소속감을 경험할 수 있다. 우리는 도전을 받아들이는 법을 배워야 한다. 그것이야말로 자신과 타인을 진정으로 이해하는 가장 좋은 길이다.

"이 갈등은 내 어떤 태도에서 비롯됐을까? 나는 왜 그 말을 그렇게 해석했을까? 내 분노는 내게 어떤 감정을 느끼지 못하게 막고 있는 걸까?" 스스로에게 이런 질문을 던지는 습관은, 우리가 진정한 자신으로 살아가고 타인을 깊이 이해하는 데 필요한 공감과 자기조절, 그리고 관용의 씨앗이 되어 준다. 자기침묵을 이겨 내려면, 무엇보다 스스로의 진실을 탐색할 수 있는 힘을 길러야 한다. 그 과정은 내면을 세심히 들여다보며, 내가 겪는 고통에 내 선택과 행동이 어떤 영향을 끼쳤는지, 타인의 언행에서 비롯된 고통은 무엇인지, 그리고 단순히 인간으로 살아가며 피할 수 없는 불편함은 또 무엇인지 구별해 내는 훈련이다. 다시 말해, 자기침묵에서 벗어나려면 먼저 내 안의 렌즈를 닦고, 그 정직한 시선에서부터 진짜 소통을 시작해야 한다. 비난과 혼란에 빠진 마음에서가 아닌 진실로부터.

생각을 바꾸는 유익한 틀

심리학자 발레리 타리코^{Valerie Tarico}는 집단사고의 영향과 그로부터 벗어나는 데 무엇이 필요한지를 직접 경험했다. 예전에는 복음주의 기독교인이었던 그녀는 《의심을 믿기 Trusting Doubt: A Former Evangelical Looks at Old Beliefs in a New Light》[82]의 저자이며, 종교적 가르침이 전하는 지혜를 세속적인 시각에서 탐구해 왔다. 또한 극단적 이념이 마음에 어떻게 침투하는지, 그리고 그것이 현대 사회의 온라인과 오프라인 대화 속에서 어떻게 드러나는지 깊이 연구하며 글을 쓰고 있다.

타리코는 과도한 범주화, 캔슬 컬처, 자기침묵, 그리고 소셜 미디어가 결합되어, 자신이 과거 복음주의 공동체에서 경험했던 종교적 억압과 비슷한 자기침묵과 배타성을 만들어 내고 있다는 점에 특히 주목하고 있다. 그녀는 극단적 이념에 사로잡히는 것이 개인의 정신 건강에 미치는 부정적 영향을 글과 활동을 통해 조명하고 있으며, 특히 온라인 공간이 감정적으로 해로운 구조를 지속적으로 강화함으로써 이 문제를 더욱 심화시키고 있다고 지적한다. 이는 단지 가해자나 극단적 집단 구성원뿐만 아니라 이를 지켜보는 주변 사람들에게도 영향을 미친다. 그녀는 극단주의자들은 피해의식에 사로잡히고, 이를 보는 사람들은 끊임없는 죄책감과 책임감에 시달리게 된다고 말한다.

사람은 누구나 어느 정도는 극단주의에 가담하거나 방관자의 역할을 하게 된다. 이는 알고리즘이 주도하는 온라인 세계에서 흔히 일어나는 현상이다. 개인은 자신이 속한 정체성 범주의 아주 작은 일부만으로도 억압받고 있다고 주장할 수 있으며, 이는 방관자들로 하여금 동일한 주장을 하게 만든다. 반대로 어떤 방관자는 그 이야기와 서사에 공감하여, 마치 자기 일처럼 문제를 해결하려는 동정심과 공의존적 충성심, 그리고 헌신을 느끼게 되며, 결국 타리코가 말한 것처럼 과잉된 책임감과 수치심으로 이어지는 일이 벌어지게 된다.

타리코처럼, 현재의 정신적·문화적 변화를 현장에서 깊이 고민하며 글을 쓰고 활동하는 사람들의 존재는 매우 중요하다. 정치적 성향이나 종교, 정체성의 차이를 넘어 조용히, 혹은 비교적 공개적으로 사고하고 있는 이들이 점차 더 섬세한 언어로 의견을 개진하고 있으며, 다양한 이들을 포용하는 움직임이 나타나고 있다. 많은 사람들이 자기침묵에 갇혀 있다고 느끼는 만큼, 이러한 리더십과 개방성에 대한 갈망이 강해지고 있다. 그러나 개인의 차원, 즉 일반 대중의 차원에서는 오프라인의 일상 세계 속에서 실질적인 심리적 위기가 발생하고 있다. 학교, 직장, 때로는 가정에서도 자유롭게 말할 수 있다는 감각이 사라지고 있다. 따라서 지금 사람들의 내면에서 어떤 일이 벌어지고 있는지를 이해하는 것이 중요하다.

타리코는 누군가의 상처나 "트라우마"라는 표현을 곧바로 절대적인 진실로 받아들이는 풍조를 비판한다. 앞에서 언급한 예시처럼 직장 동료가 자신의 무례한 태도를 우울증 탓으로 돌리면, 그것이 진정한 병리적 상태인지 혹은 단순한 정서적 회피인지에 대한 구분 없이, 모두가 그 감정에 책임을 져야 하는 분위기가 형성된다는 것이다. 마치 신경계에 투쟁-도피 반응*이 일어난 듯한 상태가 사람들을 지배하며, 사소한 자극에도 금세 전투 태세에 들어가고 누군가 확실히 백기를 들어야만 사태가 수습된다. 결국 무례한 동료는 소셜 미디어에 기대 위로를 받고, '나는 차별받았어.'라는 프레임을 이용하여 진짜 문제를 회피한다.

타리코는 상황을 무조건 피해자의 관점에서만 보지 말고, 스스로를 도울 수 있는 건강한 인식 전환을 시도해 보길 권한다.[83] 예를 들어, 자신의 감정이 곧 유일한 현실이며 절대적인 진실이라고 여기는 대신, "나는 내 감정 그 자체가

---

* fight or flight, 위험이나 스트레스 상황에 맞서 싸우거나(투쟁), 그 상황을 피하려는(도피) 신체의 본능적인 생리적 반응.

아니다. 감정은 현실을 비추는 하나의 거울이고, 주의 깊게 바라볼 가치가 있지만, 때로는 왜곡되어 있을 수 있고 실제보다 과장된 것일 수도 있다."라고 생각을 바꿔 보는 방식을 제안한다.

그녀는 갈등을 누군가의 공격이라고 느끼는 대신, 이렇게 마음속으로 되뇌어 볼 것을 권한다. "나를 진심으로 아끼는 사람이라면 내 이야기에 귀를 기울이고, 내 감정에 공감하면서도, 내가 놓치고 있는 부분을 짚어 주기도 할 거야. 그들은 내 감정을 중요하게 여기되, 그것이 전부 사실이라고 단정하지는 않을 거야." 그녀는 특히 소셜 미디어와, 다양한 견해가 충돌하는 대학 캠퍼스와 같은 공간에서는, 감정적 자극에 대한 수용 범위를 확장하는 능력이 중요한 역량으로 작용할 수 있다고 제안한다. 이럴 때는 이렇게 스스로에게 말해 볼 수도 있다. "내가 위협을 느끼거나 감정적으로 압도당하는 감각은, 실제로 위험을 알리는 신호일 수도 있고 아닐 수도 있다." 트라우마는 우리가 과도하게 일반화하게 만들고, 겉으로 보이는 유사한 상황에 쉽게 반응하게 한다. 트라우마를 촉발하는 요인들을 피하기만 하면 과거가 나를 지배하게 되고, 그만큼 회복하기 어려워질 수도 있다. 내가 좋아지고 있다는 걸 알 수 있는 방법 중 하나는, 주변 사람이나 상황들이 더 이상 트라우마를 촉발하지 않는다는 점이다. (물론 진짜 트라우마를 겪은 초기 몇 달에는 이 방법이 맞지 않을 수 있지만, 시간이 지나고 치유가 이루어질수록 트리거를 바라보는 방식을 바꾸는 것이 도움이 될 수 있다.)

트라우마와 관련해, 그녀는 더 나아가 트라우마를 공유함으로써 형성되는 유대감은 위험할 수 있으며, 이것이 현대의 집단 소속감 특성 중 많은 부분을 차지한다고 설명한다. 조상들의 고통과 고난을 공유하는 사람들과만 어울린다면, 자신의 성장과 치유가 제한될 수 있다. 그녀가 제안하는 새로운 시각은 다음과 같다. "나뿐 아니라 부모님과 조부모님도 나쁜 일을 겪었지만, 그것이 반드시 나를 규정하지는 않는다. 나는 내 삶을 스스로 설계하는 길을 받아들일 때 가장 잘해 낼 수 있다."

또한, 역사적으로 소외되거나 대규모로 억압받은 사람들만이 진짜 피해자라는 주장에 대해 그녀는 신중히 접근한다. 과거 트라우마의 피해자가 때로는 다른 사람에게 같은 피해를 줄 수 있기 때문에, 우리는 이 사실을 인식하고 트라우마와 피해자 개념에 대한 인식을 바꿀 필요가 있다고 말한다. "피해자가 된다고 해서 다른 사람을 피해자로 만들지 못하는 것은 아니다."라고 그녀는 말한다. "다른 사람에게 해를 끼치는 이들은 종종 자신도 비슷한 피해를 경험한 사람들이다. 치료의 목표는 이 악순환을 끊는 것이다."

트라우마나 피해자라는 공통된 정체성 아래 함께 모일 때 강력한 소속감이 생긴다. 이것은 초기 치유에 매우 중요하지만, 목표는 그 상태에 머무르지 않고 벗어나는 것이다.

치유가 이루어지고 무력함에서 벗어나 힘을 얻고 자유로운 사고로 전환할 때, 사람들은 종종 집단을 떠날 준비가 되었음을 느낀다. 억압받는 집단의 누군가가 미국을 오랜 기간 떠나 미국식 범주에서 벗어난 자신을 탐색하는 모습일 수 있으며, 또는 누군가가 조용히 '공동체'에서 사라져 자신의 일과 가족에 집중하며 피해자 집단에서 벗어나 자신만의 방식으로 성공하는 모습일 수도 있다. 이는 끊임없이 옛 집단의 서사를 강화하는 사람들과 어울리는 대신 일상생활에 집중하거나, 위대한 현자와 철학자들의 저작을 탐독하며 인생관을 넓히는 모습일 수도 있다. 이런 개인주의적 행위는 본래 속했던 집단에 위협이 될 수 있지만, 결국 오래된 피해자 프레임에서 벗어나는 것이 개인의 주체성과 성공, 정신 건강의 핵심이다. 이 과정은 어렵지만, 매우 보람 있는 일이다.

이러한 '거리두기'는 우리 일상, 언론 그리고 심리학 안에서 더 많이 필요하다. 그래야 분노에 기반한 취약함과 과도한 범주화가 극단적인 방식으로 결합되어 자유로운 사고를 억누르고 사회를 위협하는 현실에 맞설 수 있다. 이러한 거대한 위협은 우리가 그 시스템에서 아주 조금만 벗어나 보거나, 혹은 소셜 미디어와 자기침묵 분위기에서 비롯된 경직된 사고에 대해 약간의 불편함을 느낄 때 비로소 눈에 들어온다. 타리코는 말한다. "관계를 맺는 데 필요한 건, 진심이 아니라 동의였다." 하지만 우리는 이미 그것이 진정한 연결이 아님을 알고 있다. 왜냐하면 그것은 진정성 있는 취약함이 아닌, 분노와 부족주의, 극단주의에 뿌리내린 일종의 종교적 소속감이기 때문이다.

콜럼비아 대학교의 저명한 언어학자인 존 맥워터John McWhorter와 마찬가지로, 타리코 역시 정치적 집단사고가 일종의 종교처럼 작동하는 방식을 지적한다.[84] 이러한 종교적 사고나 조언은, 내담자와 치료사 간의 세속적이며 치유적인 역학 관계에 포함되어서는 안 된다. 현실 세계에선 집단사고에 의문을 던지는 순간 당신은 '이단자'로 낙인찍히고, 곧바로 배척당한다. 공인된 믿음은 항상 집단적 지지와 동의, 소속감으로 이어지며, 이는 거의 모든 사이비 집단에서 일어나는 현상과 닮아 있다. 이런 부족주의는 치료에 어울리지 않으며, 이런 믿음은 실제로 해를 끼칠 수 있다. "이러한 패턴들은 개인을 우울이나 갈등 속에 가두는 것뿐 아니라, 상호 불신과 비난, 내부 집단 동조, 외부 집단 소외, 그리고 광범위한 냉소주의나 절망감을 키우면서 시민사회를 약화시킨다."라고 타리코는 지적한다.[85] 이는 소외된 이들뿐 아니라 누구에게나 심리적 위협이 된다. 하지만 사람들은 종종 타인이 소속감을 느끼는 집단에 대해 잘못된 추정을 한다. 많은 사람들은 단지 혼자 조용히 살고 싶을 뿐, 인위적인 범주에 영원히 가두어지길 원하지 않는다.

의연하게 나아가는 길

복잡한 사고, 창의성, 그리고 높은 지능에 관한 연구에 따르면, 복잡하게 생각하는 사람은 사회가 요구하는 전통적 규칙과 기준에 맞추지 못해 외로움을 느낀다고 한다.[86] 상담사, 의사, 교사 같은 전문가들이 우리를 좁은 틀이나 범주에 가두려 할 때, 그와 같은 단순화된 사고에 빠지지 않으려면 노력과 인내가 필요하다. 다른 사람들과 어울려서 세상을 흑백 논리로 바라보고 싶은 유혹이 있겠지만, 스스로에게 정직한 것을 중요하게 여긴다면 현실에 순응하기가 괴롭고 불가능할 것이다. 따라서 우리는 자신의 진정성과 복잡성을 지키는 과정에서 외로움은 필연적인 부분임을 명심해야 한다. 내 개인적으로는 이런 연구를 접하고, 비판적 사고와 진정성을 중요하게 생각하는 사람들이 있다는 것을 알게 되어 위안이 되었다.

레슬리 소드Lesley Sword와 영재 자원 센터Gifted Resource Center는 다음과 같은 특징들이 이른바 '영재형 사고자gifted thinkers'에게 정상적이며 흔한 특성이라고 밝힌 바 있다.[87]

- ▶ 복잡하고 깊은 사고
- ▶ 강렬한 감정
- ▶ 끊임없는 질문
- ▶ 높은 감수성
- ▶ 스스로에게 높은 기준
- ▶ 강한 도덕적 신념
- ▶ 자신이 다르다고 느끼는 감각
- ▶ 왕성한 호기심
- ▶ 생생한 상상력
- ▶ 권위나 규칙에 대한 의문
- ▶ 도전에서의 성장

심리학자 메리-일레인 제이컵슨Mary-Elaine Jacobsen은 자신의 저서 《일상의 천재성 해방Liberating Everyday Genius》을 통해 이 외에도 몇 가지 특징들을 제시한다.[88]

- 넘치는 호기심
- 사안을 둘러싼 다양한 시각
- 정직함과 윤리를 중요하게 여기는 태도
- 진리를 좇는 본능
- 남에게 의존하지 않는 독립성
- 진실을 알고자 하는 본질적 욕구
- 사회를 변화시키고 싶은 마음
- 다름을 존중하는 자세
- 세상에 긍정적인 변화를 남기고 싶은 욕망

심리학자이자 작가인 디어드리 러브키 Deirdre Lovecky 는 대인관계에 영향을 미치는 재능 있는 사상가들의 다섯 가지 핵심 특성을 아래와 같이 제시한다.[89] 나는 이 특성들을 의식할수록, 진정성과 비판적 사고를 경시하는 사람들과의 관계 속에서 내가 왜 종종 공허함을 느끼는지, 그리고 나라는 사람이 어떤 가치를 중심에 두고 있는지를 다시 확인하게 된다.

- 민감한 지각력
- 섬세한 감수성
- 발산적 사고

▶ 감정의 고조

▶ 자아실현 능력

  지각력은 사물을 예민하게 포착하는 특성을 말하며, 감수성은 자신을 둘러싼 환경에 아주 민감하게 반응하는 상태를 뜻한다. 발산적 사고는 다양한 관점에서 생각하는 능력이고, 감정의 고조는 지적 자극에 대해 강한 열정이나 흥분을 느끼는 경향이다. 자아실현 능력은 개인을 앞으로 나아가게 하는 동기와 힘을 뜻한다.

  러브키는 발산적 사고에 대해 "특이하고 창의적인 답변을 선호하는 것이 발산적 사고자의 특징"이라고 언급한다. "발산적 사고자는 순응하라는 압력에도 불구하고 정체성을 유지하기 때문에 어려움을 겪는다. 고도로 발산적인 사고자는 종종 소수이며, 아무도 꽃이 노래하는 소리를 듣지 못한다면 소외감과 존재론적 우울을 경험할 수 있다." 나는 우울증에 대해 간단히 언급하고 싶다. 특히 감정적 통찰과 비판적 사고를 바탕으로 정교하게 소통하려는 능력이나 의지를 가진 사람은 드물다. 같은 깊이를 추구하거나 그 깊이를 소화할 수 있는 사람을 찾기 어려워 외로움을 느낄 수 있다. 이것은 비판적 사고자로서 세상에 나갔을 때 마주할 수 있는 또 하나의 부담이다. 실제로 이 책을 위해 인터뷰한 많은 사람들이 스스로 생각하는 용기를 냈다가, 비슷한 현실 인식을 가진 친구나 가족, 동료를 찾지 못해 사회에서 소외감을 느꼈다고 했다.

러브키는 지각력에 대해 이렇게 설명한다. "상황의 여러 면을 동시에 바라보고, 타인의 깊은 내면을 여러 층위로 이해하며, 핵심을 빠르게 꿰뚫는 능력은 지각력의 중요한 특징이다."

내가 보기에, 이런 특성은 종종 어릴 적부터 자연스럽게 드러나는 경우가 많다. 성인이 되어 가면서, 타인과의 대화나 성찰을 통해 비판적 사고를 꾸준히 훈련하면 할수록, 그 예민함과 통찰력이 점점 더 날카롭고 깊어진다.

지각력과 복잡한 사고가 대인관계에 미치는 영향은 넓고도 깊다. 진실과 비판적 사고의 교류를 중요시하는 이들도 있지만, 모든 이가 동일한 가치를 공유하지는 않는다. 특히 집단사고의 영향을 강하게 받는 사회일수록 그러하다. 러브키는 영재적 사고 유형을 지닌 이들에 대해 다음과 같이 기술한다. "이들은 타인의 겉모습과 내면 감정 사이에 존재하는 모순을 굉장히 민감하게 감지한다. 지각력은 진실을 인식하고 갈망하는 성향과 깊은 관련이 있다. 이러한 성향을 지닌 성인은 타인의 사회적 가면을 일종의 허위로 간주하며, 위선과 거짓에 대해 강한 거부 반응을 나타낸다."

외로움과 우울, 소외, 그리고 순응해야 한다는 압박감 사이에서 자신답게 산다는 것은 고된 여정일 수 있다. 대개 자신을 알아주는 한두 사람만 있어도 충분하며, 책에서 곧 소개할 관련 모임에 참여하는 것도 도움이 된다. 또한 충분한 수면과 영양, 운동 등 기본적인 건강 관리는 정신적 안녕에 매우 중요하다.

하지만 무엇보다도, 연결과 소속감의 관점에서 보면, 당신과 같은 사람들이 세상에 많다는 점을 기억하길 바란다. 역사 속 수많은 외로운 사상가들은 반대에 맞서 독창적인 예술을 창조해 냈고, 지금도 우리가 모르는 수많은 이들이 공원 벤치나 집 앞에 앉아 우주를 성찰하고 있다. 복잡한 사고를 가진 이는 외로움을 느낄 수 있지만, 재능과 호기심을 숨기지 말자. 세상은 당신을 필요로 한다. 다음 파트에서는 진솔한 자기 표현과 활발한 소통, 그리고 자유로운 독립적 사고의 가치에 몰두하는 사람들과 공동체에 대해 더욱 자세히 알아보고자 한다.

Part 3
다시,
함께하기

토론은 진실에 이르는 해독제

멜리사 데니Mellessa Denny는 보수적인 텍사스 아마릴로 Amarillo의 한 고등학교 교사이자 토론 코치로 활동하며, 여러 상을 수상한 경력을 가지고 있다.[90] 그녀의 토론 동아리에는 다양한 배경을 가진 학생들이 모여, 사고력과 소통 능력을 시험하고, 우정과 전문성 있는 기술을 쌓아 간다. 데니의 남편은 최근 지역 판사로 선출되었으며, 두 사람 모두 직장 생활과 부부 생활에서 복잡한 아이디어, 상황, 정책적 문제들을 해결해 왔다.

고등학교 토론 주제는 소셜 미디어 사용 최소 연령 제한, 반려동물 소유의 윤리, 교복 착용 의무화와 같은 문제부터 사회적 불의, 범죄, 투옥 및 강제 노동, 여성 인권 등과 같은 전국적인 중대 사안까지 다양하다. "토론은 학생들이 다른 관점을 강제로라도 보게 만듭니다."라고 그녀는 말한다. "특히 어린 학생들은 반대쪽 입장을 떠올려 본 적조차 없어요. 텍사스 팬핸들은 매우 보수적인 지역이지만, 전국 본부는 항상 양쪽 관점이 균형을 이루도록 구성에 신경을 씁니다. 우리는 모두 토론 주제에 투표하고, 학생들도 전국 본부 주제에 대해 직접 의견을 내죠. 그 과정에서 균형이 잘 맞춰지도록 합니다." 데니는 이렇게 덧붙였다. "토론 코치들 중에는 진보적인 사람이 많지만, 모두가 그렇지는 않습니다. 농촌과 도시 환경에 따라 다르기도 합니다."

나는 데니에게 토론반이 어떤 분위기인지, 그리고 학생들 사이의 '토론 문화'는 어떤지 물었다. 아이들이 친구로 지내는지, 서로 다른 의견을 건강하게 주고받는지 말이다. "우리는 텍사스 팬핸들 지역에서도 운이 좋은 편에 속해요. 아이들이 토론 밖에서도 친구로 잘 지내거든요."라고 그녀가 말했다. "앞으로 4주 연속 토너먼트가 예정되어 있어요. 아이들은 경쟁 의식을 가지고 악수하며 들어가지만, 결국 그건 토론일 뿐이에요. 전국 대부분의 지역에서도 그런 일이 벌어지고 있다고 생각해요." 그녀는 학생들이 서로의 보수적, 진보적 입장을 존중하고, 그 사이의 공통점을 인식하고 있다고 말한다. 토론을 통해 우정이 쌓이기 때문에, 서로 의견이 달라도 안전하다고 느낀다. "코치들도 그래요. 우리는 서로 친구고, 서로의 아이들이나 삶에 대해서도 잘 알고 있죠. 서로를 존중하면서 논의하는 태도를 키우면, 그건 토론 라운드에서도 자연스럽게 드러나요." 그녀는 다음과 같이 덧붙였다. "결국 심사를 받는 자리니까, 아이들은 무례하게 보이고 싶어 하지 않죠."

어떻게 하면 존중을 바탕으로 토론하는 태도를 기를 수 있을까? 시작은 시야를 넓히는 것이다. 데니는 '영향 미치기 impacting'이라는 수업 활동을 통해, 학생들이 한 정책이 미치는 영향이 얼마나 다양한지를 깊이 고민하도록 한다. 그녀는 여러 정책과 문제들이 '손가락'처럼 여러 방향으로 뻗어 있다고 본다. 복잡한 사안은 여러 갈래로 뻗어 있으며, 단순히 흑백 논리로 판단할 수 없다는 뜻이다. 그녀는 아이들에게 세상이 항상 단순하게 보이는 대로만 흘러가지 않는다는 사실을 자주 일깨운다. 그녀는 학생들에게 "손가락을 떠올려 보세요." 하고 말하곤 한다.

토론 참가자들은 1대1 형식부터 2대2 형식까지 다양한 유형의 토론 라운드에서 경쟁한다. 토론 대회의 심사위원은 지역 사회의 구성원으로, 자원봉사자, 대중교통 기사, 소방관 등 누구나 될 수 있다. 아이들이 다양한 심사위원의 배경과 입장을 이해하고 공감하는 데서부터 토론이 시작된다.

 '영향 미치기' 수업이 끝나면 '손가락'을 따라가듯 아이들이 한 이슈의 '가지'를 따라 깊이 파고들게 한다. 그녀와 학생들은 이를 '핵심 분해'라고 부르며, 아주 작은 세부 사항까지 집요하게 들여다본다. 그러나 이후에는 한발 물러서서 전체를 단순화하고 현실적인 관점에서 정보를 정리하고 평가한다. 데니는 이렇게 말했다. "학생들은 정책이 단일하지 않으며, 다른 사안들과 지역 사회 전반에 영향을 끼친다는 것을 배우게 됩니다." 예컨대 교복 의무화에 대한 논제를 다룰 때, 학생들은 그것이 표현의 자유에만 국한된 문제가 아님을 배운다. 교복 제도는 학교 구성원 간의 경제적 격차를 어느 정도 완화시키며, 특정 브랜드나 유행을 따라야 한다는 압박감을 줄여 줄 수도 있다. 이러한 다양한 맥락을 분석함으로써, 학생들은 주제를 보다 깊이 이해하고 비판적 사고력을 키워 토론장에서 논리적으로 대응할 수 있게 된다.

 그녀는 학생들에게 정보가 사실에 근거하고 있더라도 전달 방식에 따라 왜곡될 수 있다는 점을 가르친다. 특히 언론 보도에서 그러한 경향이 자주 나타나기 때문에, 증거의 전반적인 맥락을 읽어내는 능력이 중요하다고 강조한다. 이를 위해 그녀와 학생들은 포털형 서비스인 '올사이즈*' 웹을 활용하여 보다 중립적인 시각을 키우는 데 힘쓴다.

"저는 재정적인 문제에 관해서는 꽤 보수적이지만, 범죄나 교육 같은 사회 이슈에 대해서는 그 정도가 덜합니다. 저는 중도적인 입장을 가지고 있으며, 상황에 따라 입장을 바꾸기도 합니다." 그녀는 자신의 신념이 실제 삶의 현실 속에서 얼마나 복잡하게 작용하는지 설명했다. 데니에게 이 내적 갈등은 한 비극적인 사건을 겪은 뒤 현실로 다가왔다.

"제 학생 중 한 명이 온라인에서 만난 사람과 데이트를 하다가 살해당했습니다. 결국 범인은 유죄 판결을 받았어요. 저는 기본적으로 사형 제도에 크게 찬성하는 편은 아닙니다. '그냥 처형해 버려!' 같은 생각도 하지 않았고요." 그녀가 조심스럽게 말을 이었다. 고통스러운 이야기지만 중요한 메시지를 전하고 싶어하는 듯 말의 속도가 조금 빨라졌다.

"그 일이 일어났을 때는 너무나 끔찍했어요. 사형 판결이 나자 저는 학생들에게 '당연한 거지. 잘됐어.'라고 말했어요. 그 순간 저도 놀라서 '내가 지금 애들 앞에서 뭐라고 한 거지?'라는 생각이 들었어요. 그때 저는 늘 생각해 왔던 입

---

* Allsides, 같은 이슈를 다른 시각으로 조명한 기사를 모아 보여 주는 미국의 사이트.

장이나 상황이 개인적인 일로 다가오면 사람은 이렇게도 달라질 수 있다는 것을 알게 되었어요. 사람들은 종종 '겪어 본 사람만 안다.'라고 말하지만, 겪어 본 일일수록 상대방의 입장을 더 이해하기 어려울 수도 있다는 사실을 학생들에게 이야기하곤 합니다. 그리고 우리가 겪어 온 일들이 세상을 보는 눈을 어떻게 바꾸었는지 탐구합니다."

그녀는 피해자 부모조차도 사형이 자신들에게 진정한 해답이 될지에 대해 상반된 의견을 냈다고 전했다. 그녀는 "아이들에게는 언제나 정답이 있는 건 아니라고 말합니다."라고 말했다. "그래서 왜 그런 생각을 갖게 되었는지를 함께 탐구해 나가는 것이지요."

복잡함을 품고 나아가기

캘리포니아의 우리 집 창으로 쏟아져 들어오는 눈부신 햇빛이 제프 창^{Zeph Chang}의 두꺼운 검은색 뿔테 안경에 반사되었다. 그가 거주하는 매사추세츠는 이와 대조적으로 잔뜩 흐린 날씨라고 했다. 전직 토론 선수이자 현재는 트레이너로 활동하고 있는 창은 어린 시절부터 토론을 시작했으며, 그것이 낯선 사람과 대화할 때 자신감을 키우는 데 도움이 되었다고 한다. 그는 전국 대회에서 3위를, 매사추세

츠에서는 1위를 차지했다. 이후 학생들의 토론 및 공개 연설 능력 향상을 위해 '루모스 디베이트 Lumos Debate'라는 회사를 설립했다.

나는 창에게 토론 문화 전반에 대해, 그리고 비판적 사고와 그것이 사회 전체에 어떻게 적용될 수 있는지에 대해 물었다. 그는 초등학교 3학년만 되어도 토론을 통해 다양한 관점을 이해하고, 자연스럽게 타인에 대한 공감 능력이 생긴다고 말한다. "최저임금이나 복지, 의료보험 같은 주제를 접하면 아이들도 '일도 안 하는데 왜 돈을 줘야 하지?' 또는 '최저임금은 왜 필요한 거지?' 하는 궁금증을 갖게 됩니다. 이처럼 그들의 시선 속에서 비판적 사고가 자라나기 시작합니다. 증거를 검토하고, 소득 불평등이나 기회 격차에 대해 배우기 시작하는 과정은 공감 능력을 키우는 데 도움이 됩니다. 입장 바꾸어 토론하기는 그 과정에서 핵심적인 역할을 하죠." 그는 토론 대회에서 학생들이 한 주제에 대해 찬반 양쪽을 모두 준비해야 한다는 점을 설명한다. "대회 당일, 매 라운드마다 동전을 던져 찬성인지 반대인지 토론 입장이 정해집니다."

창은 "토론은 학생들로 하여금 양쪽 주장을 모두 이해하고, 다양한 관점을 동시에 유지하게 만듭니다."라고 말했다. 내가 "당신은 그런 생각이 너무 자연스러워서 그 특별함을 모르는 것 같군요."라고 하자, 그는 웃음을 터뜨렸다. "토론자들은 찬반 양쪽을 깊이 파다 보니 아주 세밀한 답변을 하게 됩니다." 그는 그러면서도 그것이 양날의 검일 수 있다고 말한다. 청소년기 학생들에게 필요한 순수한 이상적 확신이나 단순한 흑백 논리를 점차 잃어 가게 되기 때문이다.

그는 다시 한번 의미 있는 말을 한다. "한 주제를 토론하고 나면, 더 이상 아무것도 명확하지 않다고 느껴집니다. 세상이 원래 그런 것 같아요." 나는 그에게 이것이야말로 지금 이 시대에 개인의 삶과 사회 전체에 꼭 필요한 사고방식이라고 말했다. '회색 지대'를 이해하는 것은 인생에서 꼭 배워야 할 교훈이며, 특히나 마흔 살이 되기 전 이것을 깨닫는다면 많은 고통을 덜 수 있다고 덧붙였다. "맞아요." 그는 이렇게 덧붙였다. "그런데 양날의 검이죠." 그는 토론 참가자가 세상에 나가서 사람들이 흑백 논리를 펼치는 것을 들으면 눈살을 찌푸리게 되고, 세상에 대한 낭만이나 순진함이 사라진다고 말했다.

창은 고등학교를 들어가기 전까지는 사람들 앞에서 말하는 것이 무서울 만큼 내성적이었다고 한다. 토론을 통해 그는 말할 수 있는 자신감을 얻었다. "지금은 대부분 문자나 메신저 앱으로 대화를 해요. 요즘 우리 젊은 세대는 전화 통화도 꺼려하죠. 직접 얼굴을 보고 대화하는 것도 익숙하지 않아요. 낯선 사람과는 더더욱 그래요."(밀레니얼 세대인 나로서는 충격이었다. 나는 어린 시절 대부분을 샌프란시스코의 대중교통인 뮤니Muni 시내버스에서 만난 낯선 사람들과 이야기하며 보냈는데 말이다.)

하지만 토론은 창에게 결정적인 전환점이었다. 그는 많은 학생들이 "처음 만나는 사람과 대화 연습을 하고 있다는 사실을 깨닫지 못합니다."라고 말한다. 마치 이기기 위해 경쟁하는 게임처럼 느껴지기 때문에, 게임에서의 승리가 학생들에게 강한 동기부여가 된다. 그는 토론을 '무언의 대화'라고 표현한다. 판사와 상대방이 어떤 논리와 시선으로 생각하는지를 이해해야 하기 때문이다. "상대랑 직접적으로 말은 하지 않지만, 일종의 대화를 하고 있는 것입니다. 그 과정에서 강제로 공감하는 상황이 생기기도 하고요. 어떤 것을 무조건적으로 믿는 태도를 잠시 내려놓고, 상대의 관점에서 생각하게 만듭니다."

그는 말을 이어 갔다. "자기 중심적인 사고방식과 집착은 내려놓아야 합니다. 다른 사람의 생각을 바꾸려면, 그 사람의 신념 전체를 부정하는 태도는 도움이 되지 않습니다. 상대의 입장을 이해하고, 그 논리의 흐름 속에서 질문을 던져야 합니다. 상대방의 말을 모두 인정한 상태에서, 그 틀 안에서도 다른 시각이 존재할 수 있음을 보여 주는 것이 가장 효과적입니다." 나 역시 이에 동의한다. 상대가 가진 신념

틀 안에서도 논의할 수 있는 여지는 남아 있다.

"제가 보기에는, 친구들의 정치적 논쟁은 대부분 특정 사안이 맞는지 아닌지에 집중됩니다. 하지만 양쪽 모두 그 사안에 대해 걱정하고 있고, 양쪽의 감정적 정서는 실제로는 그리 다르지 않습니다. 문제는 그 감정이 세상에 대한 진실이라고 표현되면서, 완전히 흑백 논리로 변한다는 데 있습니다." 창은 토론 활동이 자신을 그런 생각에서 벗어나게 했다고 한다.

창과의 대화에서 느낀 것은 토론 동아리야말로 우리가 더 많이 필요로 하는 바로 그런 공간이란 점이다. 그 안에 담긴 문화, 기술, 목표, 그리고 환경이 분열된 사회를 하나로 묶는 데 필요한 도구를 제공한다. 그런 능력을 기르려면 진짜 노력이 필요하다. 단순히 조직하고 코칭하며 준비하고 토론하는 물리적인 작업뿐 아니라, 내면적인 심리 작업도 함께 이루어진다. 토론에는 "깊은 작업"이 요구되는 요소가 있다. 그는 그것이 단순한 표면적인 수준이 아니라고 말한다. 그는 여러 자료와 연구를 자세히 살펴보면, 일부 연구가 얼마나 부실하게 이루어졌는지 알 수 있다고 지적한다. 그럼에도 대부분 사람은 학술 연구 결과를 곧바로 믿는 경향이 있다. 학생들은 연구 결과를 마치 신성한 진리처럼 받아들이지만, 반대되는 결과가 담긴 연구도 마주친다. "토론은 권위 있는 출처에 대해 의심을 갖게 만듭니다. 즉, 하나의 자료만으로는 전체 상황을 파악하기 어렵다는 것을 알게 되는 것이지요."라고 그는 말했다.

궁극적으로 다양한 입장을 견고하게 포용할 수 있는 힘은 개인에게 단단한 기반과 중심을 만들어 준다. 마치 여러 기둥 위에 안정적으로 세워진 건물처럼 말이다. 이는 많은 이들이 도달하고자 하는 이상적인 상태일 것이다.

창은 오늘날 우리 시대를 관통하는 날카로운 말을 보탰다. "토론 참가자들이 어떤 신념을 자기 정체성과 결부시키는 일은 매우 드뭅니다. 우리는 여러 관점에서 문제를 바라보도록 훈련받았기 때문입니다." 이 때문에 감정적으로 흔들리지 않고 반대 의견을 위협으로 받아들이지 않는다고 그는 덧붙였다. 간단히 말하자면, 의견 불일치를 기꺼이 용인하는 것이 우리 미래의 열쇠라는 것이다.

논쟁은 왜 우리를 성장하게 하는가

여러 연구는 팀워크, 경청, 공감 능력 향상에 토론 동아리 활동이 얼마나 효과적인지를 보여 준다.[91] 많은 사람들이 토론을 특정 엘리트 계층의 전유물로 여기지만, 실상은 다양한 배경을 가진 이들에게 공정한 발언의 장을 제공한다.[92] 선도적인 토론 교육자이자 스피킹 코치인 앤마리 베인스^(AnnMarie Baines), 다이애나 메디나^(Diana Medina), 그리고 케이틀린 힐리^(Caitlin Healy)는 그들의 공동 저서 《학생들의 목소리를 확대하다^(Amplify Student Voices)》에서 이렇게 주장한다. "사실 토론의 구조와 진행 방식은 젊은이들이 다른 형태의 의사소통보다 더 안전하게 참여할 수 있도록 만든다. 왜냐하면 그 규칙들이 다양한 의견을 경청하도록 장려하기 때문이다."[93] 베인스는 샌프란시스코 베이 지역에 '더 프랙티스 스페이스^(The Practice Space)'를 창립했다. 그곳에서 그녀와 동료들은 다양한 배경의 아이들과 성인들에게 토론, 발표, 그리고 자기 목소리를 찾는 방법을 교육하고 있다. 그녀는 최근 '사우스 바이 사우스웨스트 컨퍼런스*'에서 "우리는 치유를 위해 논쟁해야 한다 – 토론이 어떻게 공정성을 촉진하는가"라는 제목의 강연을 하기도 했다.

베인스 및 공동 저자들에 따르면, 자기 목소리로 말하고 토론 형식 안에서 논쟁하는 법을 배우는 것은 지속적인 효과를 낳는다. 이러한 효과에는 다양한 관점을 이해하는 능력, 공감력과 열린 사고방식의 함양, 허위 정보를 비판적으로 판별하는 역량, 의도적으로 경청하는 태도, 협업하는 방

---

* South by Southwest – SXSW, 미국 텍사스주 오스틴에서 3월마다 열리는 세계적인 문화·기술·창작 종합 페스티벌.

법을 배우는 것 등이 있으며, 그 외에도 많은 장점이 지속적으로 이어진다. 미국 전역에서 활동 중인 연설가이자 교육자인 베인스는, 자신이 한때 조용한 필리핀계 소녀였다고 묘사했다. 그녀는 9세 때 처음으로 토론 수업을 들었으며, 이후 자원봉사로 토론 코치를 맡게 되었고, UC 버클리와 하버드, 워싱턴 대학교를 거쳐 현재는 이 분야에서 활발하게 연구하고 글을 쓰고 있다.

뉴욕의 디애나 쿤 Deanna Kuhn 은 비판적 사고 연구의 권위자로서, 현재 콜롬비아 대학교에서 교수로 재직 중이다.[94] 다수의 논문을 발표한 그녀의 글은 평소 조용한 어조와는 달리 날카롭고 예리한 편이다. 우연히 그녀의 글을 마주친 순간, 나는 금세 매료되었다. 그 풍부한 사유의 깊이와 간결한 표현, 그리고 무엇보다 그녀만의 스타일이 묘하게 나와 닮아 있었다. 이는 아마 내가 다소 내향적이고 예민한 동시에, 뚜렷한 신념과 논리적으로 맞서는 성향을 가진 사람이기 때문일 것이다. 이런 조합을 가진 사람은 좀처럼 보기 힘들다. 알고 보니 그녀는 다수의 저작물 외에도 《논쟁해 봅시다 Argue with Me》라는 책의 대표 저자였다. 그녀의 연구는 교육을 중심으로 하지만, 자기침묵과 독립적 사고의 결여라는 오늘날 사회의 위기 상황 속에서, 그녀의 통찰은 보다 넓은 맥락에서 유의미한 가치를 갖는다. 논쟁의 기술과 비판적 사고는 본질적으로 불가분의 관계이기 때문이다.

그녀는 〈하버드 교육 리뷰〉에 다음과 같이 서술했다. "사람들의 삶 속에서 고등 사고와 이성적 추론이 가장 뚜렷이 기능하는 장은 바로 논쟁이다."[95] 또한 〈사이언스 에듀케이션 Science Education〉에는 다음과 같은 글을 남겼다. "논쟁적 사고는 우리가 품는 신념과 판단, 그리고 이끌어 낸 결론들 안에 언제나 스며 있으며, 삶의 중대한 결정을 내려야 할 때마다 떠오른다. 그러므로 우리가 인간의 사고 과정을 살필 때, 가장 중심에 두어야 할 것은 바로 이러한 논쟁적 사고다."[96]

쿤의 주요 논지는 사고란 곧 논쟁이라는 것이다. 서로 다른 관점들 사이에서 이루어지는 끊임없는 변증법적 긴장 속에서, 우리는 생각하고 또 생각하며 자기 사고를 되짚는다. 반복과 조율 속에서 사고는 구체화되고, 그것이 바로 사고의 본질적 형태라는 것이다.

나는 그녀가 학생들이 비판적으로 사고하거나 타인의 해석에 질문을 제기하는 방법을 제대로 이해하지 못하는 현실에 깊이 우려하고 있다는 점에 경외감을 느낀다. 한 연구에서 그녀는 학생들에게 자신의 견해와 그에 대한 근거를 제시하고, 그와 다른 의견을 가진 사람이라면 어떤 주장을 할지를 상상해 보도록 요청했다. 그녀는 다음과 같이 밝혔다. "대안적 관점을 제시하지 못한 학생들 중에서 실제로 정당한 증거를 제시한 비율은 평균 26%에 불과했다."[97] 더욱 놀라운 것은, 그녀의 연구 참여자 중 절반 가까이가 지식을 '확실하며 축적 가능한 것'으로 여기는 절대주의적 사고방식을 지녔다는 점이다. 그녀는 이 사실에 대해 충격적이라고 쓴 뒤, 이어서 이렇게 말했다.

전체 조사 대상자 가운데 절반에 해당하는 일반 청소년 및 성인들은, '수감자가 왜 재범을 저지르는가'와 같은 복잡한 질문에도 단 하나의 확정적인 해답이 존재한다고 믿었다. 이들은 흔히 절대주의자로 분류할 수 있다. 또 다른 약 35%는 다원주의자 또는 상대주의자로 분류되며, 전문가들조차 의견이 다르므로 확실한 진리는 존재하지 않는다고 여겼다. 이들은 누구나 의견을 가질 권리가 있으므로, 모든 의견은 똑같이 옳다고 주장한다. 이러한 두 입장은 모두 지식이 형성되는 과정을 판단에서 배제하고 있다는 공통점을 지닌다. 조사 대상 중 단 15%만이 '평가적 인식론 evaluative epistemology' 범주에 속했는데, 이들은 지식을 사고와 평가, 논증이 수반되는 역동적인 과정으로 이해하고 있었다.

이와 같은 발견은 집단 이탈자들에게 있어 중요한 시사점을 제공하며, 동시에 비판적 사고의 함양에도 결정적인 의미를 갖는다. 쿤은 이렇게 말한다. "이런 인식론적 순진함은 어째서 사람들의 논쟁적 추론 능력이 부족한지 설명해 주는 핵심 요인일 수 있다. 개인이 논쟁에 참여하기 위해서는 논쟁의 목적과 가치를 인지해야 한다. 그러나 지식이 확실하며 축적 가능한 것으로 보는 절대주의자나, 지식이 전적으로 주관적이라고 보는 다원주의자라면 논쟁은 불필요해진다. 논쟁의 가치를 인식론적으로 이해하지 못한다면, 사람들은 비판적으로 사유하고 검토하는 훈련 자체에 흥미를 느끼지 못할 것이다."

다시 말해, 지식과 삶을 본질적으로 불확실하고 끊임없는 평가가 필요한 영역으로 보지 않는다면, 질문과 토론, 논증의 필요성을 느끼지 못하게 된다. 이는 세상을 명확한 정답만 있는 흑백의 진실로 보기 때문이다. 쿤의 주장에 따르면, 이러한 이해는 시간이 지나면서 자연스럽게 성숙해지는 경향이 있다. 그러나 청소년과 대학생들이 대부분의 시간을 온라인 환경에서 보내는 오늘날 사회에서는, 이러한 인식이 보다 이른 시점부터 요구된다.

쿤은 토론 동아리 지도자들이나 활동가들처럼, 사회적 환경이 사고에 미치는 중요성을 강조한다. 그녀는 "사회적 상호작용은 개인의 자기중심적 사고를 자연스럽게 조정하는 기능을 한다."라고 서술하며, 학습자가 사고하고 학습하는 가운데 의심과 질문을 통해 자율적 결론에 도달하는 과정을 주요 관심사로 삼는다. "사회가 지닌 다양성은 개인의 사고를 확장하고 조율하는 데 도움이 된다."라고 그녀는 말한다. "이는 일상적인 대화에서부터 과학 이론의 발전에 이르기까지 모든 인간적 담론에 적용된다."

절대주의적 사고는 고집스러운 태도에서 정치적 이념, 종교적 교리에 이르기까지 모든 형태에서 비판적 사고를 방해한다. 이는 새로운 통찰에 열려 있기보다는, 자신이 속한 집단이나 이념이 옹호하는 세계관에 맞추어 현실을 해석하려는 태도 때문이다. 쿤 역시 이런 경향이 장애물이 될 수 있다고 말하며, 이는 토론 동아리는 물론 특히 교사들에게 더욱 문제가 될 수 있다고 지적한다. 그녀는 이렇게 말한다. "교사는 어떤 주제에 대해 학생들이 도달했으면 하는 답을 이미 가지고 있다. 겉으로는 열린 토론처럼 보일 수 있지만, 사실 교사는 학생들의 답을 유도하며, 결국 학생들은 '자발적으로' 교사가 원하는 답을 도출해 낸다. 이런 수업에서 '사고력이 뛰어난' 학생들은 대개 교사의 힌트를 가장 잘 읽어 내는 학생들이다. 이러한 '발견 중심 수업'에서도, 실제로는 정답이 정해지지 않은 복잡한 질문에 대한 열린 토론은 대부분 배제된다."

가장 훌륭한 교사는 어떻게 비판적으로 생각하는지 직접

보여 주되, 자기 편견이나 신념은 수업에 들여놓지 않는다. 하지만 최근 정치적 스펙트럼 전반에서 퍼지고 있는 영상들이 보여 주듯, 교사들 역시 소셜 미디어와 알고리즘이 만들어 내는 분류의 영향력에서 자유롭지 않다. 수학이나 영어 수업에서처럼 학생들이 어떤 답에 다가가도록 살짝 유도하는 건 쉽지만, 비판적 사고 수업에서는 자기 신념에 치우치지 않고 그 유도를 멈출 줄 아는 성숙함이 필요하다.

최고의 토론 쟁점 - 학교에서의 비판적 사고 훈련

공식적인 말하기나 토론 동아리를 넘어서, 교육계 안에서는 비판적 사고를 가르치는 방법에 대해 뜨거운 논쟁이 이어지고 있다. 비판적 사고를 모든 수업에 자연스럽게 녹여야 할지, 아니면 단계별 기술을 따로 가르쳐야 할지, 혹은 둘 다 해야 할지가 쟁점이다. 예를 들어, 오늘 교실에서 비판적 사고 과정을 단계별로 명확하게 배우거나, 역사 시간에 전쟁을 비판적으로 분석하거나, 공학 시간에 환경 문제를 비판적으로 고민하는 활동을 한다면 어떨까? 어떤 방식으로 접근하든, 현재 교육 현장에서는 비판적 사고 능력이 심각하게 부족하다는 우려가 제기된다. 대학 교수에서 중학교 교사에 이르기까지 많은 교육자들이 이를 효과적으로 가르치는 방법을 잘 알지 못하는 실정이다. 어번연구소 Urban Institute의 연구원으로 있었던 리사 츠위 Lisa Tsui는 다음과 같이 언급했다. "대다수 교수들은 개인의 사고 능력은 뛰어나지만, 그러한 사고를 학습자에게 효과적으로 촉진할 수 있는 교수학적 기반은 부족하다. 또한 비판적 사고 기술을 교육과정 내용과 균형 있게 통합하는 데 익숙하지 않으며, 그에 필요한 수업 설계 시간도 현실적인 제약이 된다."[98]

비판적 사고 능력을 강화하기 위한 방법과 이를 수업에 적용하는 다양한 방안 중, 대표적인 사례로 '융합 infusion 접근법'을 들 수 있다. 이 방식은 '일반론적 접근'이라고도 불리며, 비판적 사고 기술과 그에 대한 지도를 교육 전 영역에 걸쳐 포괄적으로 통합하는 전략이다. 다시 말해, 비판적 사고를 별도로 분리된 과목이나 단원으로 다루지 않고, 모든 교육 활동 속에 자연스럽게 포함시키는 것이다. 하지만 이 방법은 가장 효과적인 것으로 알려져 있음에도 불구하고 실제 교육 효과는 일관되지 않다.

또 다른 실천 전략으로는, 교사가 의도적이고 명확하게 비판적 사고를 유도하는 방식이 있다. 예를 들어, 비판적 사고를 촉진하는 질문을 직접 시연하거나, 수업 중에 "지금 우리는 비판적 사고를 실습 중입니다."라고 명시적으로 언급하고, 강의나 참여형 영상 등의 다양한 형식을 활용해 사고를 자극하는 질문을 던지는 것이 이에 해당한다. "이 말이 설득력 있을까요? 그렇다면 그 이유는 무엇이고, 아니라면 왜 그럴까요? 이 논리에서 걱정스러운 점은 무엇이지요? 어떤 오류가 보이나요?" 이와 같은 질문은 학생의 비판적 사고를 촉진하는 데 매우 유용하다.

이와 함께, 반복적인 훈련과 체계적인 사고 기술 지도가 필수적이다. 소그룹 토론은 비판적 사고 기술을 개발하고 실천하며 강화하는 데 유용한 방법이다. 테일러 대학교의 로라 C. 에드워즈Laura C. Edwards 교수는 학회지 〈교사 및 학습 센터 저널Journal on Centers for Teachers and Learning〉에 게재한 논문에 이렇게 썼다. "교수가 전체 수업 토론을 활용하든, 소그룹 토론을 활용하든 간에, 토론은 고차원적 사고를 가르치는 데 특히 효과적인 것으로 보인다."[99] 또한 교수가 수업 중 직접 비판적 질문을 던지는 '모델링modeling' 역시 효과적인 것으로 나타났다. 문헌에 따르면, 대다수의 대학생들은 비판적 사고 능력이 부족한 것으로 밝혀졌으며, 이를 수업 안에서 어떻게 더 잘 길러낼 수 있을지를 탐구하는 연구가 활발히 진행 중이다. 이는 고등학교와 대학교 교육 모두에 걸친 지속적인 과제이다.

사실, 교육 현장은 꽤나 엉망이다. 훌륭한 교사들이 없는 건 아니지만, 열린 토론, 도전 정신, 건설적인 논쟁을 키우는 데 있어 공통된 기준과 실천이 거의 보이지 않는다. 오히려 그런 점에서 토론 동아리가 그 결핍을 보완해 주는 셈이다. 우리는 멜레사 데니Mellessa Denny의 교실처럼 살아 있는 공간을 더 많이 필요로 하지만, 그런 교실은 좀처럼 찾아보기 어렵다.

하지만 우리에게 더 필요한 것이 무엇인지 이야기할 때면, 교육이나 정책 논의가 더 깊은 차원을 다루지 못하고 있다는 느낌을 자주 받는다. 어떤 방식이 옳은지를 따지는 데 몰두하기보다는 인간의 정신과 심리에 대한 연구 결과를 참고해 보면 어떨까? 신경학에 대한 연구도 마찬가지다.

2020년 교육기부재단Education Endowment Foundation, EEF이 발표한 〈메타인지와 자기조절: 증거 검토Metacognition and Self-Regulation: Evidence Review〉 보고서는 인간의 효과적인 학습 방법과 그 과정에 대한 폭넓은 논의를 담고 있다.[100] 중요한 것은 그 단계를 하나씩 쪼개서 살펴보는 일이다. 자신이 어떻게 생각하고 판단하는지 잘 알게 되면, 무심코 남들 말에 동조하거나, 자신의 생각을 숨기는 때가 언제인지 알아차릴 수 있다. 이런 점을 인지하는 것이 비판적으로 생각하는 능력을 높이는 데 큰 도움이 된다.

자기주도 학습이란 목표를 스스로 설정하고 그 목표를 달성하기 위해 필요한 행동을 적극적으로 수행하는 것을 말한다. 자기주도 학습은 명확하고 분명한 의도를 가지고, 학습 환경이나 잠재적인 방해 요소, 그리고 목표 달성에 영향을 미치는 여러 상황을 꼼꼼히 살피는 태도를 포함한다. 이 개념은 단지 교육에 국한되지 않는다. 우리가 누구와 시간을 보내고, 장기 목표에 맞춰 삶을 설계하며, 정보를 받아들이고 선별하는 방식을 스스로 조절하는 일상에도 매우 중요한 의미를 지닌다. 자기주도 학습은 '순환적인 과정'으로, 세 가지 학습 단계가 일어난다. 첫째는 학습 과제를 시작하기 전에 마음속에서 일어나는 사전 사고 단계(예를 들어, 책을 읽기 위해 준비하기), 둘째는 수행 단계(책을 읽으면서 정보를 뇌에 저장하기), 셋째는 자기성찰 단계(읽기를 마친 후 정보를 종합하고 처리하기)이다.

  자기주도 학습이라는 개념은 하루하루의 일상 속에서도 나타난다. 예를 들어, 식료품점에서 진열대를 둘러보며 여러 정보를 접하고, 어떤 물건을 집을지 조심스럽게 결정하거나, 점원이 말을 걸었을 때 어떻게 대처할지 판단하는 순간이 그렇다. 집중해서 할 일을 마무리하는 것이 중요하다. 그렇지 않으면 필요한 물건을 빠뜨리거나, 쇼핑 시간이 지나치게 늘어날 수 있다. 마찬가지로, 종교 모임에 갈 때도 자기주도 학습이 일어난다. 어떤 정보를 받아들일지, 어떤 정보는 배제할지 스스로 주의를 기울이고 관리해야 한다.

자기주도 학습은 끊임없이 반복되는 과정이다.

교육기부재단 보고서에 따르면, 자기조절 학습의 핵심 요소인 메타인지는 특정 학습 과제를 수행하는 방식에 대해 스스로에게 지침을 내리는 과정이며, 인지는 그 지침을 실제로 실행에 옮기는 행위다. 이후 메타인지는 그 수행 결과를 점검하고 평가하는 단계까지 포함한다. 예를 들어 새로운 무신론자 모임에 참석한다고 가정해 보자. 당신은 그 집단의 주장에 명확히 동의하지 않은 채로 새로운 정보를 습득하고, 집단 내 분위기에 휩쓸려 자기침묵을 하지 않기 위해 의식적인 노력을 했다. 그 모든 상황 속에서, 당신은 자신의 사고와 행동을 어느 정도까지 성공적으로 관리했다고 평가할 수 있을까?

메타인지와 자기조절 학습에 대한 논의가 가치 있는 이유는, 그것이 학습자 개인에게 능동적인 태도를 전제로 한다는 점이다. 과제를 정하고, 계획을 세우며, 목표를 설정하고, 집중력을 배분하며, 자신의 반응을 조절하는 행위는 모두 적극적이고 참여적인 태도를 전제로 한다. 이는 수동적이거나 피해자적이거나 이념적 태도로 지시를 기다리는 자세와는 정반대의 입장이다. 아동이 자기조절 능력을 발달시키는 데 가장 효과적인 방법 중 하나는 어른이 직접 본보기를 보여 주는 것이다. 교육기부재단 보고서에 따르면, 교사는 특정 상황에 적합한 메타인지 전략을 성공적으로 시범 보이고 교육할 수 있다. 즉, 직접 롤모델이 되는 것이다. 나는 이러한 역할을 교사뿐만 아니라 부모, 이웃, 멘토, 도서관 직원, 정치인 등도 수행할 수 있다고 생각한다. 그들은 학습에 대한 의식적 참여와 지속적인 몰입의 태도를 사회 전반에 걸쳐 보여 줄 수 있다.

토론 동아리에서 사람들이 함께 모여 의견을 나눌 때 그 안에는 사회적 메타인지 과정이 작동하는 듯하다. 이는 '사회적으로 공유된 학습 조절Socially Shared Regulation of Learning'이라 불리는 개념으로, 단순한 그룹 활동 이상의 것을 설명한다. 즉, 여러 사람이 함께 참여할 때 메타인지적 사고와 전략이 서로 간에 공유되고 조정되는 내적·외적 과정 전반을 포괄하는 개념이다. 이 개념의 힘은 여러 사람이 함께 메타인지 능력을 발휘할 때 학습이 단순한 지식 습득을 넘어서 근본적인 시각의 전환으로 이어질 수 있다는 데 있다. 마치 열린 사고와 유연한 태도가 중심이 되는 독특한 문화가 형성되는 듯하다. 설득력 있는 논거 앞에서는 관점을 기꺼이 조정할 줄 아는 그런 문화 말이다. 내가 인터뷰한 토론 코치들은 정책을 한쪽 시각이 아닌, 다각적으로 이해하는 능력을 매우 높이 평가하고 있었다.

모델링과 교육의 문제는 아직도 해결되지 않은 과제로

남아 있다. 말하기와 토론을 필수 교육으로 도입하는 것이 메타인지 능력 강화를 위한 효과적인 방안일 것이다. 교육기부재단 보고서는 다음과 같이 지적한다. "학생들 대부분이 부모, 친구, 교사 등으로부터 메타인지를 자연스럽게 배우지만, 학생들 사이에 메타인지 수준 편차가 크다. 많은 학생이 기회 부족, 롤모델 부재, 학습 의지 부족으로 인해 충분한 메타인지를 갖지 못한다."

연구 결과는 다시 한번 몰입과 명확한 모델링이 매우 중요하다는 점을 확인시켜 준다. 이는 내가 앞 파트에서 어렴풋이 짐작하고 암시했던 내용인데, 교육 현장 연구를 통해 확실히 밝혀졌다. 모델링은 교사가 자신의 생각 과정을 말로 표현하는 암묵적 모델링과 "학습 전략을 모델링하고 있다."라고 분명히 선언하는 명시적 모델링으로 구분된다. 이 중에서 명시적 지도가 더 효과적인 것으로 밝혀졌으며, '인지적 도제cognitive apprenticeship, CA' 같은 보완적 접근법도 함께 활용된다. 이 방법은 단계적 지원, 지도, 설명, 성찰의 단계를 포함한다. 이 보고서에 따르면, 메타인지적 반성은 과제를 마친 이후에 수행할 때 가장 효과적이다. 과제를 수행하는 동안에는 인지가 완전히 집중되어야 하므로, 그 이후에야 비로소 성찰이 제대로 이루어질 수 있기 때문이다. 이와 같은 다양한 접근 방식에 대한 연구들은 우리가 사고하는 법을 배우고, 자신의 사고 과정을 의심하며 점검하고, 비판적 사고력을 향상시키는 데 매우 유익한 시사점을 제공한다.

이렇게 구체적인 차원에서 성찰해 보면 교육 현장에 있지 않은 사람들도 어린 시절 교육에서 무엇을 놓쳤는지 깨달을 수 있다. 그리고 그 공백을 비판적 사고를 기르는 새로운 통찰로 채워 넣을 수 있다. 다시 말해, 학습의 방식과 정보의 출처, 우리가 몸을 담는 환경에 대해 의도적으로 선택함으로써 자기침묵과 집단사고를 극복하는 법을 배울 수 있는 것이다. 학습에 있어 모델링이 효과적이라면, 비판적 사고를 실천하는 모습을 보여 주는 교사나 콘텐츠, 온라인 커뮤니티를 찾아보는 것도 하나의 방법이다. 우리가 식단을 조절하듯, 정신적 식단도 조절할 수 있다. 곁에 두는 사람들부터 사용하는 소셜 미디어에 이르기까지 이 모든 것은 우리가 의식적이고 독립적인 사고를 할 수 있도록 영향을 미친다.

교실과 동아리 그 너머

이 대목에서 나도 약간은 불확실하게 생각하는 면을 솔직히 고백해야 할 것 같다. 비판적 사고만으로 이루어 낼 수 있는 힘의 범위와 한계, 그리고 집단적 저항의 정신이 과연 세대의 변화를 이끌어 내는 동력으로 작용하는지에 대해 명확한 확신이 없다. 나는 사람들이 권력을 향해 질문을 던지고, 스스로 삶의 방식과 의미를 재구성해나가는 행보를 응원한다. 다만 누군가 자신의 개인적인 생각이라고 믿고 있는 그 목소리가 사실은, 소외계층이라는 서사에 의존해 표를 확보하려는 로비 단체가 주입한 미사여구에 불과할 가능성도 배제할 수 없다. 개인이 어떤 하나의 특성으로만 규정되고, 일률적인 집단으로 취급되며, 그 사람을 대변한다고 여겨지는 특정한 관점만 계속해서 전달받는다면, 다른 시각에서 사고하기가 매우 어려워진다. 일상 속에서 개인적 사고와 집단적 영향력을 명확히 구분하는 것은 결코 쉽지 않다. 그러나 바로 이렇게 혼재된 상황 속에서 비판적 사고의 역할이 시작된다. 끊임없는 내적 점검과 자기 질문, 그리고 주저하지 않고 말하는 것이야말로 진정한 사고의 힘이다.

비판적 사고는 결코 단순하지 않은 복합적 능력이다. 인터넷에서 이 주제에 대한 논의를 살피다가, 웨스트포인트 출신 학생의 석사 논문을 읽게 되었다. 그 논문은 비판적 사고는 "상대적으로 자연스럽지 않은, 고차원적인 기술"이라고 정의한다.[101] 이 기술은 결코 쉬운 것이 아니며, 토론가 제프 창이 언급했듯 복잡성을 견디는 능력을 포함한다. 논문에서는 "학습 도구나 전달 방식을 조금만 바꿔도 학생들이 교실에서 수동적인 관찰자로 남지 것을 방지할 수 있다."라고 밝힌다. 나에게 이 말은 소셜 미디어의 위험성을 떠올리게 한다. 우리가 모두 스마트폰에 매달리면, 자기침묵 문화에 무감각해질 수 있다. 이는 타인의 행동에 대한 관찰뿐만 아니라, 우리 내면에서 일어나는 일에도 해당한다.

우리가 주목해야 할 하나의 시선은, 이미 주류의 틀에서 벗어나 다른 방식으로 사고하는 사람들이다. 그들이 문제를 바라보는 특별한 방식 속에 새로운 통찰이 숨어 있을지 모른다. '신경다양성'을 가진 많은 사람들은 그들의 사고 방식과 인지적 성향 때문에 사회의 주변부에 서 있는 삶에 익숙하다. 이들은 혼자 있는 순간들이 낯설지 않으며, 어떤 현상이 일어나고 있다는 것을 남들보다 먼저 감지하거나 알아챈다. 이들은 패턴을 포착한다. 많은 신경다양인들은 그들의 정신적 구조 덕분에 미묘한 차이를 갈망하는 동시에 규칙을 좋아한다. 다만, 그 규칙이 의미가 있을 때에 한한다. 이들은 무언가를 끝까지 이해하고자 하는 갈망, 세상의 모든 것이 납득 가능하길 바라는 마음, 그리고 질문을 던지고 오래도록 대화 나누고 싶어 하는 본능을 지닌다. 그것이 바로 토론 문화이자, 곧 신경다양인들의 문화다.

파트 1에서 소개한 바 있는, 〈뉴욕타임스〉에 자기검열에 대한 칼럼[102]을 기고했던 엠마 캠프를 기억해 보자. 나는 그녀가 자폐 스펙트럼을 갖고 있으면서도 버지니아 대학교 졸업반 학생일 뿐만 아니라, 캠퍼스 토론 동아리에서도 활발히 활동하고 있다는 사실이 그리 놀랍지 않았다. 줌을 통해 그녀와 나눈 대화는, 표현의 자유와 신경다양성이라는 두 주제를 함께 다룰 수 있었다는 점에서 특히 신선하게 다가왔다. 나는 그녀의 개인적인 이야기를 더 듣고 싶어졌다. 이런 비판적 사고의 감각은 원래부터 그녀 안에 있었던 걸까? 부모의 영향을 받은 것일까? 아니면 자폐적 특성과 관련이 있는 걸까?

"저는 앨라배마 시골에서 자랐어요."라는 말로 그녀는 이야기를 시작했다. "제가 살던 동네는 매우 보수적이면서도 인종적으로는 꽤 다양한 곳이었죠. 한동안 부모님 말고는 민주당 지지자를 본 적이 없었어요." 그녀는 어린 시절부터 부모님과 함께 정치 뉴스와 논평을 다루는 주중 저녁 프로그램인 〈레이첼 매도 쇼 The Rachel Maddow Show〉를 보던 것과, 초등학교 3학년 때부터 오바마케어 ObamaCare를 두고 반 친구들과 논쟁을 벌였던 일 등을 여전히 생생하게 기억한다고 했다. "어렸을 때부터 정치적인 주제로 말하는 것이 조심스러운 분위기였어요. 말하지 말라는 압박도 있었고요. 그래도 저는 제 생각을 굽히지 않았고, 동시에 다양한 생각을 가진 사람들과 조화롭게 지내는 법도 익혀야 했어요. 저희 부모님은 종교적이지 않았지만, 제가 살던 지역 사회는 매우 종교적이었거든요. 교회에 다니지 않는 아이는 저 혼자였어요." 그 경험은 그녀에게 깊은 영향을 주었고, 이후 삶의 기조를 형성하는 데 중요한 토대가 되었다.

그녀의 부모는 대학 교육을 받았지만, 지역 사회의 다른 부모들은 예를 들어 제철소에서 일하는 사람도 있었고, 대학에 다니지 않은 경우가 많았다. 이렇게 뚜렷한 대비 속에서 성장한 경험은 결국 그녀를 인간의 다양성에 대해 예리하게 관찰하는 사람으로 만들었다. "저는 앨라배마에 있는 예술 고등학교에 진학했는데, 보수적인 주에서 드물게 자유로운 분위기를 지닌 곳이었어요. 하지만 표현의 자유에 대한 제 관심이 어디에서 비롯된 것인지는 아직도 정확히는 잘 모르겠어요."

그녀는 학교가 지루하게만 느껴졌다. 지역의 공립학교들은 재정 지원이 부족했고, 질 높은 교육을 제공하지 못했다. 그녀의 부모는 경제적으로 여유가 없어 사립학교에 보내거나 이사를 갈 형편이 아니었다. 열네 살 무렵, 부모님의 이혼으로 혼란을 겪었지만, 어머니의 재혼 이후 새아버지 덕분에 생활은 점차 안정되어 갔다. 그녀와 오빠는 더 좋은 교육 환경을 갖춘 지역의 학교로 전학하게 되었다. 그녀는 새로운 동네로 이사하고 나서야, 자신이 원래 살았던 곳이 전형적인 미국 사회를 대표하지 않는다는 것을 깨달았다. 그녀는 "고등학교 초반까지는 미국 인구의 절반이 흑인인 줄 알았어요."라고 말했다. 새로 이사한 '부유한 교외 지역'은 눈에 띄게 백인 중심이었고 분위기도 확연히 달랐다. 하지만 인종이나 계층은 달라도, 이전 동네와 새 동네 모두 정치적으로는 보수적인 성향을 보이고 있었다. 그 이야기를 듣는 동안, 나는 연신 고개를 끄덕였다. 나 역시 다양한 인종이 뒤섞인 지역에서 자라며 그것이 미국 사회의 보편적인 모습이라고 믿었기 때문이다. 신경다양성 때문에 미묘한 담론에 대해 이단적인 성향을 갖게 된 건지, 혹은 정치적·경제적 다양성이 공존하는 환경에서 자란 독특한 성장 배경 때문에 의견 불일치와 대화가 편하게 느껴지는 건지는 그녀도 알 수 없다고 했다.

"대학 토론 동아리에 들어간 게 진짜 제 인생에서 잘한 일 중 하나예요."라고 그녀는 주저 없이 말했다. "이걸 쉽게 설명하자면, 별난 주제에 대해 이야기하는 걸 좋아하는 사람들이 모여 금요일마다 크리켓부터 중간고사, 시에 이르기까지 다양한 주제로 짧은 연설이나 발표를 하는 모임이에요."

독특한 성향의 학생들만 모여 있었던 버지니아 대학교의 토론 동아리 친구들은 지금까지도 그녀의 주요한 인간관계를 이루고 있다. 이 우정은 시간이 흘러 새로운 도시 워싱턴 D.C.에서도 변함없이 이어지고 있다. "그 동아리와 친구들은 사상적 다양성을 있는 그대로 존중하는 태도를 지녔어요."라고 그녀는 강조했다. "생각이 아주 다르더라도 친구로 남을 수 있다는 건 굉장히 의미 있는 일이고, 그런 관계 속에서 얻는 배움이 매우 큽니다."

엠마는 표현의 자유가 억압당하고 왜곡되는 참담한 현장을 보았지만, 동시에 그것이 진정으로 존중받고 사람들 사이에 자연스럽게 스며드는 풍경도 마주했다고 말했다. "저는 원래 친구를 잘 사귀지 못했어요. 대학에 들어갈 때까지 사실상 친구가 없었죠." 그녀는 예술 고등학교에 다녔지만, "그 이상한 학교에서도 제가 제일 이상한 아이였어요."라며 자신이 어울리지 못했다고 말했다. "저는 무언가에 대해 정말 열정적인 사람이고, 타고난 진지함이 있어요. 그런데 그런 성향은 특히 10대들 사이에선 유행하지 않죠. 그래서 무언가에 진심을 다하는 게 멋지게 받아들여지고, 자기 관심사를 파고든 뒤 45분 동안 발표하는 일이 장려되는 곳을 만났다는 건 제 인생에 있어 최고의 경험 중 하나였고, 지금도 너무나 고맙게 생각해요."

마지막으로 그녀는 오늘날 대학 내에서 벌어지는 검열 논란은 주로 잘못된 정책과, 검열에 지나치게 앞장서는 대학 행정으로부터 비롯된다고 말했다. 이는 지금까지 우리가 들었던 토론 코치나 동아리의 분위기와는 매우 대조적인 지점으로, 토론 문화와 비판적 사고가 우리 사회와 공동체의 건강을 위해 얼마나 중요한지를 다시 한번 보여 준다. "누가 들을까 봐, 말실수할까 봐 겁을 낸다면, 결국 그런 두려움이 생각 자체를 막아 버립니다."라고 그녀가 말했다.

대학 강의실이든, 심리상담실이든, 혹은 내 집 거실이든, 무엇을 말하고 어떻게 행동해야 할지를 엄격히 정해 주는 딱딱한 규칙이 주어지면, 우리는 어딘가 불편하고 어색한 감정을 느끼기 마련이다. 자기침묵 문화를 끝내기 위한 첫 걸음은 바로 그런 불편함을 스스로 점점 더 자각하는 데 있다. 검열이라는 이름 아래 침묵을 강요하기보다, 건강한 토론과 비판적 사고, 그리고 공감하는 대화가 자랄 수 있는 토대를 마련해야 한다.

문화 전쟁에 참여하기보다는 일상의 삶을 우선시하는 이들도 적지 않다. 일상생활의 현장에는 남을 배려하고 사려 깊은 사람들이 수없이 많지만, 그들은 별로 중요하지 않은 주제에 몰두하거나 분석할 시간적 여유가 없다. 교사, 사서, 부모, 스포츠 코치 등 수많은 사람들이 가족과 이웃과 함께 삶을 살아가며, 일상의 어려움을 견디고, 저녁 식탁이나 직장의 휴게실에서 균형 잡힌 대화를 나누고 있다.

우리가 정치, 미디어, 비판적 사고, 토론과 더 건강한 관계를 맺도록 돕는 이들이 있다. 저명한 사상가, 작가, 언론인들이 하나의 '집단'이라기보다는, 의견 차이를 즐겁고 건강하며 생산적인 것으로 인식하게 돕는 하나의 흐름처럼 모이기 시작했다. 때로는 논란의 대상이 되기도 하지만, 언허드* [103]와 콤팩트** [104] 같은 소규모 매체는 좌·우 진영의 경직된 사고에 도전하며, 사라 하이더 Sarah Haider [105], 에렉 스미스 Erec Smith [106], 시나 메이슨 Sheena Mason [107] 같은 작가들은 비판적 사고 관점에서 미묘한 주제들을 다루는 서브스택***을 운영하고 있다. 이러한 매체들은 이제 사람들이 더 이상 두려움에 갇히지 않고 솔직한 목소리를 낼 수 있는 공간이 되었고, 건강한 대화와 토론이 살아 숨 쉬는 장이 되었다. 삶의 다양한 영역에서 관점의 다양성이 확장될수록 우리는 단지 의견 차이를 더 잘 용인하는 데 그치지 않고, 건강한 긴장을 통해 서로 더 깊이 연결되고, 보여주기식 태도를 버리며, 진정한 호기심에서 비롯된 대화를 나눌 수 있게 된다.

---

* UnHerd, 다양한 시각을 다루는 영국의 온라인 독립 매체.
** Compact, 위와 비슷한 성격의 미국의 독립 매체.
*** Substacks, 이메일 뉴스레터 기반의 글쓰기·구독 플랫폼.

우리가 지닌
깊이를 품으며

 이 책을 쓰면서 자기침묵과 표현의 자유에 대해 깊이 생각하던 중, 마음 속 어딘가 어긋남을 느꼈다. 자유와 독립적 사고는 분명 내 마음속 깊이 자리한 가치였지만, 가족과 우정도 그에 못지않게 소중했다. 사랑과 진정한 소속감도 분명히 이 퍼즐 속에 자리 잡고 있다는 건 알지만, 어떤 식으로 자리 잡고 있는지는 확실치 않았다.

 자기 자신이 소중하듯, 우리가 마음으로 맺는 관계 또한 그만큼 소중하고 신성하다. 연인이든, 가장 가까운 친구든, 반려동물이든 마찬가지다. 만약 우리가 자기 능력만 키우고, 그것을 누군가와 나누는 법을 배우지 못한다면, 또 갈등을 함께 넘는 아름다움을 느끼지 못한다면, 우리는 어딘가 불완전한 채로 남게 된다. 너무 단호하게 들릴 수도 있으나, 나는 정말 그렇게 생각한다. 물론 혼자서도 완전해질 수는 있다. 하지만 인간은 스스로 상처 입는 걸 허용하고, 직접 부딪혀 보고, 관계에서 오는 진짜 어려움을 겪어야 한다. 이것은 실제 삶 속에서 직접 만나는 사람들과의 갈등이어야 하며, SNS 같은 가상의 세계와는 다르다.

이 책은 사랑이나 관계, 혹은 상처에 관한 이야기가 아니다. 이 책은 수많은 사람들 사이에서 '나 자신'으로 서는 법에 관한 것이다. 하지만 그 '나'가 늘 군중에서 떨어져 있어야 한다는 의미는 아니다. 우리 인간의 궁극적인 목표는 개인으로서뿐만 아니라 공동체의 일원으로서도 완전하게 성장하는 데 있다. 그것이 두 사람뿐인 작은 공동체든, 수천 명이 모인 큰 공동체든 마찬가지다.

그래서 나는 친구, 연인, 동료, 이웃 사이에 무슨 일이 일어나고 있는지 좀 더 깊이 알고 싶었다. 소셜 미디어가 우리를 돌이킬 수 없을 만큼 고립시키고 있는 걸까? 분열이 심하다는 인식이 우리가 편안하게 소통하는 걸 방해하는 걸까? 아니면 긴장이 고조되었다는 느낌 자체가 소셜 미디어가 만든 착시일까?

내 경험과 관찰로는, 수용할 수 있는 범위가 점점 좁아지고 있다. 작은 실수도 관계 단절의 이유가 되고, 그로 인해 친밀한 관계와 사회적 네트워크가 축소되고 있다. 진정한 신뢰는 극소수에게만 허락된다. 우리는 점점 '좋아요'와 '공유' 수를 기준으로 자신을 평가하면서, 자기 인식에 부정적인 영향을 받고 있다. 온라인 관계에서 용서가 진화할 필요가 있지만, 그것은 현실의 오프라인 삶에서 자신과 타인을 용서하는 태도로도 이어져야 한다. 그러나 용서는 현실을 직시하고 인간 본성을 있는 그대로 받아들이며, 진정성 있게 살아가는 데서 시작된다.

우정과 진정성

2023년 출간된 《불일치의 철학에 관한 라우트리지 핸드북 Routledge Handbook of Philosophy of Disagreement》에서 세바스티안 비숍Sebastien Bishop과 로버트 마크 심슨Robert Mark Simpson은 철학자 존 로크John Locke의 사상을 인용하며 다음과 같은 글을 남겼다. "사람들이 각자의 윤리적 신념을 갖도록 내버려두면, 주권자의 평화 유지 능력이 약해지는 게 아니라, 오히려 더욱 견고한 통합이 이루어진다."[108] 그렇기에 우리는 서로의 차이를 받아들이고, 어쩌면 즐기면서, 일상을 계속 살아가는 능력을 키워야 한다. "의견 불일치는 원칙적으로 위험하지만, 각자가 자신의 신념을 유지하도록 허용하고,

차이를 마주한 상황에서도 연대를 길러내는 관용의 정신을 기를 때, 우리는 모두가 적이 되는 전쟁 속에서도 평화를 이룰 수 있다."라고 그들은 주장한다.

철학자 로크^{Locke}가 의견 불일치의 건강한 역할에 대해 신중한 낙관론을 펼쳤다면, 존 스튜어트 밀$^{John Stuart Mill}$은 의견 불일치의 생산성을 보다 적극적으로 받아들였다. 그는 의견 불일치가 사회를 건강하게 만들 뿐 아니라, 개인이 생각을 다듬고 자기 방식의 삶을 찾아가는 데 핵심적인 역할을 한다고 믿었다. 밀의 사상을 인용하며, 비숍과 심슨은 이렇게 썼다. "우리는 생각과 삶의 방식 모두에서 의견 불일치와 다양성을 마주하는 환경이 필요하다. 그래야만 획일성에 저항하며 각자의 방식대로 살아갈 수 있는 영감을 얻게 된다." 개별성^{individuality}은 밀의 인간 행복과 번영에 대한 관점에서 핵심적 요소였으며, 그는 의견 불일치가 중요한 '창조적 잠재력'을 지닌 것으로 보았다.

밀은 자유로운 발언을 보장함으로써, 사회가 지적으로 정체되지 않고 활기를 유지할 수 있다고 보았다. 그의 표현을 빌리면, "지적인 논쟁과 다양한 생각이 끊이지 않는 사회에서는, 독선적인 사고방식이 자리 잡기 어렵다. 바로 그 지적 혼란 속에서 우리는 정신적 활기를 지킬 수 있다." 나 역시 표현의 자유는 우정, 교실, 더 나아가 사회 전반에서 관계의 생명력을 유지하는 데에도 중요한 역할을 한다고 본다. 다양한 생각을 용납하고 포용하는 힘이 결여된 사회는 결국 인간관계의 깊이와 질에도 부정적인 영향을 미친다. 의견 불일치와 논쟁으로 인한 마찰이 없다면, 우리의 관계는 쉽게 생동감을 잃는다.

서로 다른 배경을 가진 사람들이 한자리에 모일 때, '지적 향연'이라 부를 만한 매혹적인 파티가 펼쳐진다. 하지만 요즘에는 그런 순간을 마주하기가 점점 더 어려워졌고, 많은 사람들이 그 상실을 안타까워한다. 이는 일상은 물론, 대학 캠퍼스나 온라인에서도 마찬가지다. 우리는 이러한 토론의 활력을 반드시 지켜내야 한다. 특히 가까운 친구들과의 관계 속에서 더 노력해야 한다. 그렇다면 어떻게 해야 할까? 어떻게 해야 서로의 차이를 불편해하지 않고 받아들이고, 함께하며, 마침내는 사랑하게 될 수 있을까?

법학 교수 캐슬린 하이디 Kathleen Hidy는 자신의 논문인 〈말의 신들: 소셜 미디어 시대의 표현의 자유, 검열, 그리고 캔슬 컬처 The Speech Gods: Freedom of Speech, Censorship, and Cancel Culture in the Age of Social Media 〉에서 이렇게 말한다. "자유롭고 민주적인 사회에서는 생각의 다양성이 이성적인 대화와 토론, 이견 제시의 자유를 통해 뒷받침된다."[109] 그런 자리에 우리가 진심으로 참여하려면, 정말로 필요한 건 상대를 듣는 귀다. 단지 듣는 척이 아니라, 그 사람의 목소리를 온전히 받아들이는 자세이다. 알다시피 '능동적 경청'이라는 느린 과정은 우정, 사회, 그리고 지속적인 사회 변화에 필수적이다. 능동적 경청은 남의 말에 주의를 기울이고, 상호작용하고, 잘 듣는 매우 적극적인 방식을 의미한다. 그 안에는 몸짓과 표정 같은 비언어적 신호에 집중하기, 중간에 말을 끊지 않기, 그리고 다음에 무슨 말을 할지 미리 생각하지 않기가 포함된다. 또한, 상대방의 말을 되풀이하며 정확성을 확인하고, 시간을 들여 신중하게 반응하는 태도도 요구된다. 이런 방식은 빠르게 오가는 오늘날의 커뮤니케이션 방식과는 거리가 멀기 때문에 쉽지는 않지만, 사람 간의 더 깊은 이해로 이어진다.

능동적 경청을 통해 생겨나는 이해는 공격적이거나 편협한 반응과는 달리, 서로 반대되는 것처럼 보이는 입장들 사이에 다리를 놓을 수 있는 가능성을 지닌다. 이런 방식은 의견 충돌이 일어나는 일회성 상황에서도 충분히 유용하지만, 지속적인 관계 속에서 이런 관심과 열린 마음을 유지한다면 훨씬 더 깊고 강한 유대감을 가질 수 있다. 예를 들어, 저명한 자유주의 성향의 작가이자 교수인 코넬 웨스트 Cornel West는 보수 성향의 프린스턴 대학교 교수인 로버트 P. 조지 Robert P. George와 오랜 친분을 유지해 오고 있다. 두 사람은 언론 인터뷰 중 포옹을 하거나 농담을 주고받는 모습이 자주 포착되며, 그들의 우정은 이념적 차이를 넘어서도 진정성과 존중을 유지할 수 있는 관계의 모범적 사례로 자주 인용되곤 한다. 심지어 두 사람은 함께 작성한 청원문을 통해 수백 명의 교수들의 서명을 이끌어 냈으며, 그 내용은 다음의 공동 성명서 〈진리 추구, 민주주의, 사상과 표현의 자유 Truth Seeking, Democracy, and Freedom of Thought and Expression〉에 담겨 있다.[110]

지식의 추구와 자유롭고 민주적인 사회의 유지는 지적 겸손, 열린 마음, 그리고 무엇보다 진리를 향한 사랑이라는 미덕의 함양과 실천을 필요로 한다. 이러한 미덕은 자신의 신념에 도전하고, 자신과 다른 관점이나 주장을 지닌 지성인들의 말을 주의 깊고 존중하는 태도로 경청하려는 의지 속에서 드러나며 더욱 강화된다.

그래서 우리 모두는 자신의 견해에 도전하는 사람들과도 존중을 바탕으로 소통하려는 노력이 필요하다. 또한 우리는 의견 차이를 이유로 상대를 침묵시키려는 모든 시도에 반대해야 한다. 특히 대학과 대학교 캠퍼스에서는 더욱 그러하다. 존 스튜어트 밀이 가르쳤듯, 우리가 틀렸을 가능성을 인지하는 것은, 동의하지 않는 관점뿐 아니라 때로는 충격적이거나 불쾌하게 느껴지는 관점까지도 진심으로 경청하고 깊이 고민해야 하는 충분한 이유가 된다. 더 나아가 밀이 지적했듯이, 설령 어떤 논쟁에서 우리가 옳을지라도, 반대 의견을 가진 사람들과 진지하고 존중하는 태도로 교류할 때, 진리에 대한 이해가 깊어지고 그것을 옹호하는 능력도 날카로워질 것이다.

그 누구도 절대적으로 옳을 수는 없다. 당신이 좌파든 우파든 중도든, 당신과 다르게 생각하면서도 합리적이고 선한 의도를 지닌 사람들이 있다. 그렇다고 해서 모든 의견이 동일하게 옳다는 뜻은 아니다. 마찬가지로, 모든 말이 다 귀 기울일 가치가 있다는 것도 아니다. 진리를 발견할 수 없다는 의미도 아니다. 물론 당신이 반드시 틀렸다는 의미도 아니다. 하지만 그들이 틀렸다고 단정할 수는 없다. 자신의 생각에 도취되어 우상처럼 숭배하며 그것을 진리보다 위에 두지 않은 사람이라면, 세상을 다르게 보는 사람들과 기꺼이 대화하려 할 것이다. 왜냐하면 그들이 어떤 논리와 증거, 삶의 경험을 통해 지금의 관점에 이르렀는지 알고 싶기 때문이다.

우리 모두는 진리를 추구하는 담론, 즉 이유를 제시하고, 증거를 모으고, 논리를 구성하는 방식으로 대화하려는 사람이라면 누구와도 기꺼이, 심지어 열정적으로 소통에 나설 수 있어야 한다. 논의 주제가 중요할수록, 그리고 그 대화 상대가 우리의 깊이 뿌리내린 신념, 정체성의 일부인 믿음에 도전할수록 더욱 그래야 한다.

최근 사회에서는 특정 집단 내에서 지배적인 의견에 대한 비판을 원천적으로 차단하려는 경향이 빈번하게 나타난다. 이는 반대 입장을 표명하는 이들의 동기를 문제 삼고 그들을 낙인찍는 방식, 발표 중 방해 행위, 혹은 학문 공간에서의 배제 요구나 이미 이루어진 초청을 철회하라는 압박으로 나타나곤 한다. 때때로 학생들과 교수들은 자신들의 가치관에 반하는 의견을 가진 연사에게 등을 돌리거나, 아예 자리를 박차고 나가 버린다. 물론 캠퍼스를 포함한 모든 장소에서 평화적인 시위는 언제나 보장되어야 할 권리다. 그러나 그에 앞서 우리 각자는 자문해 보아야 한다. 내가 동의하지 않는 연사의 말이라도 경청하고 배워 보려는 자세가 더 낫지 않은가? 진실을 향한 길에 있어, 오히려 그와의 솔직하고도 품격 있는 대화가 더 큰 도움이 되는 건 아닌가?

우리가 서로 다른 생각을 가진 이들의 말에 귀를 기울이고, 특히 중요한 문제에 대해 존중하는 마음으로 대화를 나눌 수 있을 때, 사람들은 마음을 열고 자신의 생각을 자유롭게 표현하게 된다. 주류에서 벗어난 입장도 진지하게 검토되며, 고정관념을 뒤흔드는 논의도 가능해진다. 이러한 분위기는 학문 공동체를 건강하게 만들고, 민주주의가 제대로 작동하게 하는 힘이 된다. 독선과 집단사고는 이러한 열린 태도 속에서 비로소 설 자리를 잃게 된다.

또 다른 공동 미디어 대담에서 스탠퍼드 대학교의 프랜시스 후쿠야마Francis Fukuyama 교수 등과 대화하던 중에 웨스트는 이렇게 말했다. "다양성, 포용성, 형평성과 같은 말들이 관료적 수사로 반복되지만, 정작 이 계층은 평범한 사람들의 삶과 존엄을 존중하지 않습니다. 이른바 전문-관리 계급이 주장하는 다문화주의는, 실상 제국을 더 다채롭고 세련되게 꾸며주는 장식에 불과합니다. 계급 위계는 여전히 유지되고, 오히려 그 격차는 더 정교하게 감춰집니다. 결국 소외되는 이들은 그대로고, 존엄성은 제도 밖으로 밀려납니다."[111]

쓰웨이 청Siwei Cheng과 위 시에Yu Xie가 약 5,000명의 미국 고등학생을 대상으로 조사한 연구[112]에 따르면, "학교가 클수록 인종별로 나뉘는 현상이 더 심해지고, 다른 인종 친구를 사귀는 일이 줄어든다." 즉, 학교 규모가 클수록 인종 간 집단 분리가 더 뚜렷하게 나타나는 경향이 있다. 비슷한 결과가 다른 연구들에서도 나타난다. 이는 작은 규모의 다양한 집단과 공동체가 중요한 역할을 하며, 다양한 사람들과 깊이 만나 교류하는 경험이 스스로 분리되는 경향을 줄이고 진짜 우정을 만드는 데 도움을 준다는 뜻이다. 다시 말해, 어릴 때부터 다양한 사람들과 만나 익숙해지는 경험이 필요하다. 그래야 고등학교 시절뿐 아니라 이후에도 낯선 사람을 '타자'로 멀리하지 않게 된다.

교육학 및 사회과학 분야의 국제 학술지 〈고등교육 연구 Research in Higher Education〉에 게재된 영 킴Young Kim 외 연구[113]에 따르면, "인종 간 우정은 다른 인종이나 민족에 대한 긍정적인 감정 형성, 편견 감소 그리고 다양한 정보 획득과 같은 여러 긍정적인 효과를 가져온다." 하지만 연구진은 "2004년 당시, 중요한 이야기를 나눌 수 있는 타 인종 친구가 있다고 응답한 미국 성인은 겨우 15%였다. 성인이 되기 전까지, 특히 대학 입학 전까지의 주거지나 학교가 인종별로 나뉘는 현상이 서로 다른 인종 간에 우정이 형성하는 데 큰 걸림돌이 된다."라고 덧붙인다. 연구진은 다음과 같이 결론짓는다. "대학 시기의 인종 간 우정은 고등학교 시기의 인종 간 우정에 직접적인 영향을 받으며, 이는 다시 고등학교의 인종 구성 다양성에 의해 좌우된다. 물론 친구 관계에는 개인적인 선택의 요소가 항상 존재하지만, 본 연구는 우정이 단순히 개인적 선호에 따라 형성되는 것이 아니라는 점을 시사한다. 대학 및 대학 이전의 다양한 사회적 환경이 우정의 형성에 영향을 준다." 즉, 다른 인종과의 접촉은 빠를수록 좋다는 뜻으로, 이는 우리가 거주지를 선택하거나 자녀의 학교를 정할 때, 해당 결정이 궁극적으로 우리 자신과 가족의 사회적 관계망과 다양성에 대한 수용의 폭에도 영향을 미칠 수 있다는 점을 시사한다.

사회과학 분야의 학술지인 〈사회적 이슈 연구 저널Journal of Social Issues〉에 실린 캐나다와 미국의 저명한 사회과학자들의 연구[114]에 따르면, 인종 차별 때문에 거절당하는 일이 끊임없이 예상되는 삶은 만성 스트레스를 유발하지만, 인종 간 우정을 쌓으면 이러한 스트레스가 완화된다. 연구진은 이와 관련해, 다양한 인종의 친구를 가진 사람일수록 인종 간 상호작용 상황에 익숙하며, 이러한 환경에서 필요한 사회적 기술을 더 잘 갖추고 있다고 설명한다. 이처럼 서로에 대한 편안함과 익숙함, 그리고 긍정적인 경험이 쌓이면, 인종이나 집단 간 관계에서 생길 수 있는 거리감이나 망설임을 줄이는 데 큰 도움이 된다. 연구 결과에 따르면, 평소 타 인종과의 우정에 익숙한 사람일수록 인종 간 갈등을 겪었을 때 타 인종 친구에게 도움과 위로를 구하는 경향이 있다고 한다. 이는 향후 인종 간 상황에서 발생할 수 있는 갈등을 완화하는 데 효과적인 대처 전략이 될 수 있다. 다시 말해, 타 인종 친구를 사귀면 인종 간 관계에 대해 긍정적인 인식을 갖게 되고, 이는 더 큰 친밀감과 신뢰 형성으로 이어진다. 만약 삶의 다른 영역에서 인종 간 갈등이 발생하더라도, 그들은 이미 그런 우정을 경험해 본 덕분에 다른 인종의 친구들에게 도움을 구할 수 있으며, 그 경험은 갈등의 부정적인 영향을 줄이는 데 큰 도움이 된다.

이들의 연구 범위는 단순했다. 인종 간 상황에서 위험 혹은 거절과 같은 부정적인 경험을 예상하는 사람들은 인종 간 관계나 우정을 힘들고 어려운 것으로 생각할 수 있다. 반면에, 이미 인종 간 상황에 익숙하고 경험이 있는 사람들은 그런 환경을 잘 헤쳐 나갈 준비가 되었다고 느낀다. 연구진은 다음과 같이 서술한다. "정의에 따르면, 인종을 넘나드는 우정은 본질적으로 친밀하고 협력적인 인종 간 상호작용을 포함하며, 이런 상호작용이 반복될수록 타 집단 사람들에게서 인종 차별적 거절을 연상하는 학습 효과가 사라질 것이다. 전체적으로 볼 때, 연구 결과는 인종을 넘나드는 우정이 타 집단 구성원에 대해 부정적인 예상을 하는 사람들에게 특히 유익하다는 것을 시사한다."

놀랍게도, 그들은 연구 결과를 다음과 같이 요약했다.

이번 연구는 인종 간 상호작용에 대해 쉽게 불안을 느끼는 사람들이 타 인종 친구들의 사회적 지지 같은 대처 자원이 부족할 때, 만성적인 스트레스 부담(즉, 스트레스 증상)을 더 많이 보인다는 사실을 밝혀낸 최초의 연구이다. 급성 스트레스에 대한 기존 연구와 마찬가지로, 본 연구 결과 또한 인종의 경계를 넘는 밀접한 관계의 힘을 보여 준다. 인종 간 상황에서 스트레스를 쉽게 경험하던 연구 참여자들은, 실험실 환경에서 인종이 다른 친구를 사귄 이후 일상적으로 겪던 심리적 및 신체적 증상이 완화되는 양상을 보였다. 전반적으로, 본 연구는 인종 간 맥락에서의 스트레스와 그에 대한 대처와 관련된 심리사회적 요인들이 일상적인 심리적 및 신체적 증상에 정교한 방식으로 영향을 미친다는 것을 보여 준다. 다양한 사회에서 인종 차별적 거절을 겪을 가능성이 만성적이고 통제 불가능한 특징을 지니므로, 일부 개인은 다양한 상황을 스트레스로 해석하게 될 수 있다. 다만, 이러한 해석은 해당 개인이 스트레스에 대처할 수 있는 자원이 부족할 때에만 나타난다. 우리는 인종 간 우정을 다양성이 생리적 번영으로 이어지는 경로로서 제시한다.

이 연구가 우리 사회와 개인에게 시사하는 바는, 서로 다른 배경을 지닌 사람들 간의 우정이 오히려 상대에 대한 이해를 깊게 하고 스트레스를 덜 느끼게 해 준다는 점이다. 도움을 요청할 수 있는 사람이 곁에 있다는 확신은 스트레스 유발 상황에서도 신체적으로 더 안정된 반응을 이끌어 낸다. 즉, 나와는 다른 사람들과의 연결은 건강에 긍정적인 영향을 미친다. 세상 속에서 보다 진솔한 모습으로 나서고, 자신을 억누르는 태도를 줄이며, 다양한 관점과 차이에 익숙해지려 할수록, 어떤 사람들과 자신을 둘러싸느냐를 의식적으로 선택하는 일이 얼마나 중요한지를 알게 된다. 그러한 선택은 삶의 질은 물론 전반적인 건강에도 깊은 영향을 미칠 수 있다.

사랑할 때도, 싸울 때도

나는 오늘날의 양극화를 종종 갈등이 심한 부부 관계에 비유하곤 한다. 부부 중 한 사람이 상대보다 낮은 지위 때문에 소외감을 느끼고, 경제적 능력도 부족하다고 상상해 보자. 그러다 그 소외된 배우자가 마침내 교육을 받고 고소득 직업을 얻게 되면서, 지식과 자원에 새롭게 접근할 수 있게 되고, 이로 인해 자신감을 얻는다. 이제 문제는 두 사람이 이 지위 변화와 정체성의 전환을 어떻게 받아들이냐는 것이다. 연구에 따르면, 처음에 수입이 더 낮았던 배우자는 시간이 흐르면서 무력감과 수치심을 쌓아 왔을 가능성이 크다.[115] 따라서 권력의 균형이 갑작스럽게 맞춰지면, 누가 결정을 내릴지, 재정 문제를 어떻게 소통할지, 그리고 그 밖의 여러 문제에 대해 새로운 규칙을 협상해야 하는 상황이 벌어진다.

  이 이야기를 더 넓은 무대로 옮겨 보자. 소외된 집단들이 평등과 권력을 추구한다는 점을 고려하면, 우리는 이 같은 흐름이 전 세계적으로 어떻게 전개되는지 살펴볼 필요가 있다. 예를 들어, X(구 트위터)의 강경 활동가들은 변화를 요구하며, 나는 그들의 열정적인 정신을 존중한다. 하지만 같은 공간 안에는 또 다른 목소리들이 있다. 이들은 다가오는 사회문화적, 정치적 파동을 세밀히 들여다보며, 그 미묘한 결을 천천히 짚어내는 철학적 방식을 택한다. 이 두 방식은 모두 소외된 입장에 있던 사람이 권력을 얻기 위해 취할 수 있는 선택지다. 하나는 급진적이고 빠르며 기존 질서를 허무는 접근이고, 다른 하나는 보다 사색적이고 점진적인 경로로, 지속 가능성이 높다는 평가를 받기도 한다.

  그러나 이 두 방식을 함께 수용할 수 있는 제3의 선택지가 있다. 나는 그것이 가능하다고 본다. 왜냐하면 두 접근이 추구하는 바가 다르기 때문이다. 급진적 활동은 당장의 문제를 해결하는 데 집중하고, 느리고 철학적인 접근은 보다 신중하고 세밀한 질문을 통해 변화의 기반을 다진다. 하나의 집단은 긴급한 과제를, 다른 집단은 장기적인 문제를 맡아 병행할 수만 있다면, 변화도 더 빠르고 효율적으로 일어날 수 있을 것이다.

그러나 이른바 문화 전쟁에서는 보다 신중하고 철학적인 성향을 지닌 사람들이 설 자리가 거의 없었다. 시각의 다양성이나 정치적 다양성, 혹은 공동체 내에서의 가치관 차이에 대한 교육이 충분히 이루어지지 않았기 때문이다. 세상은 결코 하나의 이야기나 단일한 '대표성'으로 설명되지 않는다.

생존 심리학

나는 우리가 진정한 친구, 공동체의 일원, 그리고 시민으로 살아가기 위해서는 현실을 똑바로 바라볼 줄 아는 감각이 필요하다고 생각한다. 이념에 빠져 있으면 다른 사람들과 인간적으로 관계를 맺기가 점점 더 어려워진다.

감정의 많은 부분은 아주 미묘하다. 그 미묘함을 이해하고 다루는 일은 참으로 어렵다. 당신은 화를 내며 격하게 반응하는 것이 더 편한가, 아니면 상처 준 이와 마주 앉아 그가 당신을 얼마나 슬프게 했는지 진심을 말하는 게 더 편한가? 대다수의 사람들에게는 분노가 더 쉬운 길이다. 분노는 충동적이고 절제되지 않으며, 순간적으로 마음을 풀어주는 듯하다. 그러나 그것은 감정을 숨기는 가면이다. 그 밑에 숨은 슬픔은 훨씬 더 무겁고, 마주하려면 더 큰 용기와 기술이 필요하다. 그리고 우리는 그런 능력이 부족하다. 디지털 세상은 이런 감정을 악화시킬 뿐이며, 아주 사소한 자극에도 투쟁-도피의 신경계 반응이 폭발해 거대한 전쟁이 벌어진다.

사람들이 흔히 취약성이라고 여기는 것, 특히 소셜 미디어에서 나타나는 분노와 격분의 문화가 사실은 진정한 취약성일 가능성은 적다. 대부분은 겉으로만 조금 긁어 볼 뿐, 더 어렵고 슬프며 취약한 본질에는 다가가지 못한다. 분노와 격분으로 인해 만들어진 이 거짓된 취약성, 내가 '가짜 깊이'라 부르는 이것이 캔슬 컬처를 일으키며, 온라인에서 공격적으로 반응할 때 일시적인 쾌감을 주는 이유다. 소셜 미디어에서 절제와 방향성을 잃은 대중의 충동은 참으로 심각한 문제다.

그러나 우리 모두가 보편적으로 공유하는 경험이 존재하므로, 이를 활용해 볼 수 있다. 이러한 경험은 격렬한 감정을 누그러뜨리며, 인간이 육체라는 한계에 갇혀 있다는 현실과 그로 인해 수반되는 것들, 즉 배고픔, 질병, 생존, 그리고 죽음 등을 인지하게끔 한다.

이와 관련하여 나는 생존 심리에 대해 궁금증을 품게 되었다. 생존 심리는 대개 야생에서 장시간 체류하는 생존가들의 경험에서 비롯된 현장 지식이다. 생존 심리학은 보통 야외의 극한 환경에서 살아남는 것에 관한 심리학이며, 사람들이 생존하는 데 도움이 되는 내적 전략, 마음가짐, 사고방식 등을 포함한다. 이 소규모 연구 영역을 또 다른 방식으로 바라본다면, 그것은 '체화embodiment'에 관한 연구라고 할 수 있다. 이 세상에서 몸이 지닌 궁극적 목표를 진정으로 포착하는 한 단어는 결국 '생존'이다. 극한 환경에서의 생존 방식을 연구하는 것은, 개인이 일상생활을 포함한 모든 상황에서 현실에 더 잘 대처할 수 있는 방법을 탐구하는 데 도움을 준다. 심리학자 캐시 맥마흔Kathy McMahon과 작가 로렌스 곤잘레스Laurence Gonzales는 생존에 필요한 환경 정보 수집, 위험한 상황에서 망설임과 혼란을 피하고 명료한 정신을 유지하는 것, 겸손함을 지키는 것, 자기 연민을 경계하는 것 등을 주제로 글을 쓴다.[116] 이 모든 것은 회복탄력성을 기르고 피해의식에 과도하게 사로잡히지 않는 방법과 놀랄 만큼 유사하다.

 맥마흔은 급박한 위기 상황에서 실제로 무엇을 해야 하는지를 설명하며, 이는 보다 넓은 삶의 상황에도 적용될 수 있다고 말한다. 또한 집단사고에 휘말린 때처럼 존재론적으로 위험한 상황에서도 살아남는 법을 강조한다. 그녀는 상황을 회피하지 않고 직면할 것, 침착함을 유지할 것, 유머를 간직할 것, 계획하고 조직하는 힘을 기를 것, 과감하게 행동할 것, 작은 성공도 기뻐할 것, 감사함을 느끼고, 삶의 여백을 즐기며, 희망을 잃지 않을 것, 그리고 무엇보다도, 두려움을 내려놓고 끝까지 포기하지 않는 태도를 강조한다.

이 말의 핵심은 의견이 충돌할 때 회피하지 말고 그 자리에서 효과적으로 대응하는 법을 익히라는 것이다. 마음의 중심을 지키고, 지혜롭게 사고하며, 현실에 발을 딛는 태도는 나를 지키기 위한 중요한 생존 방식이다. 숨을 깊게 쉬고, 내 몸의 감각에 의지하는 것도 큰 도움이 된다. 때로는 가슴에 손을 얹는 단순한 행위만으로도 위로를 얻을 수 있다. 누군가는 유머로 분위기를 누그러뜨리고, 또 누군가는 신중하게 생각하며 선택지를 정리하는 방식으로 위기에 대처한다. "우리에게는 A, B, C, 세 가지 선택지가 있어. 그중 하나부터 시작해 보자."라는 식이다. 맥마흔이 말하듯, 중요한 건 끝까지 포기하지 않는 마음이다. 가족과 함께 뒷마당에서 축구를 하거나 산책하면서 긴장을 푼 뒤, 다시 모여 크리스마스 계획을 이야기하는 것도 방법이 될 수 있다. 어느 쪽이든, 어려운 대화를 헤쳐 나가려면 지금 이 순간에 집중하고, 마음을 단단히 붙잡고, 다양한 가능성을 생각해 보고, 희망을 잃지 않는 말과 태도로 서로를 편안하게 해 주는 것이 필요하다. "우린 이겨 낼 거야!"라는 말은 그 자체로 긴박한 상황에서 마음속에 새겨둘 만한 유효한 주문이 될 수 있다.

이러한 조언은 심리학자 말린 위넬Marlene Winell이 종교적 극단주의로부터 벗어나기 위해 정리한 회복 단계들을 떠오르게 한다. 그녀가 제안한 구체적인 회복 단계는 다음과 같다.117

- ▶ 현실을 받아들이기
- ▶ 감정을 정리하고 중심 잡기
- ▶ 스스로 공부하고 알아보기
- ▶ 전문가나 주변에 도움 요청하기
- ▶ 나만의 삶을 다시 시작하기
- ▶ 새로운 흐름에 맞춰 가기
- ▶ 자신만의 리듬을 되찾기

집단사고의 틀에서 벗어나려면, 지금 이 순간과 자신의 몸에 깊이 집중하는 것이 필요하다. 이는 스스로에게 던진 질문들을 따라 용기 있게 걸어온 자신의 여정에서 비롯된 진짜 자신감을 지킨다는 뜻이다. 그 여정을 통해서 당신은 진정한 내면의 변화를 이루었고, 지금 이 순간에 그 변화가 외부의 시선과 반응에 의해 시험받고 있는 것이다. 현실을 직면하고, 중심을 잡고, 타인과 소통하며, 자기 삶을 살아가는 일은 모두 용기 있는 실존적 생존 행위이다.

일상적인 갈등과 생존 심리 모두 현실을 직면하고, 과감하게 움직이며, 희망을 지키는 데 헌신할 것을 요구한다. 전문가들에 따르면, 전쟁 포로였던 사람들에게는 극한 상황에서 '포기병give-up-itis, GUI'이라 불리는 상태가 위협으로 다가온다고 한다. 작가 카일 하윙턴Kyle Howington은 포기병을 사회적·행동적 위축, 눈에 띄는 무관심, 의지력과 감정 반응 및 결단력의 상실, 외부 자극에 대한 무반응, 심인성 사망 등으로 설명한다.118 하윙턴은 포기병에 대한 해독제는 '희망'이라고 말한다. 생존 위기를 겪을 때, 희망은 생명을 유지하는 데 절대적으로 필수적이다. 그는 이렇게 말한다. "예상치 못한 환경에 적응할 준비를 항상 갖추고, 희망을 유지하기 위한 효과적인 대응 전략을 개발할 수 있어야 한다." 이 모든 말은 실존적으로 생존하고 제자리를 지키기 위해 무엇이 필요한지, 그리고 비판적 사고를 통해 집단사고의 도전에 맞서기 위해 어떤 역량을 키워야 할지 일깨워 준다. 생존 기술을 연마할수록 감정적인 중심축이 강화되고, 자신에 대한 확신도 단단해져 위기에서도 흔들리지 않는 존재로 성장한다. 그 결과, 통찰력과 침착함, 그리고 지혜와 이성을 바탕으로 상황을 단단히 이끌어 가는 내면의 중심축이 만들어진다. 이처럼 뿌리를 내린 사람은 더 건강한 방식으로 타인과 연결될 수 있다.

소셜 미디어에 휩쓸려 분노를 폭발시키지 않으려면, 생존 상황에서 필요한 분별력과 자제력을 길러야 한다. 최근에는 금요일 해 질 무렵부터 토요일 해 질 무렵까지 하루 동안 기기를 끄는 '테크 안식일Tech Shabbat' 운동이 확산되고 있다.119 '언플러그 콜래버러티브The Unplug Collaborative'라는 단체는 '세계 디지털 디톡스의 날Global Day of Unplugging'을 조직하여 도시를 '전자 기기 없는 마을'로 바꾸는 활동을 돕는다.120 이 단체는 종이접기, 자전거 타기, 춤추기, 정리 정돈, 베이킹, 비눗방울 놀이 등 다양한 활동을 권장한다. 전자 기기 사용을 멈추고 놀이를 즐기며 '풀을 만지는' 경험은 우리로 하여금 실시간으로 타인과 관계 맺는 능력을 키우게 하고, 메시지 앱이나 소셜 미디어 '좋아요'가 주는 즉각적인 만족감 대신 인내심을 다시 배우게 한다. 인간다움에 대한 기억과 서로에 대한 존중이 쌓일수록, 우리는 자연스럽게 더 많은 인내와 관용을 실천하게 된다.

인간다움의 한 요소는 용서를 배우는 일이다. 용서는 현실을 직시하고 분별력과 정직함을 갖는 능력이며, 이는 생존에도 필수적이다. 우리가 처한 상황을 솔직하게 받아들이는 것이 용서의 출발점이다. 여러 연구에서 실수를 인정하고 받아들이는 것이 앞으로 나아가고 자신을 용서하는 데 매우 중요하다고 강조한다.[121] 현실을 직시하는 자세는 생존과 치유에 도움이 된다.

생존 심리학, 종교적 회복, 사이비 집단 탈출, 그리고 체화에는 하나의 공통된 흐름이 있다. 그것은 곧 '자기 몸으로 되돌아와 현실과 현재에 단단히 뿌리내리는 과정'이다. 이러한 과정을 통해 우리는 자신이 진정으로 무엇을 생각하는지, 어떤 관점과 판단을 갖고 있는지, 그리고 세상에 대해 무엇을 말하고 행동하고 싶은지를 다시 발견하게 된다. 즉, 자신의 생각을 알고 그것을 말하며 실천하는 일은, 집단사고라는 거대한 흐름 속에서 자신의 존재를 지켜 내는 방식이기도 하다.

서로 다른 목소리, 하나의 용서로 잇다

자비에르 보닐라Xavier Bonilla는 팬데믹 기간 동안 친구들과 동료들의 권유로 팟캐스트 〈한데 모이는 대화들Converging Dialogues〉을 시작했다. 그는 주말을 할애해 장비를 구입하고 다양한 관점을 가진 여러 사람들과 대화를 나누기 시작했다. 그는 "모든 사람과 이야기하며 다양한 시각을 듣고 싶었어요."라고 말했다. 양팔에 문신을 한, 느긋하면서도 날카로운 사고의 심리학자인 그는 어릴 때부터 사람들과 그들의 사고방식, 상호작용에 관심이 많았다고 한다. "저는 사람에 관심이 매우 많습니다." 게스트들과 의견 차이는 항상 있지만, 그럼에도 그는 변함없이 우호적인 태도를 유지한다.

제 인생에 가장 큰 영향을 준 기억 중 하나는 아버지의 고향인 엘살바도르를 처음 방문했을 때입니다. 내전이 막 끝난 직후였는데, 어렸던 저는 비행기를 타고 전혀 다른 세상에 온 것만 같아 그저 신기하기만 했습니다. 그곳은 극심한 가난과 전쟁의 상처가 여전히 남아 있는 어려운 상황이었지만, 그 경험은 제게 깊은 인상을 남겼습니다. 몇 년 후, 삼촌과 함께 미국 전역을 자동차로 여행하며 다양한 사람들을 만났습니다. 그때서야 사람들은 어디에 있든 본질적으로 다 똑같다는 것을 깨달았고, 항상 다양한 사람들과 함께하고 싶다는 마음을 품게 되었습니다.

나는 보니야에게 말했다. 이런 통찰은 누구에게나 주어지는 것이 아니라고. 단지 사람들과 연결되기를 바라는 마음이 아니라, 그가 어린 시절부터 다양한 차이를 자연스럽게 접했고, 그 경험을 기반으로 더 많은 호기심과 다양한 관점을 스스로 확장해 왔다는 점에서 특별하다고 느꼈다. 나 또한 이런 경험에 공감한다. 실제로 이질적인 관점에 열려 있는 사람들 중 상당수는, 어린 시절부터 차이를 접하며 그것을 하나의 기준처럼 체화한 경우가 많다. 보니야는 이 점을 겸손하게 넘겼지만, 나는 그에게 이것이 결코 보편적인 경험은 아니라는 사실을 덧붙였다.

그는 자신을 세속적 휴머니스트라고 소개하며, 그 세계관은 마치 '바닥이 없는 우물' 같다고 했다. 인간이 해를 끼치더라도 인간에게 끝없는 연민과 공감을 품을 수 있다는 뜻이다. "저는 어떤 형태로든 용서나 구원의 가능성을 굳게 믿습니다. 사람은 원래 복잡하고, 우리는 누구나 엉망이니까요."

나는 그에게 개인 상담을 주로 하는 심리학자로서, 최근 미디어 활동이 늘어난 것에 대해 어떤 기분인지 물었다. 그는 공개적으로 잘못된 말을 할까 봐, 혹은 누군가에게 '캔슬'당할까 봐 두려워하냐는 나의 질문에 이렇게 대답했다. "공개 석상에서 발언할 때 제가 하는 말에 대해 최대한 신중해야 할 책임감을 느낍니다. 가끔은 생각이 빗나갈 수도 있고 즉흥적으로 실수할 수도 있지만, 항상 내가 하는 말에 세심하게 주의를 기울이려 노력합니다."

신진 사상가들에게 어떤 조언을 해 주겠냐는 질문에 그

는 "두 가지 연관된 경험 원칙"을 소개했다. 첫 번째는 모든 일을 최대치로 몰아갈 필요는 없다는 것이다. 관심 있는 사안이 있더라도 항상 고도의 긴장 상태를 유지할 필요는 없다는 의미다. 두 번째는 그 문제에서 잠시 벗어나 하루 정도 쉬는 시간을 가지라는 것이다. "우리는 풍부한 삶의 경험을 쌓아야 하며, 하루 종일 특정 문제에만 몰두하지 말아야 합니다." 그는 자신을 균형 있게 해 주는 활동으로 테니스와 독서를 들었다. "모든 문제에는 하루나 일주일 단위로 '한계'를 두고, 그 외에는 다른 일에 집중하거나 현재 순간에 더 몰입해야 한다. 이런 습관이 자리 잡히면 사람들의 감정적인 반응도 훨씬 줄어들 것입니다."

"결국 중요한 것은 우리가 말과 행동에 책임을 지고, 스스로와 타인의 실수를 너그럽게 받아들이며, 타인의 인간성을 잊지 않는 것, 그리고 모든 일을 지나치게 심각하게 여기지 않는 것이라 생각합니다. 그렇게 하면 상황이 조금은 좋아질 수 있을 거예요."

휴대폰에서 벗어나 자신의 몸과 주변 현실에 다시 집중하는 것은 우리의 사고를 한층 더 선명하게 만든다. 이는 우리의 인식이 단순히 화면 속 글자가 아니라, 온몸으로 체험하는 실제 경험과 더 깊게 연결되어 있기 때문이다. 조용한 사색과 통찰을 소중히 여기는 내성적인 사색가에게는 글자에서 신체적 감각으로 주의를 전환하는 일이 때때로 어렵게 느껴질 수 있다. 그러나 비판적으로 사고하고 살아가는 여정을 계속하다 보면, 주변 세계에 밀착된 채 살아가는 것이야말로 진정한 지성의 길임을 깨닫게 된다. 산책, 운동, 스포츠, 여행, 차 한 잔처럼 '현실 세계'에서 휴식을 즐기는 것은 우리의 감각과 인식을 새롭게 재배열하며, 앞으로 나아갈 에너지를 불어넣는다.

웃음이 지닌 힘

사람이 감정적으로 상처를 입고도 다시 일어날 수 있는 비결은 무엇일까? 예를 들어, 누군가의 농담을 무심히 넘기며 일상을 살아갈 수 있다면, 그 배경에는 무엇이 있을까? 갑작스러운 타격에도 유머로 받아치며 자신감과 즐거움, 낙천성을 유지하게 해 주는 내 감정적 중심축은 어떤 세포들로 구성돼 있을까?

코미디는 단순한 웃음을 넘어, 과학의 영역이기도 하다. 유머의 신경학이라는 독특한 분야가 그것을 증명한다. 유머는 무엇이고, 웃음은 어떻게 생기는가? 우리의 뇌와 몸에서는 어떤 반응이 일어나는가? 이번 장에서는 이 내용을 간단히 살펴보려 하며, 궁극적으로는 여러분이 늘 짊어진 무거운 감정에서 벗어나 가벼움과 여유를 실제로 느낄 수 있게 되기를 바란다.

살아 있는 나를 마주하는 시간

파트 2에서 다룬 '죽음의 현저성 mortality salience'은 자신이 언젠가는 죽는 존재라는 사실에 대해 얼마나 민감하게 인지하는지를 의미한다. 그리고 나는 그것을 확장하여 '삶의 현저성 aliveness salience'이라는 개념을 제시했는데, 이는 자신이 살아 있음을, 그리고 하나의 고유한 존재임을 자각하는 것이다. 이 개념의 핵심은 현실과 정면으로 마주하는 것이다. 그러나 그에 못지않게 중요한 것은, 지금 내 앞에 놓인 모든 것을 바라보고, 그 진실을 인정하면서도 그것에 대해 웃을 수 있는 능력을 유지하는 것이다.

유머와 코미디는 우리에게 즐거움을 주며, 이는 삶의 생생함을 자각하게 해 준다. 즉, 재미와 유머, 살아 있다는 짜릿함, 그리고 자신만의 관점과 사고를 의식하는 '삶의 현저성'을 강화한다. 연구자들이 가상현실을 통해 '죽음의 현저성'을 측정하려는 반면,[122] 21세기의 코미디는 보다 구체적이고 실질적인 방식으로 살아 있음의 인식을 이끌어 낸다. 이는 가벼운 불쾌감부터 카타르시스적인 해방감, 타인의 감정 및 이야기와의 연결감, 그리고 방이나 극장 안에서 타인과 함께 살아 있다는 생생한 감각까지 다양한 감정에 대한 수용력을 측정하기 때문이다.

즉, 웃음은 우리 삶에 꼭 필요한 숨결이다. 코미디는 활력과 생동감을 선사한다. 하지만 요즘은 단순한 농담조차 웃으며 쉽게 받아들이지 못하는 분위기도 존재한다. 따라서 우리는 유머가 인간 및 문화·사회에 얼마나 치유적이고 건강한 힘이 되는지 이해할 필요가 있다.

신경학적 연구에 따르면, 유머는 사회적 유대감을 강화하는 동시에 불쾌한 감정을 보다 수용 가능한 방식으로 표현하도록 돕는 기능을 한다.[123] 아울러 유머는 내부에 쌓인 스트레스와 긴장을 해소하며, 생리적 균형을 유지하는 데도 기여한다.[124] 다른 이론에서는 유머가 배우자 선택에서 '적합성'을 나타내는 지표로 작용한다고 본다. 함께 웃는 모습을 상상해 보라. 그것은 공동체의 유대감을 강화하고, 웃음 속에서 일상의 이야기를 나누며 서로를 더 깊이 이해하게 한다. 긴장을 웃음으로 풀면 높은 긴장감이 도는 진지한 대화보다 민감한 주제도 부드럽게 받아들여지게 해준다. 웃음은 사람을 편안하게 만들며, 긴장된 상황에서도 센스를 발휘할 수 있는 사람은 매력적 파트너로 보인다.

웃음이 터지는 구조는 예상치 못한 두 현상이 맞물릴 때 만들어진다. 보스턴 칼리지의 제시카 블랙Jessica Black이 이 끄는 연구진은 신경과학 분야의 저명한 학술지인 〈네이처 리뷰 뉴로사이언스Nature Reviews Neuroscience〉를 통해 유머는 "기대, 관습, 사실 또는 의도가 예상 밖으로 깨지는 것"이라고 설명하며, 이런 충돌은 인지적 흥분을 일으키고, 모순이 해소됨과 동시에 재미를 느끼게 한다고 밝힌다.[125] 이 이론은 '부조화 탐지·해결 이론incongruity detection and resolution theory'으로 불린다. 요약하자면 다음과 같다. "유머는 아이디어를 전달하고, 이성에게 관심을 끌며, 기분을 좋아지게 하고, 트라우마와 스트레스를 견디는 데 도움을 준다. 이러한 유익한 효과는 생리적 수준에서도 보완되는데, 유머는 자연스러운 스트레스 억제제로 작용하여 심혈관, 면역 및 내분비 계통을 강화할 수 있다." 또한, 이 이론에서는 서로 다른 아이디어의 충돌이 흥분과 웃음을 불러오는 토양이 되며, 건강한 마찰이 단순히 허용되는 수준을 넘어 매력적인 요소가 될 수 있음을 시사한다.

블랙과 동료들의 연구는 정말 매력적이다. 그들은 '뒤셍 웃음Duchenne laughter'이라는 개념을 제안하는데, 이는 단순히 머리로 웃는 것이 아니라, 간지럼처럼 순간적인 자극이 만들어 내는 본능적인 웃음을 가리킨다. "뒤셍 웃음은 주로 안전한 사회적 환경 속에서 갑작스럽고 예기치 못한 변화가 일어날 때 발생한다."라고 그들은 설명한다. 간지럼을 느끼는 감각과 아이나 어른이 보이는 자유로운 웃음에는 연관성이 있는 것으로 보인다. 다윈Darwin은 유머를 '마음의 간지럼'이라고 했다. 실제로 많은 사람들이 예상하지 못한 생각들이 맞닥뜨리며 웃음을 자아내는 순간의 흥분은 마음의 간지럼과 닮아 있다. 이는 팟캐스트와 유튜브 등 독립 미디어에서 다양하고 반체제적인 관점을 가진 이들이 인기를 끄는 이유를 설명해 준다.

연구자 조셉 폴리메니Joseph Polimeni 와 제프리 리스Jeffrey Reiss에 따르면, 유머를 만들어 내고 인지하는 능력은 생물학적 과정이며, 유전적으로 기반한 신경학적 기초에 거의 확실히 의존하는 인지적 표현형 특성이다.[126] 그들은 유머가 진화적으로 적응된 능력이라고 덧붙인다. "우리가 아는 한, 유머를 모르는 문화는 없으며, 모든 건강한 개인은 분명한 유머 시도를 확실히 이해한다." 실제로, 최근 갤럽 월드 폴Gallup World Polls에 따르면, 사람들이 가장 자주 미소 짓고 웃는다고 평가받는 가장 행복한 나라 중에는 파라과이, 과테말라처럼 농촌 마을이 많고 빈곤율도 높은 국가들도 포함되어 있다.[127] 폴리메니와 리스는 웃음이 여러 면에서 생물학적 반사 작용이라고 말한다. 마치 눈의 각막이 자극을 받을 때 깜빡이는 반사를 일으키는 것처럼 말이다. 유머는 유대감을 형성하고 긴장된 상황에서 스트레스를 줄이며, 웃음이라는 즐거운 경험을 통해 긍정적인 사회적 관계를 강화한다. 유머는 또한 구애 과정의 핵심 요소이며, 일부 경우 면역력을 향상시키는 효과도 있다. 웃음은 엔도르핀을 분비시키고 코티솔 수치를 낮추며, 항감염 항체를 방출하고 혈압을 떨어뜨린다.

진화 과정에서 발달한 건강한 유머를 과도한 경계심과 두려움 상태로 몰아넣는 것은 위험한 현상이다. 이것은 개인의 일상을 관리하고 기능하는 데 도움을 주는 생물학적으로 내재된 인간 본능을 빼앗는 것이다. 코미디를 제한하는 것은 공동체와 사회가 서로 어울려 살아가는 데 필요한 힘마저 잃게 한다. 코미디는 일종의 비법 소스이자 마법의 묘약이지만, 우리 사회에서는 그 역할을 너무 왜곡해 버려서, 이제 사람들은 그것이 없이도 마치 중독된 것과 같은 상태가 되었다.

너무 쉽게 상처받을 때

2022년 〈로스앤젤레스 타임스〉에 실린 소나이아 켈리 Sonaiya Kelley의 기사는 다음과 같은 내용을 전한다. "사람들이 공개적으로 반대 의견을 표현할 수 있었던 이래로, 어떤 형태로든 캔슬 컬처는 존재해 왔다."[128] 그녀는 온라인에서 퍼지는 적대감과 끝없는 스크롤링 현상에 대해 우려를 표하며, "요즘 캔슬 컬처나 분노 문화는 그 자체로 사회적 중독이 될 수 있다."라고 말했다. 또한 코미디언 티파니 해디시Tiffany Haddish가 남긴 다음과 같은 말을 인용하기도 했다. "코미디언은 역사 속에서 사회의 문제점과 결함을 지적하며 변화를 촉진하는 역할을 해 왔지만, 그런 역할을 모두가 반기지는 않는다."

   1946년부터 1981년까지 미국에서는 스탠드업 코미디언들이 '외설적인 언행'을 이유로 체포되는 일이 종종 있었으며, 일부는 법정에서 해당 혐의가 인정되기도 했다. 코미디언 마티 웨인Marty Wayne은 1946년에 6개월간 수감되었고, 공연장 운영자들에게도 벌금이 부과되었다. 뉴스레터는 외설적인 발언 내용을 피하기 위해 이를 자세히 보도하지 않았지만, 코미디 역사학자 클리프 네스테로프Kliph Nesteroff는 아마도 발언의 내용이 '꽤 순한' 수준이었을 것이라고 언급했다.**129** 1960년대 초, 코미디언 레니 브루스Lenny Bruce는 샌프란시스코, LA, 시카고, 뉴욕 등지에서 외설 혐의로 다섯 차례 체포되었으며, 경찰과 지방 검사들이 그의 무대 발언을 기록하기 위해 잠입하기도 했다. 1970년대 초, 외설법은 거의 사라졌지만, 코미디언 리처드 프라이어Richard Pryor는 1974년에 '욕설 방지 규정' 위반으로 체포

되었다. 죄목은 무대에서 욕설 사용이었으나, 외설법이 없어 경찰은 '무질서 행위'로 기소했다. 이 사건에는 인종차별적인 요인도 작용했을 가능성이 크다. 1981년에는 코미디언 존 보울리^{John Bowley}와 존 윌슨^{John Wilson}은 공연 중 '방귀'에 대해 이야기했다는 이유로 최대 1년의 징역형 위기에 처하기도 했다. 공연을 본 한 16세 관객의 부모가 지역 당국에 항의 전화를 걸면서 일이 불거진 것이다.

1970년대에는 사회적 규범에 전략적으로 도전했던 코미디가 처음에는 큰 반발을 샀지만 결국 성공을 거둔 사례도 있다. 대표적인 예가 바로 시트콤 〈올 인 더 패밀리^{All in the Family}〉다. 이 프로그램은 노동자 계층 가족을 중심으로 당시 금기시되던 인종, 계급, 젠더 문제를 정면으로 다루며, 이후 방송과 후속 프로그램에서 국가적 담론을 이끌어냈다. 가족을 중심 소재로 한 이 시트콤은 방송계 내외에 큰 영향을 주었고, 〈제퍼슨 가족^{The Jeffersons}〉, 〈굿 타임즈^{Good Times}〉와 같은 후속 시트콤의 토대를 마련했다. 특히 주목할 점은 이 프로그램이 방송될 수 있었던 배경에 있다. 〈디 아틀란틱〉은 다음과 같이 평가했다. "〈올 인 더 패밀리〉가 단순한 방영에 그치지 않고 그토록 성공할 수 있었던 이유는 진보 성향의 제작자인 노먼 리어^{Norman Lear}와 이 프로그램 편성을 허락한 보수 성향의 CBS 사장 로버트 D. 우드^{Robert D.}

Wood라는 두 인물의 협업 덕분이다."[130]

　최근에도 코미디언을 둘러싸고 크고 작은 논란이 발생한다. 넷플릭스 스페셜 〈더 클로저The Closer〉에서 데이브 샤펠Dave Chappelle의 성소수자 혐오 발언은 넷플릭스 본사 앞 집단 항의와 거센 온라인 시위를 불러일으켰다.[131] 샤펠의 유머는 소수자 커뮤니티를 겨냥한 경우가 많아, 그의 표현이 과하다는 의견도 적잖이 존재한다. 하지만 넷플릭스는 그와의 계약을 유지하며 그의 새로운 스탠드업 스페셜을 계속 방영하고 있다. 반면, 덜 유명한 코미디언들은 작은 논란거리로도 실제로 완전히 '캔슬'되어 계약을 해지당하고 대중 활동에서 사라지곤 한다.

　'캔슬'당한 코미디언들에 관한 뉴스 보도도 주로 노골적인 발언으로 문제를 일으킨 대형 스타들에만 집중하는 경향이 있다. 막상 더 깊은 비판적 사고가 필요한 미묘한 농담들은 상대적으로 다뤄지지 않으며, 자세히 살펴보면 그 내용이 노골적인 증오나 인종차별이 아닐 수도 있다. 코미디계에서 '가장 논란이 적은' 코미디언 중 한 명으로 널리 인정받는 톰 파파Tom Papa는 이렇게 말한 바 있다. "실제로 어려움에 부딪히고 있는 사람들이 있고, 악의 없이도 지적받는 친구들도 있습니다. 이는 아주 현실적인 일입니다. 큰 사건뿐 아니라 여러분은 들어 보지도 못했을 사소한 일들도 포함됩니다."[132] 그는 '안전한' 코미디언이라는 평판에도 불구하고, 10년 전 했던 농담이 누군가의 문제 제기로 다시 불거지면서 게임쇼 진행자 자리에서 물러난 적이 있다.

'코미디'라는 이름으로 진짜 증오를 퍼뜨리는 것은 비난받아 마땅하다. 하지만 가장 예민하거나 극단적인 성향을 지닌 개개인의 반응에 맞추는 것도 바람직한 전략은 아니다. 〈미학과 예술 비평 저널 The Journal of Aesthetics and Art Criticism〉에서 필립 딘 Phillip Deen 은 다음과 같은 글을 남겼다. "그들이 도덕적 민감성의 기준을 제시할 수는 있지만, 그것이 절대적인 기준은 아니다. 도덕적으로 불쾌하다는 이유로 농담을 농담으로 받아들이지 못하는 관객은 그 농담을 미학적 또는 도덕적으로 판단하기에 적합하지 않다."[133] 그는 또한 이렇게 덧붙인다. "따로 면밀한 검토를 하는 게 아니라면, 농담이 웃음을 주는지 또는 도덕적으로 허용되는지를 결정하게 되는 것은 결국 가장 예민한 사람이다. 극단적인 소수에게 기준을 맡기게 되면 대부분은 좋은 결과를 낳지 못한다." 소수의 항의에 기준을 맞추는 건 오락의 본질적인 즐거움을 무미건조한 예술로 전락시킬 것과 다름없다. 모든 사람은 공연에 참석하거나 퇴장할 권리가 있으며, 불쾌해질 수 있는 가능성 또한 스스로 감수해야 할 몫이다. 표현의 자유는 물론이고, 웃음을 통해 기쁨을 나누고 공동체적인 유대를 쌓을 수 있는 경험은 너무나도 소중해서 함부로 포기해선 안 된다.

어느 시점에서 우리는 다음과 같은 자문을 해야 한다. 코미디가 우리에게 불쾌감을 줄 수 있다는 사실을 수용할 수 있는가? 그리고 그 불쾌감이 반드시 해악을 의미하는 것은 아니라는 점을 받아들일 수 있는가? 불쾌감을 느낀다고 해서 프로그램이 취소되어야 하는 것은 아니다. 동시에, 우리는 코미디가 역사적으로 사회적 병폐를 꼬집어 왔다는 점에 감사해야 하며, 그 내용이 불편하더라도 그 가치를 인정할 필요가 있다. 단 한 명의 재능 있는 이야기꾼이 무대에 올라 수백만 명의 관객 앞에서 경계를 넓히는 모습을 보여 주는 일은 드물다. 경계를 넓히는 것과 선을 넘는 것을 어떻게 구분할지에 대해서는 항상 논쟁의 여지가 있으며, 이는 민주주의와 표현의 자유가 지닌 고유한 미학이자 역동성이다. 하지만 대중이 감정에 쉽게 휘둘리고 비판적 사고가 결여될 때, 우리는 정작 우리가 무엇을 믿고 있는지조차 분간하기 어려워진다.

말하지 않던 진실을 말할 때

솔직히 말하자면 요즘은 어디서든 긴장이 느껴진다. 집에서도, 친구들과의 대화 속에서도 팽팽한 공기가 감돈다.

사람들은 스트레스를 받고 있고, 정치적 양극화는 사람들을 전반적으로 더욱 민감하게 만든다는 것이 연구를 통해 밝혀졌다.[134] 또한 우울증과 불안이 있는 사람들은 '유머 인식 능력'이 낮다는 연구 결과도 있다.[135] 이 문제에 대해 나는 오랫동안 곰곰이 생각해 왔다. 과연 무엇이 먼저였을까? 정치적 양극화가 우리 사회를 우울하게 만들었고, 그 여파로 우리는 점점 웃음을 잃어 가고 있는 걸까? 아니면 자유로운 표현을 스스로 억누르고 검열하는 문화가 오히려 우리를 더 깊이 분열시킨 것일까? 양극화와 자기침묵, 그리고 유머 감각의 저하는 서로 얽히며 외로움과 고립, 단절을 더욱 증폭시킨다. 그 결과 우리가 어쩌다가 농담 하나조차 조심스럽게 건네야 하고, 웃음으로 관계를 맺는 일마저도 꺼리게 되었는지조차 정확히 파악하기 어려워진다.

유머나 특정한 행동이 도를 넘었다고 여겨질지 아닐지는 결국 그것을 바라보는 사람이 누구인가에 달려 있다. 그리고 어느 시점에서는 세상의 모든 콘텐츠가 모두를 만족시킬 수는 없다는 사실을 받아들여야 한다. 사람마다 예민한 정도가 다르며, 무엇에 웃음을 터뜨리고 무엇에 불편함을 느끼는지는 천차만별이다. 하지만 웃음은 근본적으로 스트레스를 해소해 주는 수단이며, 그런 차원에서 바라보는 것이 필요하다. 만약 우리가 웃음을 하나의 치료약으로 간주한다면, 정말 그것에 화를 낼 수 있을까? 감기약이나 운동 보조제를 쳐다보며 화를 낼 수는 없지 않은가? 이러한 시각으로 유머에 접근한다면, 우리는 보다 관대한 태도를 지닐 수 있고, 결과적으로 코미디, 웃음 그리고 유머가 가져다주는 효과를 더 잘 활용할 수 있을 것이다. 타인과 가까워지는 느낌은 전체적인 기분과 행복감을 끌어올려 준다. 그렇기에 코미디, 웃음 그리고 유머는 우리 몸과 마음에 작용하는 강력한 치료제라 할 수 있다.

　나는 일상에서 사람 개개인을 하나의 작은 행성처럼 상상하는 습관이 있다. 각자는 자신만의 독특한 지형과 태양계를 가진 존재이며, 이 모든 세계는 커다란 비치볼 안에 들어 있다고 생각한다. 어릴 적 가지고 놀던 크고 가볍게 통통 튀던 그 비치볼 말이다. 나는 각 사람이 가진 비치볼 안에 광활한 공간이 있고, 각자의 세계가 활기차고 독창적으로 펼쳐지는 모습을 상상한다. 그 세계는 서로 너무도 다르기에, 나는 마치 전시물이나 유리 너머의 풍경을 바라보듯, 경이와 배움의 눈으로 타인을 응시하게 된다. 기자이자 심리학에 관심이 많은 작가로서, 나는 만나는 모든 인간에 대해 경이로움을 품고 살아간다.

　그런 경이로움과 기쁨 속에서, 나는 한결 더 자주 웃고 미소를 머금을 수 있다. 나는 그 경이로움과 기쁨을 동력 삼아, 내게 낯설고 불편한 관점을 마주할 용기를 낸다. 그런 순간들을 마치 처음 듣는 언어를 배우거나, 전혀 새로운 세계에 발을 들이는 것처럼 바라본다. 정말이지, 놀라운 일이 아닌가! 나는 그 이야기를 고스란히 받아들이고, 그것을 내 세계의 또 다른 관점으로 조용히 놓아 둔다. 그렇게 나와는 전혀 다른 이와 마주하며, 내 안의 지식 지형도는 조금씩 확장된다. 우리는 모두 이 탐색의 여정 속에서 웃음과 기쁨을 발견할 수 있다. 새로운 것을 알아가는 기쁨, 그것이야말로 삶을 더 환하게 만든다.

웃음 치료

캘리포니아에 거주하는 치료사 메리 티가든[Mary Teegarden]은 웃음이 기분을 개선하는 데 미치는 영향뿐만 아니라 자연이 가지는 치유적 역할에도 깊은 관심을 두고 있다. 디지털 알고리즘에 포위된 우리의 삶 속에서 외로움과 고립을 어떻게 극복할 수 있을지를 철학적·심리적으로 탐구할 때, 그녀는 그 해답을 함께 모색하기에 더없이 어울리는 인물로 느껴졌다.

그녀는 스스로를 예민한 성향이라고 여기는 사람들, 그리고 세상의 무게와 현대 사회의 고통을 깊이 끌어안는 이들과 함께 일하는 데 능숙하다. 그녀 또한 예민하면서도 날카로운 통찰력을 지닌 사람이며, 웰빙이라는 개념을 전방위적으로 통합해 사유하는 데 뛰어나다. 그녀는 영향력 있고 성공한 인물들과 협업하며 그 역량을 발휘한다.

   어느 날 그녀는 지역에서 열린 웃음 요가 워크숍에 참여했다. 억지로 웃는다는 것이 처음엔 다소 이상하게 들렸지만, 그녀는 이 실천이 주는 어떤 깊은 의미를 느끼게 되었다. 웃음은 인간에게 타고난 것이며, 무엇보다도 비용이 들지 않는 자원이라는 점이 인상 깊었다. "어른들은 지나치게 진지해져서 노는 법을 잊곤 하죠. 그런데 그건 전반적인 건강에 좋지 않아요. 그래서 저는 출근길에 스스로 웃기 시작했어요." 웃음 요가의 핵심은 농담 없이도 웃을 수 있다는 점이다. 창시자들은 웃음의 의학적 효능을 연구하고, 사람들을 공원에 모아 농담을 나누게 했다고 한다. 그러나 시간이 흐르면서 그 농담들은 점점 불쾌하거나 거칠어졌고, 사람들을 웃기지 못했다. 결국 그들은 억지 웃음이라는 방법을 시도했고, 그럼에도 신체는 긍정적인 반응을 보였다는 결론을 얻었다.

   나는 그녀가 살아오며 해 왔던 일들을 설명하는 동안, 그 모든 서사 속에서 공통적으로 언급되는 것이 있음을 발견했다. 바로 '신체성 physicality,' 달리 표현하자면 '몸으로 느끼는 삶'이라는 주제였다. 여기에는 웃음, 요가, 자연 속에서 말과 함께하는 경험, 그리고 그녀가 달리기광이라는 사실도 포함된다. 나는 그녀에게 "사람들이 자신의 신체와 너무 멀어진 것 같아요."라고 말했다.

그녀는 팬데믹으로 인해 많은 사람들이 자연에서 자신의 신체와 함께 시간을 보내게 되었다고 말한다. "고통은 단절 속에서 피어나요. 자기 자신, 자연, 그리고 서로와의 관계가 사라졌을 때 생기는 공허함에서요. 우리는 서로에게서 너무 멀어졌고, 그 틈을 기술이 더욱 벌리고 있죠. 사람들은 외로운 일상을 살아 내며 고통받고 있어요." 그녀는 이어, 휴대폰 화면에서 벗어났을 때 내담자들이 비로소 연결의 감각과 집 같은 따스함을 경험하게 된다고 말한다. "저는 일관된 행동이 삶에 큰 힘을 준다고 생각해요. 매일 반복하는 작고 단순한 실천들이요." 그녀가 말하는 실천은 걷기, 요가, 그리고 웃음이다.

나는 자기침묵이나 캔슬 컬처가 사람들 정신 건강에 어떤 영향을 주는지 그녀에게 물었다. 혹시 그런 걸 내담자들 사이에서도 느끼냐고 묻자, 그녀는 잠시 생각하다가 말했다. "그게 정확히 어떤 영향을 주는지는 저도 아직은 잘 모르겠습니다. 다만, 조심하는 게 좋다고 생각해요."

그녀는 "사람들은 삶의 경험에 대해 대체로 점점 더 비관적으로 생각하고 있어요."라고 말했다. "사람들은 희망을 잃고 있어요. 많은 사람들이 생존하는 데만 급급하죠. 정말 가슴이 아픕니다."

나는 신체 감각에 기반해 자신을 안정시키는 것의 중요성을 언급했다. 요리나 하이킹 같은 일상적인 활동이야말로 내게는 중심을 회복하는 데 필수적이라는 점도 덧붙였다. 그녀도 고개를 끄덕이며 말했다. "그래요. 기본으로 돌아가는 거죠. 더 많은 것을 추구하는 방식은 결국 공허함만을 남깁니다."

나는 티가든에게 조언이나 팁이 있냐고 물었다. "매일 당신을 빛나게 하는 무언가를 하세요. 아무리 작아도 상관없어요. 미루지 마세요. 매일 무언가가 당신에게 희망을 주고, 살아 있음에 기쁨을 느끼게 해야 해요, 아무리 작아도요. 저에게는 별을 바라보는 일이 그래요. 가장 단순한 일이죠. 아름다운 것을 찾아보세요. 이곳에는 아름다운 것이 너무 많고, 우리는 다시 연결되어야 합니다." 그녀가 말했다. "그러니 자신을 빛나게 하는 방식으로 연결될 방법을 찾으세요." 그녀는 자연과 웃음의 중요성을 다시 한번 강조하며, 둘 다 놓치지 말라고 했다. "고통에 빠져 허우적거리는 것은 괜찮지 않아요." 그녀는 그것을 익사하는 것에 비유했다.

마지막으로 전하고 싶은 말이 있냐고 물었을 때, 그녀는 나와 다른 작가들이 이러한 주제에 대해 깊이 생각하고 "노력하는 모습"을 보면서 희망을 느낀다고 답했다. 그녀는 더 많은 사람들이 자기 자신에게 돌아오는 것을 보고 싶어 했다. 그리고 자연, 웃음, 그리고 체화^{embodiment}를 통해 가상의 삶 속 혼돈에서 벗어날 수 있다고 강조했다.

글을 쓰는 사람으로서 내가 느끼는 근본적인 걱정은 작가나 언론인들이 자신을 드러내지 못하고 재능을 감추며, 목소리를 내는 것에 대한 두려움으로 침묵하는 현실이다.

티가든은 "정체성과 본질의 차이예요."라고 말했다. "사람들은 자신의 본질대로 살아야 합니다. 사람들은 정체성에 얽매이지만, 그게 꼭 우리의 진짜 모습, 우리 본질을 대변하지는 않아요. 따라서 가능한 한 자신의 본질대로 살기를 권합니다. 아이처럼 노는 것, 웃음, 그리고 자연과의 연결이 모두 도움이 되죠. 그것들은 결국 자신과의 연결입니다."

아마도 핵심은 자기 자신과 자신을 규정하는 틀을 너무 무겁게 여기지 않는 데 있는 것 같다. "정체성은 변할 수 있고, 변해야만 해요. 요즘은 그 유연함이 사라져서 서로를 아프게 만들고 있죠," 그녀가 마무리했다. "무언가를 내려놓으려면 약간의 겸손이 필요합니다."

깊고 넓은
생각의 수도

 조금 무리한 상상이지만 인터넷을 한 도시의 수도라고 생각해 보자.

 지금까지 인터넷은 우리가 (가상으로) 거주하는 무형의 실체로 여겨졌다. 마치 우리 뇌에 달라붙은 채 이리저리 떠다니는 '생각의 팔다리' 같은 존재였다. 하지만 이제 좀 더 구체적으로 다시 상상해 보자. 인터넷을 하늘에 떠 있는 도시, 우리가 살고 있는 실제 대도시라고 생각해 보자. 그 안에는 도로와 구석진 골목, 고층 빌딩과 어두운 터널이 있으며, 중심에 있는 이들과 변두리에 선 이들이 공존한다. 누군가는 공원에 모여 담소를 나누고, 또 누군가는 거친 바위길을 따라 홀로 조깅한다. 어떤 이는 지하 술집에서 분노를 삭이며 선언문을 써 내려가고, 또 다른 누군가는 깃발을 흔들며 대로를 누빈다.

이제 시선을 인간의 몸으로 돌려 보자. 심리학에는 '내부 수용 감각interoception'이라는 용어가 있다.[136] 이는 자신의 내면에서 일어나는 경험과 감각, 감정, 행동 사이의 연결을 인식하고 이름 붙이는 능력을 뜻한다. 예를 들어 '나는 덥다'라고 이름 붙이면, 이어서 '나는 짜증난다'라고 말할 수 있다. '나는 배고프다'라고 이름 붙이면, '나는 화가 나기 시작한다'라는 감정 표현으로 이어질 수 있다.

사실 인터넷은 늘 하나의 도시로 존재했지만, 우리가 그렇게 이름을 붙여 불러 본 적은 없다. 그래서 '난 여기서 외로워', '길 잃은 느낌이야', '이 공간이 싫어'라고 말할 수 있는 다음 단계로 나아가지 못했다. 이곳은 너무나 모호해서, 어떤 사람들은 인스타그램에서는 즐거움을 느끼는 반면, X에서 불쾌감을 느낄 수도 있다. 하지만 결국엔 모두가 같은 장소처럼 느껴지고, 마음은 지친다. 하지만 우리는 "이 도시가 정말 싫어."라고 말하면서도 자꾸만 다시 그 도시로 들어간다.

이곳을 도시, 그것도 단순한 도시가 아닌, 영화와 TV를 포함한 모든 대중매체에 영향을 미치는 통치 수도라고 이름 붙이는 순간, 우리는 이 공간을 향한 막연한 혼란과 고통에서 벗어날 수 있다. 수많은 사람들이 이곳에서 길을 잃고 외로움을 느끼고 소외되고 고립되어 왔다. 그리고 이제, 우리는 그 이유를 이해하게 되었다.

  이 비유를 계속해 보자. 이번엔 우리 모두가 도시 설계자라고 생각해 보자. 당신에게 도시 건설에 참여할 기회가 주어진다면, 굳이 거짓과 복수심으로 가득 찬 사람들이 이미 만들어 놓은 길을 걸으며, 그 길이 주는 부정적인 감정만 토로할 이유가 있을까? 길 하나만 건너면 긍정적이고 의도적인 방식으로 당신만의 새로운 동네를 만들 수 있는데 말이다. 이 가상의 수도에서 당신은 온전히 자신만의 관심사와 재능을 발휘할 수 있으며, 그렇게 하여 새로운 소우주 속에 진정성 있는 관계와 상호작용을 새롭게 구축할 수 있다.

  지금 이 순간에도 우리는 여전히 이상하고 시끄럽고 붐비는 거대한 온라인 도시 안에 머물러 있다. 이 도시는 점점 우리의 오프라인 삶까지 잠식하고 있다. 우리는 어떻게 하면 새롭게 구축할 수 있을까? 또, 그곳에 깊이 뿌리내린 정체성과 아바타들 앞에서 우리는 어디로 나아가야 할까?

  인터넷을 '수도'로 보고 우리를 그 도시의 설계자로 간주한다면, 우리는 도시의 작동 방식을 더욱 신중하고 깊이 있게 고민하며 소통의 밑그림을 그릴 수 있다.

  복잡한 사고를 하는 사람들은 타인과 함께 있을 때 갈망하는 깊이가 있다. 하지만 현대 사회에서 이들이 머물기에 알맞은 장소는 많지 않다. 많은 사람들이 작가, 연구자, 교수, 심리학자로 활동하지만, 일반적인 학계나 문학계조차도 깊이와 미묘함이 점점 사라지고 있는 듯하다. 물론 소수의 특정 서브스택이나 팟캐스트는 예외이다. 복잡한 사고를 하는 이들과 대화할 때면, 그들이 얼마나 깊게 파고들어야 하고 어느 정도까지 나아가야 할지 고민하는 모습이 느껴진다. 때로는 이런 자제가 유용하지만, 그것이 전반적인 경향으로 굳어지는 것은 위험하다. 그리고 그것을 지켜보는 것도 고통스럽다.

새로운 인터넷 도시를 건설할 때는, 상호작용을 보다 현실에 깊이 뿌리내린 비판적이고 복합적인 사고로 이끌어야 한다. 이는 지금까지 도시 중심을 점령해 온 과밀하고 획일적인 공간에서 벗어나기 위한 필수적인 과정이다. 따라서 분명한 것은, 복잡한 사고를 하는 사람들이 더 편안함을 느끼도록 해야만, 언젠가 개성 넘치는 사람들이 활기차게 살아가는 도시를 실현할 수 있다는 점이다.

복잡성을 위한 공간 마련

매우 다양한 관점과 배경을 가진 인구 집단을 포용하는,

더 복잡한 다양성을 아우르는 글로벌 공동체를 구축하는 과정에서, 우리는 모든 사람이 자유롭게 질문하고 표현할 수 있도록 안전한 환경을 조성하는 데 집중해야 한다. 도전이 위협이 아니라 존중의 표현으로 인식되는 공간, 즉 의견 차이를 존중하며 소통하는 공간을 만드는 것이 바로 그 목표이다. 다시 말해, 새로운 세상에서 '안전함'은 '도전해도 괜찮다는' 의미일 수 있다. 예를 들어, 모두가 나와 같은 의견일 때 나는 오히려 안전하지 않다. 내가 안전함을 느끼는 것은 사람들이 스스로 생각할 권한을 갖고, 그 결과로 나타나는 행동과 결정, 태도가 진정성에 바탕할 때다. 의사소통과 관계에서 진정성이 있을 때 나는 안심이 되는데, 이는 내가 다른 사람을 대하며 형성하는 모든 생각과 인상, 결론이 거짓이 아닌 현실에 뿌리를 두고 있다는 믿음 때문이다.

오늘날 우리의 실제 오프라인 세계를 보면, 모든 정치 진영이 높은 지성과 합리성을 갖추고 있음에도, 원초적인 집단 소속감이 비판적 사고보다 우선시되는 경우가 많다. 다시 말해, 비판적 사고가 아니라 집단 소속감에 기반해 특정 입장을 정당화하는 화려한 논쟁이 너무 쉽게 이루어진다. 그렇다면 어떻게 집단주의나 극단주의 경향에서 벗어나, 미묘한 차이와 복잡성을 포용하는 사회적 모델을 구현할 수 있는지를 모색해야 할 것이다. 파트 3 첫부분의 토론에 관한 내용에서, 토론 코치들은 학생들이 정교한 사고와 논쟁을 통해 타인에 대한 존중과 새로운 통찰을 얻는 과정을 경험한다고 했다. 극단주의는 설 자리가 없다. 극단주의자가 된다는 것은 강렬한 감정에 휘둘리며, 모든 관점을 아우를 수 있는 유용한 기술을 포기하는 것이기 때문이다. 따라서 우리는 건강한 토론 문화를 더 넓은 시민사회와 인터넷 세계로 확산해야 한다.

네덜란드의 연구자 알랭 반 힐Alain Van Hiel과 이반 메르비엘데Ivan Mervielde는 이렇게 주장한다. "어떤 정치적 입장이 복잡하다고 평가되는 정도는 그 입장을 가진 사람이 해결해야 할 여러 상반된 가치의 개수에 좌우된다."[137] 그리고 이렇게 덧붙인다. "높은 복잡성은 의사결정자가 문제와 관련된 모든 관점을 신중하게 저울질하고 이를 하나의 일관된 입장으로 통합한다는 뜻이다. 반대로 낮은 복잡성은 한 가지 관점만 고려하며 그것을 독단적으로 고수하는 경우를 의미한다."

소셜 미디어와 뉴스 채널에서 자주 드러나는 독단적인 고집은 다양한 관점을 받아들이는 데 큰 걸림돌이 된다. 독단과 극단에서 벗어나려면 겸손과 자신을 드러내는 용기가 필요하다. 다시 말해, 열린 마음을 유지하는 태도다. 앞서 나온 비치볼 비유를 떠올려 보자. 사람마다 각자의 작은 우주 안에서 살아간다. 하나의 비치볼이 다른 비치볼을 위협하지 않으면서도 서로 부딪치며 튕겨 나온다. 이 새로운 도시에서 우리는 복잡하고 갈등이 있는 상황도 호기심과 즐거움으로 받아들이며 소통할 수 있다. 또한 존중 속에서 다름을 인정하고 반대 의견이 주는 즐거움도 함께 누릴 수 있다.

시민 담론

관용과 존중을 사회에 뿌리내리게 하는 데 있어 가장 중요한 역할을 하는 것은 교육이다. 그렇다면 파트 3의 첫부분에서 다룬 건강한 토론이 살아 숨 쉬는 새로운 도시를 어떻게 설계할 수 있을까? 수많은 대학에 만연한 자기침묵 문화에 어떻게 저항할 수 있을까? 그리고 불쾌함을 느끼게 하는 것이 곧 해악이라고 오인되는 경향을 어떻게 바로잡을 수 있을까?

조지아 주립대학교의 철학 교수인 앤드루 제이슨 코언 Andrew Jason Cohen 은 관용과 시민 담론을 연구하며, 최근 5년간 교수와 학생들의 토론과 자유로운 사고를 부활시키기 위한 실천적 활동에 점차 더 많은 관심을 갖고 있다. 코언은 조지아 주립대학교에서 자신이 맡은 모든 강의계획서에 다음과 같은 문구를 포함시킨다.[138]

저는 솔직하고 숨김 없으면서도 상대를 존중하는 (그리고 가능하다면 친절한) 대화를 매우 중요하게 여깁니다. 제가 (혹은 여러분이 존경하는 다른 누군가가) 옳다고 믿지 않으면서, 믿는 척할 필요는 없습니다. 저 역시 여러분에게 같은 예의를 갖추겠습니다. 그렇지 않으면 존중을 보이지 않는 행위라고 생각합니다. 만약 여러분이 자신의 반대 의견을 표현하지 않는다면, 그것은 상대가 고쳐 줄 만한 가치도 없는 사람이라는 뜻으로 비춰질 수 있습니다. 즉, 그를 존중하지 않는다는 뜻으로요. 저는 여러분이 존중받아 마땅한 존재라는 전제를 가지고 수업에 임합니다. 따라서 여러분이 어떤 발언을 했을 때, 그것이 의심스럽거나, 제가 받아들일 수 없는 내용에 얽매이거나, 혹은 단순히 틀렸다고 생각되면 그 점을 분명히 지적할 것입니다. (물론 저에게 이의를 제기해도 좋습니다!) 저는 여러분도 똑같이 해 주시길 기대합니다. (저도 여러분의 말을 반박할 수 있습니다!) 저는 이 수업에 참여하는 모든 이가 이러한 존중에 기반한 태도를 지켜 주시길 바랍니다. 이러한 방식이야말로 우리가 가장 관용적이고, 개방적이며, 진솔한 논의를 할 수 있는 분위기를 만드는 길이라고 믿습니다.

코언은 한편으로는 발언으로 인한 '해악'이 과장되어 있다는 점을 우려하면서도, 동시에 발언이 실제로 일정한 해악을 끼칠 수 있다는 점을 인정한다. 문제는 그 해악의 정도가 어느 수준인가 하는 것이다. 그리고 그 해악이 이론적으로는 특정 집단 전체를 모욕하는 형태일지라도, 개별 구성원들이 그 영향을 서로 다르게 경험하게 된다면 어떨까?

그는 이렇게 주장한다. "어떤 학생이 불쾌감을 느꼈다는 전적으로 주관적인 이유로도 발언을 막으려는 사람들이 있다. 그러나 대학에서 실제 문제는 학생들이 도전을 받지 못하는 상황에서 비롯된다." 그는 이렇게 덧붙인다. "대학의 목적이 자신의 관점을 도전받는 데 있다는 것을 고려하면, 설령 그것이 끔찍한 주장이라 할지라도 도전을 받는 것 자체가 부당한 행위일 가능성은 극히 낮고, 따라서 해를 끼칠 가능성도 낮다. 또한, 사소한 해악은 경미한 피해로 간주되며 제한의 대상이 되지 않는다. 한 학생을 사소한 해악으로부터 보호하기 위해 발언을 차단하는 것은 지나치게 위험하다. 수많은 다른 학생들이 도전의 기회를 잃게 되는 위험, 즉 더 큰 잘못이 발생할 가능성이 훨씬 크기 때문이다."

최근 시민 담론 증진을 위한 전국적 활동에 참여하게 된 코언은 놀라울 만큼 차분하고 균형 잡힌 인물이다. 그는 격한 열정에 휩쓸리는 급진주의자도 아니고, 무기력한 태도를 가진 사람도 아니다. 오히려 논리적이고 현실적이다. 그저 사람들이 제대로 소통하지 않는 게 답답해서, 사람들이 더 좋은 대화를 나누기를 바라는 것 같다. 그의 실용적인 성향 덕분에 글도 쉽게 읽힌다. 그는 학생, 기숙사 생활, 그리고 안전한 공간에 관한 논문에서 다음과 같은 실질적인 개선 방안을 제안하고 있다.

자신의 집이 지적 도전으로부터 벗어날 수 있는 '안전한 장소'이길 바라는 것은 전혀 부당한 일이 아니다. 하지만 대학 캠퍼스는 집이 아니다. 심지어 대학 기숙사도 평범한 집이 아니며, 집이 되어서도 안 된다. 기숙사는 대학생들이 학생답게 생활하는 장소여야 한다. 다시 말해 토론하고 논쟁하며 배우고 성장하는 공간이어야 한다. 기숙사는 지적 토론이 없는 곳이어서는 안 되고, 대학 생활과 자연스럽게 연결되어 있어야 한다. 많은 이들은 강의실보다는 강의실 밖 공간에서 더 많은 것을 배웠다고 여기기도 한다. 어쨌든, 강의실만이 학습과 성장이 일어나는 유일한 공간은 아니라는 뜻이다. 만약 누군가 기숙사 전체를 토론이 금지된 안전한 공간으로 만들어야 한다고 요구한다면, 이는 대학생으로서의 삶을 포기하고 싶다는 욕구를 드러낸 것이다. 그런 욕구는 대학을 그만두는 것으로만 해결될 수 있다. 물론 우리 모두는 자신의 사색, 휴식, 재충전을 위한 안전한 공간을 원하고 필요로 한다. 대학생들에게 그런 공간은 대개 자신들의 기숙사 방이다. 그 공간은 대체로 진짜 집과 같으며, 그곳에서 그들은 외부 세계와 안전하게 차단될 수 있어야 한다. 대학 캠퍼스에서 언론의 자유가 존중되지 말아야 하는 유일한 공간이 바로 그곳이다. 누군가의 대학 기숙사 방을 방문하는 것은 그들의 집을 방문하는 것이며, 그곳에서는 그들이 규칙을 만든다. 하지만 대학 캠퍼스 내 다른 모든 장소는 학문적 청렴성의 규칙만을 따라야 한다.

코언은 인터뷰에서 이렇게 말했다. "대학은 우리가 균형 잡힌 사람으로 성장하는 공간이고, 그러려면 의견이 다른 사람들과 마주하고, 싫어하는 생각들까지도 진지하게 생각해야 합니다."

알고리즘이 양극화를 강화하는 것 같다는 나의 발언에는 또한 이렇게 답변했다. "실증적 증거에 따르면 우리는 양극화되어 있습니다. 각 진영은 상대방이 끔찍한 견해를 가지고 있다고 생각해서 상대방을 미워합니다. 그러나 실제로 서로 다른 생각을 가지고 있어서 양극화된 것은 아닙니다. 사람들이 생각하는 것만큼 의견 차이가 큰 것은 아닙니다. 양측은 의견 차이가 아주 크다고 여기고, 상대방이 악랄하고 끔찍한 견해를 가지고 있다고 생각합니다. 실제로는 의견 차이가 크지 않은데도 말이죠."

나는 그에게 학생들을 전반적으로 관찰한 결과가 어떤지 물었고, 그는 학생 40명으로 이루어진 수업에서 심각한 도덕적·정치적 질문에 대해 솔직하게 의견을 나누는 훈련에 대해 이야기해 주었다. 처음에는 학생들이 잘못된 말을 하거나 상대를 반박하는 데 주저하지만, 서로 솔직하게 의견을 공유하고 도전할 수 있다는 것을 알게 되면 "진심으로 몰입"하게 된다고 한다. "학생들이 이 활동을 즐기고, 수업이 끝난 후에도 대화가 계속되는 모습을 자주 봅니다. 그래서 저는 이 활동을 제 수업에서 중요한 부분으로 삼고 있습니다. 수업이 끝난 뒤에도 토론이 이어졌다고 학생들이 저에게 말해 줄 때마다 매우 기쁩니다. 재학생이 5만 명에 달하고 대부분이 집에서 통학하는 조지아 주립대 같은 학교에서 이런 일이 일어나는 것은 제게도 다소 놀라운 일입니다. 학생들이 집에 돌아가 친구나 가족과 계속 이야기를 나누고 있다는 점이 참 인상 깊습니다. 저는 바로 그런 모습을 보고 싶었던 것입니다. 이런 일이 정기적으로 일어나는 것을 볼 때마다 큰 보람을 느끼곤 하죠."

코언의 분석에 따르면, 사람들은 담론을 갈망하면서도 두려움을 느끼는 이중적인 태도를 보인다. 그는 이런 현실이 놀랍지는 않지만, 그대로 두고 싶지도 않다. 그래서 그는 강의계획서에 분명한 메시지를 담았다. 그는 학생들이 자신에게 도전하기를 바라고, 또 자신도 그들에게 도전할 것임을 미리 알리고 싶은 것이다.

누군가의 생각이나 가치를 무시하지 않고, '저 사람 나름의 이유가 있겠지.'라고 생각하는 자세가 중요하다고 코언은 말한다. 그는 대부분의 신념은 다섯 가지 기본 원칙 중 하나에서 비롯된다고 본다. 첫째, 다른 사람을 해쳐선 안 된다. 둘째, 자기 자신에게도 해가 되면 안 된다. 셋째, 무례하거나 불쾌하게 만드는 건 옳지 않다. 넷째, 사람은 서로 돕는 존재여야 한다. 다섯째, 우리는 도덕적이어야 한다. 이 중 하나라도 출발점으로 잡고 대화를 시작하면, 반대 의견을 가진 사람도 좀 더 이해할 수 있다는 것이다. 예를 들어, 어떤 학생이 한 연사의 발언을 해롭다고 느낀다면, '구체적으로 어떤 방식으로? 정말 해가 되었나? 아니면 단지 기분 나빴던 건가?' 이런 식의 질문을 통해 상대를 이해하려 할 수 있다.

그는 타인의 신념을 이해하려면, 특정한 질문을 통해 그 배경을 철저히 탐구해야 한다고 조언한다. "상대방이 어떤 신념을 갖게 된 데는 분명 이유가 있다고 전제하고, 그것이 다섯 가지 주요 원인 중 하나일 것이라 추측한 다음, 그 지점을 중심으로 깊이 파고드세요." 이런 질문들이 결국 사람들로 하여금 정말로 자신을 불편하게 만드는 게 무엇인지

되짚어 보게 만들고, 그렇게 함으로써 과열된 감정이 자연스레 가라앉게 되기를 기대한다.

나는 코언에게 그의 조언들이 이 책 앞부분에서 토론 코치들과 나눈 대화를 떠올리게 한다고 말했다. 토론 준비 과정, 특히 상대방의 주장과 심사위원의 반응을 예측하는 과정에도 그의 조언들과 유사한 전략이 요구되기 때문이다. 코언은 젊은 세대가 토론을 배우는 방식에 대해서도 나름의 견해를 제시한다.

그는 "우리는 아이들이 철학적인 의미에서 논쟁에 참여하는 걸 막고 있는 것 같아요."라면서 다음과 같이 덧붙였다. "아이들은 늘 어려운 질문을 던집니다. 그건 단지 궁금하기 때문이죠." 그런데 우리가 그런 질문을 하면 안 된다고, 혹은 논쟁은 나쁜 거라고 가르치면, 아이들은 그걸 사실로 받아들이게 된다고 그는 말했다.

나는 그에게 "우리는 지금 개개인에게 정말 많은 것을 요구하고 있어요."라고 말했다. 너무 많은 사람들이 비판적 사고가 억제되는 방식으로 자라난다. 비판적 사고가 자연스럽게 장려되는 환경에서 자란 사람들은 배경이 어떠하든 간에 자신도 모르게 커다란 이점을 얻는다. 반대로, 비판적 사고가 억제된 환경에서 자란 이들은 종종 스스로의 인생을 탐구하는 데 벽을 마주하게 된다. 우리는 너무 많은 사람들에게 블리한 출발선을 안겨 주고 있다. 말하고 듣는 법, 서로 다른 의견을 다루는 기술을 배울 기회를 갖지 못한 사람들이 너무 많다. 어쩌면 우리가 집단적으로 어려움을 겪고 있는 이유도, 그 불균형에 있지 않을까.

우리가 이 새로운 길로 나아가면서 어려움을 만나더라도, 삶에서 도망치지 말아야 한다. 논쟁도 없고, 도전도 없는 삶을 원한다면 그것은 제대로 사는 것이 아니다. 어려움을 겪을 때, 친구를 도울 때, 혹은 아이를 키울 때, 반드시 이 점을 기억해야 한다. 지적 반론은 사고력과 인격을 성장시키는 핵심 요소다.

이 새로운 디지털 도시에서 우리는 불확실성에 대한 사랑을 심어야 하며, 이전에 우리를 쇠사슬처럼 얽매었던 꼬리표들을 버려야 한다. 집단 소속을 바탕으로 한 고정된 정체성 대신, 우리는 개별적이고 변화하는 틀에 스스로를 열어 둘 수 있다. 영구적인 담장이 있던 곳에는 계절마다 달라지는 생울타리를 심는다. 그것은 영구적이지 않지만, 우리가 처한 단계에 가장 잘 맞도록 돕는다. 더 이상 필요 없을 때는 뽑아내고 새로 심으면 된다.

흘러가는 정체성에 자신을 맡기다

이 책을 쓰는 과정에서 나는 일종의 분열 상태를 경험했다. 한편으로는 가상 세계에 관해 글을 쓰는 메타 경험을 하는 동시에 그 세계에 빠져드는 느낌이었고, 다른 한편으로는 가족과 함께 꿈에 그리던 언덕 위의 집으로 이사를 했다. 그리고 오랫동안 바라던 강아지도 키우게 됐다. 현실에서 이전보다 훨씬 많은 풍요를 누리고 있음에도 불구하고, 나는 왜 이런 주제에 대해 글을 쓰고 있는 것일까? 어느덧 점점 지쳐 갔고, 자연 속으로 강하게 몰입했다. 가까운 강과 해변을 찾으면 잠시 기분이 좋았지만, 집에 돌아오면 두려움과 압도감이 다시 몰려왔다.

나는 나에게 질문을 던졌다. "내가 속은 걸까? 로그아웃만 하면 되는데, 왜 X라는 마법에 빠졌던 걸까?" 나는 소셜 미디어로부터 장기간 멀어지는 일이 과연 가능한지 확신이 없었다. 특히 아이디어와 참여, 민주주의를 중요하게 생각하는 나 같은 사람이 말이다. 현실은 간단하지 않다. 온라인에서 벌어지는 일은 결국 우리 모두에게 영향을 미친다. 작가나 기자의 입장에서라면, 그 흐름을 기록하는 일은 필수적이다. 하지만 나의 깊은 고민은 여전히 남는다. 자연을 잠시 마주하며 쉰다고 해서, 내 철학적 고민이 정말 해소될 수 있을까?

그렇기도 하고 아니기도 하다.

한편으로는 오랜 시간 숲속에 머물며 내 몸과 마음을 온전히 자연에 맡기고 싶은 절실한 욕구가 있었다. 하지만 동시에, 정치적 논쟁이 아닌, 집단 정체성을 넘어선 자유에 대해 내가 깨달아 온 바를 사람들과 나누고 싶다는 내면의 소망도 자리하고 있었다.

나는 노트북을 켜서, 정체성을 나처럼 일시적인 개념으로 다루는 학자들이 있는지 검색해 보았다. 그 과정에서 철학자와 심리학자들이 이 현상을 깊이 연구하는 든든한 동료라는 사실을 다시금 확인할 수 있었다.

로욜라 대학교의 로렌 랭먼Lauren Langman 교수와 작가 케이티 캉에미Katie Cangemi는 〈세계화와 경계: 위반, 정체성, 그리고 도시 원시인Globalization and the Liminal: Transgression, Identity and the Urban Primitive〉라는 제목의 논문에서 도시의 역할을 분석한다.139 도시는 경계liminal의 공간으로서, 일시적 정체성을 가진 일시적 사람들이 단순히 마을과 철도를 지나갈 뿐만 아니라 삶과 발달과 정체성의 일시적 단계를 통과하는 장소다. 랭먼은 인간 발달을 전공한 사회 이론가로, 세계화와 자본주의 맥락에서 인간 본성에 관한 다수의 연구를 발표했다. 그는 캉에미와 함께 고대 카니발 등 사회적 규범이 일시적으로 무시되는 장소들을 예로 들며, 그곳에서 새로운 존재 방식이 등장한다고 말한다. 이런 현상은 대체로 엄격한 도덕 규범에 대한 반발로 일어난다. 현재 소셜 미디어에서 벌어지는 일도 마찬가지다. 주변부 정체성들이 피어나고 사람들은 새로운 가면을 착용한다. 반항심은 살아 있지만, 동시에 일시적이다. 사람들은 특정 단계를 거쳐 다음 단계로 나아가기 때문이다. 인터넷이라는 우리의 수도에서 도로와 고속도로는 생각의 흐름이고, 터널은 아이디어와 정체성이 변화하는 공간이다. 변화는 끊임없이 움직이는 힘이며, 그것이 삶의 본질이다.

  인간을 하나의 모습으로만 이해하려는 경직된 시각에 맞서기 위해, 나는 온라인에서 꾸준한 발언과 표현이 필요하다고 생각한다. 다시 말해, 우리 모두는 변화하고 다층적인 존재라는 점을 끊임없이 그리고 정확하게 표현해야 한다. 우리가 곤경에 처한 이유는 자신의 복잡한 현실을 지나치게 단순화하고, 그런 단순화에 타인도 맞춰질 수 있다고 잘못 믿기 때문이다. 이것은 온전한 인간성에 대한 부정이다. '정체성'은 제한적인 개념이며, 유혹처럼 작동하는 경험적 접근법이다. 피부색, 종교, 성적 지향, 계급, 직업, 성별은 모두 단편적인 모습에 불과하며, 전체를 대변하지 못한다.

  정체성의 탐색과 확장을 가능하게 하는 공간이라는 점 외에도, 인터넷과 소셜 미디어는 '멋'을 탐구하고, 주변부적이며 참신하고 도발적인 요소들이 열정적으로 논의되는 장이다. 다양한 삶의 경로를 지닌 이들이 모여, 흥미롭고 낯설며 도전적인 감각이 무엇인지를 기존의 진부함과 대조하며 검토한다. 캉에미와 랭먼은 다음과 같이 말한다. "경계 영역은 자유의 시공간이다. 이 경계 영역은 저항적 투쟁, 가치의 전복과 거부, 나아가 일반적으로 금기시되거나 허용되지 않는 감정과 행위의 표현이 나타나는 장소이다."

경계는 반체제적이거나 '펑크'적인 회색 지대이며, 기존 권력과 규범을 거스르는 지점이다. 오늘날의 인터넷은 과거 대도시, 예컨대 내가 자란 샌프란시스코처럼, 사회적 주변부에 있는 사람들과 부적응자들의 새로운 터전이 되었다. 하지만 이러한 가상 공간에서는 인간의 야생성을 포용하기보다는, 개인의 취향과 욕망이 타인과 충돌하는 식의 반인간적 분위기가 형성된다. 이는 예술가들이 실제 공간에서 펼치는 춤, 예술, 연극 등의 생동감과는 상반된다.

이제 인터넷은 사람들이 문명이라는 질서에서 벗어나기 위해 의도적으로 진입하는 공간이 되었다. 그리고 이 가상 현실은 특히 젊은 세대를 중심으로 실제 세계에까지 스며들며, 우리 모두에게 개인으로서 혹은 가족이나 도시, 공동체의 일원으로서 현실을 어떻게 인식하고 연결 지을 것인가에 대한 질문을 던진다. 도시의 복잡한 구조 속에서 소셜 미디어는 마치 카니발과도 같다. 이곳에서 사람들은 서로를 비판하고 몰아붙이며 감정의 소모를 일으킨다. 캉에미와 랭먼은 다음과 같이 지적한다. "삶의 안정성을 제공해 온 공동체, 일터, 심지어 가족마저 침식되었다. 그래서 사람들은 자신의 개성을 보다 강하게 드러냄으로써, 다시 말해 비범한 존재가 됨으로써, 자신의 삶 일부에라도 안정과 통제력을 확보하려고 한다."

진정한 펑크가 되기

우리의 새로운 글로벌 수도는 복합적인 감정을 자유롭게 표현하는 다재다능한 개인들로 가득한 건강한 도시가 되어야 한다. 그러나 지금 현대의 '펑크' 인플루언서 활동가들은 중심에 서길 원한다. 과거 도시 외곽의 낡은 산업 지역에 있던 오프라인 펑크 클럽은 익명성을 유지했으나, 새로운 온라인 펑크들은 다르다. 그들은 기업 사회에 편입되어 최신 정체성에 대해 강연하며 높은 보수를 받고 싶어 한다. 그렇다면 그들은 얼마나 진정한 펑크인가? 그들의 온라인 펑크 이미지가 아웃사이더 지위를 무기로 삼아 진짜 욕망을 감추는 가면은 아닐까? 권력을 원한다는 것은 새롭지 않지만, 눈에 띄고 주류가 되고 싶어 하는 것은 새로운 현상이다. 그렇다면 이것이 완전한 권력의 전복일까? 이는 처음부터 소외된 자들이 만들어 낸 예술과 문화에 대해 무엇을 의미하는가?

아웃사이더 지위를 쉽게 주장할 수 있게 되면서, 아웃사이더와 인터넷에 거주하는 특정 인구 집단 전체가 상품화되었다. 아웃사이더는 이제 탈출구가 아닌 중심으로 가는 티켓이 되었다. 알고리즘, 기술 플랫폼, 그리고 방대한 정보의 힘으로 강력한 구조들이 새로운 흐름을 만들어 냈으며, 이제는 그 흐름이 독자적인 생명력을 갖게 되었다. 인간을 비난하는 것은 쉽지 않지만 필요한 일이다. 화면 속 확인란을 선택하기만 하면 되는 일상은 편안하며, 가상 세계는 매력적이고, 집단 정체성의 힘은 사람들이 자신들이 항상 옳다고 믿게 만든다. 하지만 한때 예술에서 탄생했던 아웃사이더라는 지위를 상품화하는 것은 결국 지루하고 평면적인 도시로 귀결된다.

새로운 펑크족이 마침내 권력을 쥐게 되면 어떤 일이 벌어질까? 그들의 등장은 그들이 SNS에서 내세우는 평등과 조화라는 고상한 포부와 의도대로 우호적인 사건이 될까? 아니면 이 모든 분노와 펑크적인 행동이 권력 장악을 숨기려는 속셈에 불과할까? 나는 그 답을 알지 못하지만, 이 질문은 반드시 해야 한다. 역사상 많은 경우에 억압받던 이들이 억압자가 되었다. 이것은 우리가 반드시 직면해야 할 현실이며, 순진해서는 안 된다. 그래서 개인의 사고, 진실성, 호기심을 지지하는 것이 우리 모두의 미래를 위해 필수적이다. 우리는 진정성과 진리 탐구를 최우선으로 삼아, 구체적인 방식으로 우리의 수도를 이끌어야 한다.

핀란드의 아누 코이부넨Anu Koivunen 교수는 피흘라 시임Pihla Siim 의 저서 《전환기의 가정Family in Transition》에 다음과 같은 말을 남겼다. "정체성은 찾아내거나, 받거나, 주거나, 채택할 수 있는 진리나 본질이 아니라, 평생 동안 쌓아 올리고 해체하는 과정으로 설명할 수 있다."140 실제로 정체성을 실험하는 것은 파괴적일 수 있다. 우리는 스스로를 만들어내고 그 후에 변화하는데, 그 과정이 생산적으로 이루어지기를 바라지만 항상 그렇게 되는 것은 아니다.

내면의 상반된 정체성을 동시에 유지하는 것은 어려운 일이다. 이중 국적자들이 두 국가에 대한 충성심을 동시에 느껴야 하는 경우를 예로 들 수 있겠다. 미국에서 태어난 혼혈인들은 서로 다른 문화와 정체성 사이에서 균형을 잡아야 한다. 그들은 두 세계 사이의 경계에 서 있는 것처럼 느끼고, 자신의 주요 정체성이 끊임없이 변하고 있음을 경험한다.

정체성과 공동체라는 주제에 대해, 심리학 교수 제인 크로거Jane Kroger는 정체성의 구조와 내용이 명확히 구분된다고 말한다. 구조란 정체성을 결속하는 요소(예: 가족, 학교, 기타 구조적 연결)를 의미한다. 가족과 긴밀한 유대감을 가진 사람은 가족 정체성과 관련된 강한 종교적 성향을 가질 수 있으며, 설사 그들의 신념과 정체성 내용이 실제로 바뀌더라도 그 구조적 지지는 유지될 수 있다. 그 사람이 무신론자가 되어서 정체성 내용이 바뀌었더라도, 강한 가족 유대감이 의미를 부여해 정체성 구조는 그대로 유지된다. 그녀는 이렇게 설명한다. "정체성 구조는 발달 순서에 따라 나타나며, 점진적인 움직임은 점점 더 차별화되고 복잡한 방식으로 정체성 요소를 조직하는 양상을 반영한다."[141] 즉, 누군가의 정체성 인식은 종종 일시적이며, 시작·탐색·해결·완성의 단계를 거친다.

이러한 현상은 온라인 공간에서도 동일하게 관찰된다. 토호쿠 가쿠인 대학의 하비에르 살라자르Javier Salazar 교수는 이렇게 말한다. "사회적 정체성은 집단 현실에서 불안정한 사회적 표상과 관념, 그리고 집단적 구성물의 집합체로 표현된다."[142] 그는 대규모 다중 접속 온라인 게임 환경을 조사하며, 이와 같은 가상 공간에서 여러 규칙과 의미를 가진 다양한 집단이 형성되는 것을 관찰했다. 나는 이것이 이제 게임뿐 아니라 대부분의 온라인 삶을 규정하는 특징이라고 본다. 여기에는 포함 코드를 가진 내부 집단, 큰 내부 집단 안의 소집단, 그리고 가까운 타인, 먼 타인, 급진적 타인으로 구성된다. 특히 '타인' 범주는 흥미로운데, 가까운 타인은 동맹이나 친구, 먼 타인은 적대적 대립자, 급진적 타인은 게임 개발자 혹은 제작자를 뜻한다.

핀란드 이민자에 관한 시임[Siim]의 논문에 따르면, "초국적·다문화 가족에서는 정체성과 소속감이 특정한 장소에 기반하지 않으며, 오히려 담론을 통해 점차적으로 형성되고 유지된다."[143] 저자는 가족 대화를 통해 정체성이 형성된다고 기술했다. 그녀는 "이러한 정체성 담론에서는 다양한 고정관념이 사용되고, 새로운 환경과 상황에 적응하기 위한 여러 전략이 선택될 수 있다."라고 말하며, 특히 이민 과정에 관해 언급했다. 그녀가 인터뷰한 이민자들은 자신들이 여러 정체성을 동시에 느낀다고 말했다. "약간은 핀란드인 같고, 또 약간은 러시아인 같으며, 때로는 에스토니아인 혹은 다른 어떤 존재"이기도 하다는 것이다. 그녀는 이렇게 덧붙였다. "자아상의 절충은 명확한 이분법적 대립보다는 서로 다른 문화적 배경을 통합함으로써 이루어지는 듯하다."

오늘날 우리 중 상당수는 자기 나라 안에서조차, 지역 인구 통계나 심리통계학적 특성을 기준으로 볼 때 '정체성의 이민자'가 되어 가고 있는 것은 아닐까? 우리 안의 다양한 정체성들은 새로운 '교차적 소속감'을 만들어 내고 있지 않은가? 시임은 이와 유사한 맥락에서, 핀란드로 이주한 구소련 출신 이민자들을 언급하며 이렇게 기술했다. "자신의 위치를 설정하는 일은 명료한 이분법으로는 불가능하며, 오히려 그것들을 결합함으로써 다층적이고 혼합적인 정체성이 형성된다."

하와이 대학교의 귀빈 양Guobin Yang 교수는 이렇게 말한다. "사회운동은 경계적 현상이다. 그것은 참여자들을 기존의 구조적 제약으로부터 분리시키고, 그들 자신과 사회를 재구성할 수 있는 자유와 권력을 부여한다. 참여자들에게 있어 전체적인 효과는 일종의 문턱 효과이며, 그 경험은 개인의 역사에서 분기점이 되어 즉각적이면서도 장기적인 결과를 가져온다."[144] 그는 내가 '정체성 고아'라 부르는 존재에게서 발견되는 자유를 정확히 포착하고 있다. 범주에 얽매이지 않는 것은 해방감을 준다. 인간으로서 진정성 있게 관계 맺기 위해서는, 범주가 아니라 복잡성으로 자신을 인식할 필요가 있다. 양의 설명대로 "경계성은 본질적으로 해방적이며, 그것이 창출하는 평등주의적 감각과 공동체성은 기존의 사회 구조를 수평화하는 경향이 있다."

나는 우리가 유한한 틀에서 벗어나는 것이 단지 자기 자신을 위한 일이 아니라, 민주주의를 더 건강하게 만든다는 점에서 매우 의미 있다고 생각한다. 만약 우리가 서로를 복잡한 존재로 인식하게 된다면, 우리 사회의 법과 규범, 정책과 제도는 잘못된 인간관을 반영하는 것이 아니라, 인간 존재의 복잡성을 토대로 만들어질 것이다. 양이 말한 바와 같이, "사회운동은 일반적인 사회 과정 속에서 경계적 사건으로 개념화될 수 있다. 경계 상태의 특징인 자유, 평등, 공동체 의식, 창의성은 개인의 변화를 위한 토대를 제공한다. 이러한 특징들이 항상 동일하게 유지되는 경우는 드물다." 우리가 온전한 인간으로 인정받기 위해 싸우는 그 순간, 세상도 함께 바뀐다.

정체성 고아, 알고리즘을 이기다

대부분의 사람들에게 있어, 고정된 정체성 대신 유동적인 정체성을 껴안는 것은 낯설고 과감한 시도다. 하지만 그런 시도를 오래전부터 실천해 온 이들이 있다. 어떤 영구적인 정체성에도, 잘 짜인 정체성 마케팅에도 속하지 않았던 사람들, 바로 '정체성 고아'이다.

정체성 고아는 경계 공간을 떠돌며, 종종 어둠 속에서 끈기 있게 미끄러지듯 나아가기도 하고, 간혹 만나는 또 다른 정체성 고아와의 조우에서 기쁨을 느끼기도 한다. 우리는 딱히 신호를 주고받지 않아도 서로를 알아본다. 몇 마디 말이면 충분하다. 나는 그런 이들을 만날 때면 가슴이 편안해지면서, 마치 고향에 돌아온 듯한 감정을 느낀다. 잘 알고 있는 어떤 존재가 희미하게 반짝이는 빛, 그 소중한 불꽃을 발견한 듯한 감정을 느낀다. 마치 미래에서 온 방랑자들처럼 말이다.

우리가 우리 자신이 정해진 범주를 넘나드는 존재임을 말하지 않고 침묵하는 한, 양극화는 끝내 우리를 지배할 것이다. 소셜 미디어와 알고리즘은 바로 그 얄팍한 범주 위에서 번창하고 있다. 그 배경에는 우리 모두를 분노라는 불씨에 던지기 위해 감정으로 재단한 마케팅 시스템이 도사리고 있다.

당신이 혼혈인이라면 알고리즘은 당신을 분류하지 못한다. 당신이 '자폐 인접 성향(외견상 자폐처럼 보이나 공식 진단은 없음)'일 경우도 마찬가지다. 나는 이 점을 수많은 사람들로부터 들어왔다. 당신이 분노 가득한 트윗에 '좋아요'를 누르지 않으면, 알고리즘은 위축된다. 대신, 당신이 섬세한 자아로 존재할 때, 현실이 우세를 차지하고, 진정성이 앞서며, 인간적인 연결이 갈등을 넘어설 기회를 갖게 된다. 작가 셰리 터클^{Sherry Turkle}은 다음과 같이 전한다. "고독의 능력, 곧 분리되어 있을 수 있고 자신을 추스릴 수 있는 능력을 기르지 못하면, 당신은 고립된다. 고독 안에서야 비로소 자신을 찾을 수 있고, 그래야 다른 사람에게 다가가 진정한 유대를 맺을 수 있다."¹⁴⁵ 그것은 한 박자 쉬는 것, 멈추는 것, 몸 안에 뿌리내리는 것이다. 자기검열과 캔슬 컬처는 사람들이 자신의 몸을 통해 진짜 생각을 감지하는 능력을 앗아갔다.

집단 정체성을 과장하거나 지나치게 강조하는 것은 결국 자기침묵으로 이어진다. 한편으로는 정체성을 통한 해방이 소속감으로 이어질 것이라는 믿음이 있지만, 시간이 지나면 그 환상은 점차 구체적인 개인적 특성과 미묘한 차이를 표현하지 않게 되는 자기 희생으로 바뀌게 된다. 따라서 사람들이 어떻게 자기침묵에 빠지고 집단적 도그마가 우위를 점하게 되는지를 이해하려면, 집단 정체성의 구조와 기능을 명확히 이해할 필요가 있다.

상황은 꽤 심각하다. 사람들 각각의 고유함을 무시한 채 집단 정체성만을 계속 강조하게 되면, 결국 진실이 아닌 왜곡된 이야기를 지어내게 된다. 그렇게 만들어진 이야기는 구멍이 많고, 온전하지 못하다. 이런 식으로 굳어진 집단사고는 결국 자신뿐 아니라 다른 사람들까지도 점점 더 침묵하게 만든다. 왜냐하면 사람들은 같은 집단 안에서 서로를 흉내 내려 하기 때문이다.

 집단 정체성은 그저 일시적인 소속감으로서 기능해야 한다. 애초에 그것이 일시적인 것이라는 인식이나 기대가 있다면, 그 정체성에서 벗어나는 과정은 고통스러울 필요가 없다. 우리는 유목민이 아닌가? 우리는 단지 공간 속에서만이 아니라, 생각과 사상의 영역에서도 떠돌지 않는가? 성장하고 껍질을 벗는 과정 속에서, 우리의 자아 의식은 새롭게 형성되지 않는가? 그렇다면 왜 우리는 하나의 집단이나 이념 안에 평생 머물 것을 기대하는가? 지금의 정체성은 일시적으로 소속된 장소일 뿐이며, 더 이상 집단 정체성이 필요치 않은 더 깊은 형태의 해방으로 나아가기 위한 경로인 것이다.

 인터넷이라는 이 거대한 수도에서, 우리는 평생 동안 수천 가지 정체성을 자유롭게 입고 벗을 수 있다. 그것들에 굳이 집착하거나 얽매일 이유는 없다. 다양한 모습들을 시험하고, 그 의미를 평가하고, 질문을 던지고, 거울 속 자아를 응시하고, 타인과의 대화를 통해 공유하며, 그 자리를 떠나 나아가는 과정에서 우리는 점차 스스로를 깊이 있게 알아가게 된다. 넘쳐나는 정보의 흐름 속에서 이 인터넷 도시가 끊임없이 확장됨에 따라, 우리는 더 예리한 이성과 더 온화한 마음을 가질 수 있는 기회를 얻는다. 이토록 강력한 자원이 우리에게 주어졌다는 건 정말로 놀라운 축복이다. 불과 백 년 전의 선조들이 이걸 보았다면, 감격에 겨워 눈물을 흘렸을지도 모른다. 그리고 더욱 중요한 것은, 모두가 소속감을 느끼고 민주주의가 뿌리내릴 수 있는 공간을 꿈꿨던 수많은 위대한 사상가, 철학자, 예술가들을 되돌아볼 때, 우리가 이 공간을 함께 구축해 나가면서 이 공간이 갖는 잠재력과 의미를 결코 가볍게 여겨서는 안 된다는 점이다. 이 공간을 무의미하게 소모한다면, 우리는 연결과 해방이라는 인류적 이상을 함께 잃게 될 것이다. 스스로를 속박하게 된다면, 이 새로운 공간 역시 더 이상 성장할 수 없다.

우리는 깊은 사랑과 진정한 연대, 그리고 감정적 취약성을 마주할 수 있는 역량을 갖춘 존재다. 우리 본연의 인간성, 오프라인의 자아를 잊지 않을 때, 우리는 그러한 이상에 도달할 가능성을 높일 수 있다.

맺음말

어쩌면 소셜 미디어는 하나의 이벤트처럼, 한시적으로 운영되었어야 하지 않았을까 하는 생각이 든다. 전 세계가 함께 참여하는 '10년간의 가상 피크닉'이 끝나면 자연스럽게 문을 닫는 것이다. 그리고 사람들이 다시 직접 만나, 온라인에서 쌓은 새로운 이해와 경험을 현실 속에서 깊이 통합하도록 장려하는 것이다. 마치 소셜 미디어에서 일정 기간 '공개 등록'을 한 뒤, 다시 공동의 물리적 현실로 되돌아가는 것이 전제되어 있는 듯한 느낌이다. 그리고 5년이나 10년 후, 소셜 미디어가 다시 열리면 전 세계 공동체가 또 한 번 모여 아이디어를 나누고 대화를 이어 간다. 그 뒤 다시 문을 닫고, 사람들은 그 경험을 곱씹으며 내면화하는 시간을 보내고, 그러다 또다시 문이 열리는 식으로 반복되는 것이다.

지금까지 소셜 미디어는 너무 장기간 개방되어 왔다. 그것은 본래의 목적을 거의 상실했으며, 사람들은 인터넷 파티에서 벗어나 현실 세계의 인간관계와 삶의 방식으로 돌아가지 못한 채 갇혀 있다. 앞으로 우리의 노력이 가장 필요한 부분이 바로 이곳이다.

　이 책을 쓰면서 나는 미디어나 정치, 정체성, 문화에 대해 배우기보다 오히려 오프라인에서 잘 살아가는 법에 대해 더 많이 깨달았다. 나는 말하기, 집단사고, 자기침묵, 양극화에 관한 질문들이 사실 인간 존재에 대한 오래된 질문과 맞닿아 있음을 알게 되었다. 개인으로서 어떻게 존재할 것인지, 몸 안에서 산다는 것은 무엇인지, 다른 사람들과 어떻게 잘 살아갈 것인지, 나와 타인 사이를 어떻게 조율할 것인지, 그리고 두 개인이 갈등을 극복하는 방식이 두 나라가 긴장을 해소하는 것과 어떻게 닮았는지 말이다. 완벽한 경계나 소통의 정답은 없으며, 모든 것은 민첩함과 즉흥적인 판단이 요구되는 일종의 춤과 같다. 친구 관계이든 연인 관계이든, 혹은 국가 간 갈등이든, 완벽하게 자원을 배분하는 일은 불가능하다.

　이 책을 위해 인터뷰했던 다양한 관점의 옹호자들을 세심히 관찰하면서, 나는 많은 이들이 배우지 못한 중요한 사실을 깨달았다. 그것은 바로 반응을 두려워하지 않고 대담하게 사고하고 소통하는 법이다. 오랫동안 나는 내 관찰을 더욱 정확하고 효율적이며 핵심적으로 전달하고 싶었지만, 두려움 때문에 쉽지 않았다. 세계 사상의 역사를 열정적으로 공부해 왔지만, 내 비판적 생각을 온전히 펼칠 현실적 경험이나 훈련은 부족했다. 현대의 군중 문화도 도움이 되지 않았다. 나는 비판적 사고와 대화의 아름다움 속에서 스스로 충돌하고 어우러지는 법을 배우고 싶었다. 많은 이들이 이 갈망을 공감하지만 두려워한다. 나는 새로운 영역을 탐험할 수 있다는 사실에 감사한다.

복잡하고 자유로운 사고방식과 삶의 태도를 향한 나의 여정에서, 온라인상에서 다양한 관점을 지지하는 사람들의 무리를 보는 것이 큰 도움이 되었다. 그 덕분에 나도 내 생각을 좀 더 자유롭게 표현할 수 있었다. 만약 생각 깊은 개인들이 모여 만들어 낸 움직임을 전혀 보지 못했다면, 나는 그동안 감옥처럼 느껴졌던 틀을 깨뜨릴 용기를 내지 못했을 것이다. 이렇게 보면, 집단은 생산적인 역할을 할 수 있다. 온라인에서 감히 목소리를 내는 많은 사람들이 나에게는 본보기가 되었다. 아이러니하게도, 그런 집단이 나를 집단사고에서 벗어나게 해 주었다.

또 하나 내가 깨달은 건, 온라인에서 감탄했던 그 섬세하고 깊이 있는 소통이 대면 관계에서는 생각만큼 자연스럽게 이어지지 않는다는 점이었다. 물론 사람들은 게시물을 신중히 써 내려갈 때 품위 있고 정확한 언어를 사용한다. 하지만 실제로 사람들이 그 언어처럼 항상 예민하고 사려 깊고 온화한 것은 아니었다. 만약 비판적 사고에 감성 지능까지 더해진다면, 그 조합은 얼마나 강력할까? 이 지점에서 내가 그동안 만나 왔던 조용하고 섬세하며 겸허한 사람들이 빛을 발한다. 그들은 진실성과 일관성을 중시하고, 사적이든 대면이든 온라인이든 자신이 중요하게 여기는 가치를 언제나 일치되게 실천한다. 반면 어떤 사람들은 논쟁에서 이기고 싶은 욕망과 자존심에 휩쓸리기도 한다. 하지만 인간 정신에 대한 깊은 존중에서 비롯된 논리, 공정성, 통찰을 소중히 여기는 겸손한 이들도 많다. 주목받기를 바라지 않으면서도, 일관된 논리와 진실 탐구에 진심을 다하는 이들 말이다. 앞으로 우리가 마주하게 될 새로운 길 위에서, 이들의 목소리를 더욱 키워 나가고, 그들을 우리의 등불로 삼을 수 있기를 바란다.

앞으로 나아가며

우리는 지금 분열과 이해 사이의 갈림길에 서 있다. 미래는 여전히 불확실하며, 상황은 어느 방향으로든 흐를 수 있다. 이럴 때일수록 우리에게 요구되는 것은 중심 가치를 잊지 않는 태도이며, 그것을 실제 삶 속에서 꾸준히 실천하는 자세다.

다양성은 최근 수년간 여러 사회에서 점점 더 강력하고 통합적인 가치로 자리 잡았다. 비록 그것이 불완전하게 구현되었을지라도 말이다. 오늘날 우리는 다양한 정체성을 존중하는 데 집중하고 있으며, 이는 오랫동안 소외되어 온 이들을 위해 반드시 필요한 조치였다. 그러나 지금 우리가 절실히 필요로 하는 것은 관점의 다양성이다. 우리는 모두 개별적인 존재이며, 다양성 안에도 더 많은 다양성이 존재하기 때문이다. 하나의 집단 안에도 관점의 다양성이 존재한다는 뜻이다.

점점 더 다양한 관점에 직면함에 따라, 비판적 사고 능력은 다양성과 거의 동등한 수준의 핵심 가치로 부각된다. 그것은 우리가 수많은 의견이 교차하는 바다를 헤쳐 나가며 서로를 파트너로 존중할 수 있도록 하는 필수 기술이다. 만약 사람들이 헤엄칠 때 서로에게 매달린다면, 무의식적으로 서로를 짓눌러 가라앉게 하거나 심지어 익사시킬 수 있다. 비판적 사고는 우리가 각각 개별적으로 헤엄치며 물 위에 떠 있을 수 있도록 도와준다.

비판적 사고는 앞으로의 수십 년 동안 가장 수요가 높은 역량 중 하나가 될 것이다. 우리가 토론 동아리에 대해 살펴보았듯이, 그러한 교실은 미래에 요구되는 기술을 연습하는 현장이다. 그리고 미래를 위한 모델로서, 이제 그 생태계를 조그만 교실이라는 틀에서 끄집어내어, 우리 마을의 중심으로, 새로운 글로벌 수도의 중심축으로 옮겨야 할 시점이다. 지금은 보다 정교한 비판적 사고를 향한 집중적인 노력이 필요한 때이며, 이를 실현하기 위해서는 학교, 대학, 직장뿐 아니라, 자녀 양육 방식과 가정생활에 이르기까지 삶의 여러 영역에 걸친 광범위한 훈련이 필수적이다.

  비판적으로 사고한다는 것은 결코 쉬운 일이 아니다. 그건 마치, 몸에 좋지만 입에 쓰디쓴 약을 꾹 참고 삼키는 일 같다. 비판적 사고 능력을 기르는 초기 단계에서는 늘 경계심을 갖고 있어야 한다. 공적인 사안에 참여하고 제대로 이해하려면, 언제나 안테나를 세우고 있어야 한다. 그런데 이건 어떤 면에서 과잉 경계 상태이며, 우리가 평소에 배워온 심리 치료법과는 완전히 반대되는 태도다. 따라서 진정성 있는 삶을 추구하는 과정 속에서 자기만의 중심성과 균형을 확보하는 일이 무엇보다 중요하다. 사유하는 존재로서 자신의 목표를 분명히 인식해야 하며, 개인의 성장과 번영을 위한 직업적·정서적 경로를 구축하고, 그 여정을 뒷받침하기 위해 자신의 신체적·정신적 건강을 세심히 돌보아야 한다. 지속적인 성장과 회복력을 유지하기 위해서는 적절한 휴식과 재충전이 필수적이다. 그러지 않으면, 과도한 생각과 의심, 방어로 인해 미쳐 버려서, 결국 자기 자신을 잃어버리는 결과를 초래할 수 있다. 그 늪에 빠지지 말길 바란다.

　나는 이 책의 마지막 챕터를 바르셀로나에서 머물며 써 내려갔다. 스페인은 지중해, 북아프리카, 그리고 대서양과 맞닿은 전략적 위치 덕분에 유럽에서 가장 역동적인 역사를 지닌 나라 중 하나다. 그 과거를 들여다보는 일은 관점의 다양성에 대해 배우는 마스터 클래스와도 같다. 물론 그 이면에는 정복과 경쟁의 서사가 자리한다. 그러나 바르셀로나는 그런 역사적 무게를 벗고, 저항과 자유의 정신을 품은 진정한 '펑크' 도시로 존재한다. 대장장이 출신의 건축가 안토니 가우디는 마치 환각 속에서 튀어나온 듯한 기이하고 유쾌한 건축물들을 도시 곳곳에 남겼다. 그의 작품들은 19세기 말에서 20세기 초 사이에 지어진 건축물이라기보다는, 시대를 초월한 몽환적 환영처럼 도시 위에 솟아 있다. 이곳은 카탈루냐의 수도이자, 독자적인 유산과 문화에 대한 깊은 자긍심이 깃든 지역이다. 지금 이 순간에도 많은 카탈루냐인들이 독립을 향한 투쟁을 이어 가고 있다.
　바르셀로나는 펑크적 역사에도 불구하고, 묘하게도 '아날로그'적인 온기를 품고 있다. 분주한 거리에는 여전히 노란 택시들이 좁은 골목과 넓은 대로를 누비고, 광장 곳곳에는 빵집과 커피숍이 자리해 있다. 사람들은 춤을 추고 개를 산책시키며, 미소를 지으며 낯선 이에게도 자리를 권한다. 실제로 어느 날 밤, 정전으로 인해 디지털 키가 작동하지 않아 우리 가족이 에어비앤비에 들어가지 못했던 일이 있었다. 그때 사람들은 우리에게 자리를 내주며 따뜻하게 맞이해 주었고, 그 경험은 이 도시의 아날로그적 정서를 그대로 보여 주었다. 새벽 한 시, 음악당에서 플라멩코 공연을 관람한 뒤, 우리는 한 소박한 호텔 로비에서 프런트 직원을 만났다. 그는 우리에게 자리를 내주며, 핸드폰을 충전하고 물도 마시라며 권했다. 다음 날 쇼핑을 하러 나갔을 때 나는 현지에서 만든 구두를 신어 보며, 그 구두를 만든 장인에 대해 상상했다. 그 장인이 마치 가우디 시대의 대장장이처럼, 자기 마을에서 동료 장인들과 함께 정성스럽게 구두를 만들고 있을 것만 같았다. 나는 세상 물정에 어두운 편은 아니지만, 그 순간만큼은 마치 그 경험에 완전히 빠져드는 기분이었다. 그 순간만큼은 내 몸이 살아 움직이고 있다는 느낌이 들었다. 그곳은 미국에서 익숙해진 디지털 화면의 흔적이 거의 없는, 더 느리고 아날로그적인 공간이었다. 나는 자꾸만 이런 생각을 하게 된다. 여행이란, 각종 꼬리표과 범주에 집착하는 우리의 삶 속에서 꼭 필요한 해독제가 아닐까? 여행은 오래된 집착들을 멈추고, 우리를 해방하며, 우리의 몸이 쉬고 감각이 인도하는 동안, 내면 세계가 재구성되도록 하는 것이다.

집으로 돌아온 뒤, 나는 오프라인에서 했던 깊은 생각을 내 작은 온라인 공간인 인스타그램에 조심스레 올렸다. 그 글은 극심한 정치적 양극화와 집단사고 속에서, 우리가 스스로의 정신 건강을 어떻게 돌보고 있는지를 되묻게 했다. 나는 나의 내면적 경험을 '지적 고립성 이질감 intellectual isolation dysphoria'이라 불렀다. 이 시대에 열린 마음과 비판적 사고를 품고 살아간다는 건 외로운 일이고, 그 외로움은 때로 신체적 고통처럼 느껴지기도 했다. 이름을 붙이는 일이 꼭 필요하지는 않았지만, 그 언어는 많은 이들에게 자신이 이해받고 있다는 따뜻한 신호가 되어 주었다. 곧 '좋아요'가 이어졌고, 댓글에는 "나도 그래."라는 공감이 가득했다. 그들의 공감 속에서 나도 비로소 이해받고 있다는 위안을 느꼈다. 소셜 미디어도, 여전히 누군가를 연결하고 감정을 나누는 소중한 도구가 될 수 있다는 걸 다시금 느꼈다.

앞으로 이처럼 광범위한 소외 현상을 막기 위해서는, 각자의 고립된 정체성에 집착하는 태도를 내려놓아야 한다. 집단 정체성은 사람들 사이의 연결을 돕는 수단으로 기능해 왔지만, 결과적으로는 오히려 분열을 심화시켰다. 우리는 감정의 강도가 겹치는 단 하나의 지점에서만 공통된 기반을 찾으려 해 왔던 듯하다. 이러한 경향은 바람직하지 않으며, 반드시 그것에 맞서야 한다. 우리는 때때로 가장 단순하고 자극적인 기준에 따라 연대하려는 경향을 용인해 왔다. 이처럼 과도한 집단 동일시는 '공유된 트라우마'를 매개로 한 유대감의 일종으로도 해석될 수 있다.

나는 새로운 전문 용어들이 반드시 필요한지는 잘 모르겠지만, 개념적 사고를 위한 공통의 참조 틀을 마련하는 일은 분명 의미가 있다. 특히, 벤 다이어그램처럼 감정적 강도가 중첩되는 중심 영역이라는 이미지는, 현대 사회에서 우리의 유대감이 주로 어디서 형성되는지 파악하는 데 유용하다. 이제는 아픔이 아닌, 우리가 공통으로 중요하게 여기는 '가치'로 연결되어 보는 것도 좋지 않을까?

그런 목표를 가지고 있다면, 몇 가지 작은 조언을 나누고 싶다. 자신만의 울타리를 넘어 밖으로 나가 보자. 실제 생활 속에서 주변의 도움을 받아들이자. 마치 바르셀로나에서 그 늦은 밤 우리 가족이 그랬던 것처럼, 다른 이들에게 의지하자.

경이로움으로 하루를 맞이하자. 천천히 숨을 고르고, 낯선 이의 미소, 공원의 새소리, 거리에서 마주친 개의 발걸음마다 담긴 작은 이야기에 마음을 열자.

정체성을 버리자. 모든 것을 내려놓고 자신의 힘 안에 조용히 머무를 때 찾아오는 따뜻한 포옹을 느껴 보자. 자신과 매우 다른 사람과 대화를 나눠 보자. 타 집단에 대한 고정관념을 깨려면, 반대 의견을 가진 사람과 직접 소통하는 것만큼 좋은 방법은 없다. 그 경험을 통해, 이전까지는 획일적인 집단의 틀로만 바라봤던 그들을 훨씬 더 개별적이고 인간적인 존재로 보게 될 것이다.

집단 소속감이나 집단 정체성보다 중요한 것은 '연결감'일지도 모른다는 점을 잊지 말자. 역설적이게도 그 연결감은 서로 겹치지 않는 여러 집단의 다양한 사람들과 동시에 맺어질 수 있다. 자신의 생각을 표현하자. 우리는 각자 자신의 맹점을 인지하지 못한다. 누군가가 깨어나 목소리를 내면, 그것이 다른 이들에게 새로운 이해의 씨앗이 되어 퍼져 나간다. 모두가 같은 순간에 같은 생각을 하는 것은 아니지만, 서서히 스며들듯이 각자는 자신만의 내면의 지혜와 비판적 사고를 일깨운다. 스스로를 믿고, 자신을 신뢰하자. 집단이 아닌 당신 자신에게 베팅하자.

끝, 또는 새로운 시작

이 책은 우리가 알지 못하는 사이 함께 잉태한 새로운 우주의 이야기를 들려준다. 처음에는 무한한 가능성을 품었으나, 이제 그 우주는 흔들리기 시작하며 우리에게 나아갈 길을 묻고 있다.

명백한 것은, 온라인 공간에서 연결감이나 소속을 경험할 수 있으나, 알고리즘과 가상 공동체, 소셜 미디어가 온전한 개별적 자아를 채워 주지는 못한다는 사실이다. 진정한 생명력은 비판적 사고, 몸으로 체험하는 감각, 자연, 여행, 그리고 뜨겁고 긴장감 넘치는 대화에서 솟아난다.

매일, 집단 속의 인간이기를 선택하라. 소속감을 갖고자 하는 마음은 자연스럽고 건강한 욕구다. 서로 의지하며 살아가는 가운데 자유와 해방도 경험할 수 있다. 소속감과 진실된 자신 표현 사이에서 균형 있는 건강한 제한을 만들 수 있다. 두려움에 눌려 자기침묵을 하는 것과, 스스로 선택해 타인을 배려하는 것은 다르다. 비판적 사고에서 피어난 건강하고 삶을 긍정하는 연결 형태가 어쩌면 우리를 구원할지도 모른다.

우리 모두는 스스로를 위해 용기 내어 일어서고, 담대하게 소통할 힘이 있다. 하지만 그 시작은 자기 내면의 관점을 기꺼이 인내와 헌신으로 탐색하는 데서 비롯된다. 그 과정 속에서 우리는 그 관점을 자유자재로 다루고, 새로운 질문을 제기하며, 스스로에게 도전하여 새로운 시선을 발견할 수 있다. 그때에야 우리는 더 열린 마음으로 소통하며 다른 이들과 교감하고, 그들의 세계관을 배울 수 있다.

복잡성을 받아들이는 데는 용기가 필요하다. 자신이 세상을 다르게 바라본다는 사실과 도전을 원한다는 점을 인정하는 데는 나약함을 드러낼 수 있는 담대함이 필요하다. 많은 사람이 자신이 속한 집단과의 관계가 무미건조하게 느껴지는 한계점에 도달해 자신이 이해하던 것들, 세상을 보는 방식, 그리고 전에 매달렸던 관점들을 의심하기 시작한다. 다양한 차이를 적극적으로 경험하는 것은 당신을 앞으로 나아가게 하는 촉진제가 될 것이다. 그 경험은 두렵고 낯설며 흥미로울 수도, 불확실할 수도 있지만 성장은 보장된다. 스스로에게 도전하는 법을 배우면서 관용과 인생의 불확실성에 대한 내성을 키우게 된다. 그 내성을 다른 사람에게 전파하고, 비판적 사고를 격려하며, 진실한 대화를 즐기고 소중히 여기는 사람들과 만나는 것은 무엇과도 비교할 수 없는 축복이다. 자신답게 살아가며, 서로 진정한 모습을 드러내는 이들과 함께하는 것이 우리 모두가 끊임없이 그리고 즐겁게 추구해야 할 희망찬 미래상이다.

감사의 글

독자에게(그리고 편집자에게도) 결코 쉽지 않은 도전이었을 이 책을 집필하며 마주했던 모든 순간에 깊이 감사드립니다. 많은 분이 저의 여정을 지켜보고, 함께해 주시며, 언제나 따뜻한 응원을 보내 주셨습니다.

책을 집필하는 내내 아낌없는 지지와 신뢰를 보내 주셨던 하퍼원 HarperOne 출판사의 마야 알퍼트 Maya Alpert 와 중요한 국면마다 책의 방향을 선명히 잡아주신 섀넌 웰치 Shannon Welch 께도 깊이 감사드립니다. 프로젝트 초기, 대중에게 어떻게 이 작업을 소개할 수 있을지 함께 고민해 주신 앨리 모스텔 Aly Mostel 께도 감사의 마음을 전합니다. 예리한 통찰과 유쾌한 에너지로 이 책을 함께 빚어 주신 편집자 힐러리 스완슨 Hilary Swanson 께도 특별히 감사드립니다. 여러분과 두 권의 책을 함께 작업할 수 있었던 것은 제게 큰 영광이었으며, 앞으로도 함께 나눌 작업들을 고대합니다.

탐구의 여정 속에서 도전적인 질문과 귀한 통찰을 함께 나눠준 저의 형제자매들에게도 고마움을 전합니다. 책을 구상하던 초기 단계에서 남동생은 온라인에서 오가는 진보적 담론의 영상들을 공유해 주었고, 여동생들은 본질을 꿰뚫는 질문들로 제 사유의 지평을 넓혀 주었습니다.

또한 인터뷰에 응해 주신 용기 있는 분들께도 깊은 감사를 드립니다. '용기'라는 표현을 달갑지 않게 느끼실 분들도 계시겠지만, 오늘날의 사회에서 다수의 흐름에 맞서 자신의 목소리를 내는 일은 분명 용기 있는 행위라고 생각합니다. 그 용기에 진심으로 감사드립니다.

신선한 관점을 들려주신 전 세계의 오랜 친구들께도 감사의 마음을 전합니다. 카트만두의 제임스[James], 방콕의 브라이언[Bryan], 베이 에어리어의 내털리[Natalie], 애니[Annie], 제임스[James] 모두에게 진심 어린 감사를 드립니다.

나의 어머니, 당신이 철학적으로 변화해 가는 모습을 곁에서 지켜볼 수 있었던 것은 제게 큰 영감이었습니다. 어머니 덕분에 우리 가족이 〈레이철 메건 쇼〉를 함께 보며 생각을 나눌 수 있는 계기를 얻게 되었습니다. 감사드립니다.

아버지, 언제나 반골적 정신을 간직해 오신 분. 세상이 당신께 친절하지 않았던 만큼, 그 속에서 마주하신 수많은 마찰이야말로 아버지의 통찰을 더욱 날카롭게 단련시켰다고 저는 믿고 있습니다.

   남편은 타고난 비판적 사고의 소유자입니다. 공학자로서 언제나 논리와 이성으로 사유하는 그와 함께 저는 자주 진지한 논쟁을 나누곤 했습니다. 어쩌면 이 책은 그의 사고력에 조금이나마 다가서기 위한 저의 시도이기도 했는지 모르겠습니다. 진심으로 감사드리며, 사랑합니다.

   그리고 사랑하는 딸, 너는 우리보다 훨씬 깊은 사고력과 통찰을 지니고 있어 놀라울 때가 많다. 너의 질문은 늘 우리를 자극하고, 도전적인 마음가짐과 강인함, 그리고 우아함 모두가 나에게 큰 자랑이다. 진심으로 고맙고 사랑한다.

참고문헌

프롤로그

1. Steven MacKenzie, "Inside the Future of Humanity: Svalbard's Global Seed Vault," The Big Issue, March 4, 2020, https://www.bigissue.com/news/environment/inside-the-future-of-humanity-svalbards-global-seed-vault.
2. Jennifer Duggan, "Inside the 'Doomsday' Vault," TIME, June 26, 2017, https://time.com/doomsday-vault.
3. Richard Hutton, " 'Misinformation' Led to Librarian's Firing, US Organization Says," Penticton Herald, March 28, 2024, https://www.pentictonherald.ca/spare _news/article_b2b8ccdb-46ad-5a1a-8221-45a79f1048aa.html.
4. Gordon L. Flett, Avi Besser, Paul L. Hewitt, and Richard A. Davis, "Perfectionism, Silencing the Self, and Depression," Personality and Individual Differences 43, no. 5 (2007): 1211-22.
5. Sebastian Pintea and Andreea Gatea, "The Relationship Between Self-Silencing and Depression: A Meta-Analysis," Journal of Social and Clinical Psychology 40, no. 4 (2021): 333-58.
6. Jenara Nerenberg, Divergent Mind: Thriving in a World That Wasn't Designed for You (New York: HarperOne, 2020). 9 never thought of neurodiversity as being limited to psychology: Jenara Nerenberg, "Has 'Neurodiversity' Gone Rogue?" Medium, December 13, 2021, https://jenara.medium.com/has-neurodiversity- gone -rogue-3feef155d7a6.
7. Jenara Nerenberg, "Has 'Neurodiversity' Gone Rogue?" Medium, December 13, 2021, https://jenara.medium.com/has-neurodiversity-gone-rogue-3feef155d7a6.

Part 1. 우리는 어디에 서 있는가
자기침묵 문화의 뿌리

8. Emma Camp, "I Came to College Eager to Debate. I Found Self-Censorship Instead," New York Times, March 7, 2022, https ://www.nytimes.com/2022/03/07/opinion/campus-speech- cancel -culture. html.
9. Lucy Kross Wallace, "From the Community: When Inclusive Language excludes," The Stanford Daily, October 20, 2021, https://stanforddaily .com/2021/10/20/from-the-community- when- inclusive-language-excludes.
10. Simon Baron-Cohen, Emma Ashwin, Chris Ashwin, Teresa Tavassoli, and Bhismadev Chakrabarti, "Talent in Autism: Hyper-systemizing, Hyper-attention to Detail and Sensory Hypersensitivity," Philosophical Transactions of the Royal Society of London. Series B, Biological Sciences 364, no. 1522 (2009): 1377-83, doi: 10.1098/rstb.2008.0337.
11. Michelle Cleary, Sancia West, Rachel Kornhaber, and Catherine Hungerford, "Autism, Discrimination and Masking: Disrupting a Recipe for Trauma," Issues in Mental Health Nursing 44, no. 9 (2023): 799-808, doi: 10.1080/01612840.2023.2239916.

22 depression and anxiety often result: Javad Alaghband-rad, Arman Hajikarim-Hamedani, and Mahtab Motamed, "Camouflage

12 Javad Alaghband-rad, Arman Hajikarim-Hamedani, and Mahtab Motamed, "Camouflage and Masking Behavior in Adult Autism," Frontiers in Psychiatry 14 (2023): doi: 10.3389/fpsyt.2023.1108110.
13 Daniel B. M. Haun, Yvonne Rekers, and Michael Tomasello, "Children Conform to the Behavior of Peers; Other Great Apes Stick with What They Know," Psychological Science 25, no. 12 (2014): 2160-67, doi: 10.1177/0956797614553235.
14 Batya Ungar-Sargon, Bad News: How Woke Media Is Undermining Democracy (New York: Encounter Books, 2021).
15 Coleman Hughes, "Why Is TED Scared of Color Blindness?" The Free Press, September 26, 2023, https://www.thefp.com/p/coleman-hughes-is-ted-scared-of-color-blindness.
16 "Adam Grant and Chris Anderson Respond to Coleman Hughes," The Free Press, September 27, 2023, https://www.thefp.com/p/adam-grant-chris-anderson-respond-coleman-hughes.
17 John A. Teske, "Cyberpsychology, Human Relationships, and Our Virtual Interiors," Zygon: Journal of Religion and Science 37, no. 3 (2002): 677-700.
18 Giuseppe Riva and Carlo Galimberti, Towards CyberPsychology: Mind, Cognition, and Society in the Internet Age (Amsterdam: IOS Press, 2001).
19 Ioana Kocurová-Giurgiu, "Cancel Culture as Perceived and Encouraged in Academia: An Exploration of How Mob Attitudes on Social media Promote Censorship and the End of Open Dialogue," Skoda Auto University, September 2021.

집단사고의 효과

20 AJ McDougall, "Ex-Toronto Principal Dies by Suicide After Anti-Racism Training Fiasco," Daily Beast, July 25, 2023, https://www.thedailybeast.com/ex-toronto-principal-richard-bilkszto-dies-by-suicide-after-alleged-bullying-at-anti-racism-training.
21 "PEN America Cites 'Egregious Violation' of Academic Freedom by Hamline University," PEN America, December 23, 2022, https://pen.org/press-release/pen-america-cites-egregious-violation-of-academic-freedom-by-hamline-university.
22 Brian C. Patrick, Sarah Stockbridge, Heidi V. Roosa, and Julie S. Edelson, "Self-Silencing in School: Failures in Student Autonomy and Teacher-Student Relatedness," Social Psychology of Education: An International Journal 22, no. 4 (2019): 943-67, doi: 10.1007/s11218-019-09511-8.
23 Avi Besser, Gordon L. Flett, and Paul L. Hewitt, "Silencing the Self and Personality Vulnerabilities Associated with Depression," in Silencing the Self Across Cultures: Depression and Gender in the Social World, eds. Dana C. Jack and Alisha Ali (Oxford University Press, 2010), 285-312, doi: 10.1093/acprof:oso/9780195398090.003.0014.

24 Leonard Cassuto, "PhD Attrition: How Much Is Too Much?" Chronicle of Higher Education, July 1, 2013, https://www.chronicle.com/article/ph-d-attrition-how-much-is-too-much.

25 Jeremy B. Bernerth, "You're Offended, I'm Offended! An Empirical Study of the Proclivity to BeOffended and What It Says About Employees' Attitudes and Behaviors," Journal of Business Research 116 (2020): 314-23, doi: 10.1016/j.jbusres.2020.05.040.

26 R. George Wright, "Self-Censorshipand the Constriction of Thought and DiscussionUnder Modern Communications Technologies," Notre Dame Journalof Law, Ethics & Public Policy 25 (2012).

27 Kenneth M. Cramer, MelanieD. Gallant, and Michelle W. Langlois, "Self-Silencing and Depression in Women and Men: Comparative Structural Equation Models," Personality and Individual Differences 39, no. 3 (2005): 581-92, doi: 10.1016/j.paid.2005.02.012.

28 Valerie E. Whiffen, Meredith L. Foot, and Janice M. Thompson, "Self-Silencing Mediatesthe Link Between Marital Conflict and Depression," Journal of Social and Personal Relationships 24, no. 6 (2007): 993-1006, doi: 10.1177/0265407507084813.

29 Rainer Romero-Canyas, Kavita S. Reddy, Sylvia Rodriguez, and Geraldine Downey, "After All I Have Done for You: Self-Silencing Accommodations Fuel Women's Post-Rejection Hostility," Journal of Experimental Social Psychology 49, no. 4 (2013): 732-40, doi: 10.1016/j.jesp.2013.03.009.

30 Daniel Bar-Tal, "Self-Censorship as a Socio-Political- Psychological Phenomenon: Conception and Research," Advances in Political Psychology 38 (2017), doi: 10.1111/pops.12391.

31 https://www.apa.org/monitor/2024/01/trends-hope-greater-meaning-life.

32 Jamie Waters, "Constant Craving: How Digital Media Turned Us All into Dopamine Addicts," The Guardian, August 22, 2021, https://www.theguardian.com/global/2021/aug/22/how-digital-media-turned-us-all-into-dopamine-addicts-and-what-we-can-do-to-break-the-cycle.

33 Trevor Haynes, "Dopamine, Smartphones & You: A Battle for Your Time," Harvard Medical School, May 1, 2021, https://www.scribd.com/document/460458389/Dopamine-Smartphones-You-A-battle-for-your-time-Science-in-the-News-pdf.

극단주의가 파고드는 심리적 틈새

34 Michael A. Hogg, "From Uncertainty to Extremism: Social Categorization and Identity Processes," Current Directions in Psychological Science 23, no. 5 (2014): 338-42, doi: 10.1177/0963721414540168.

35 Michael A. Hogg, "Self-Uncertainty and Group Identification: Consequences for Social Identity, Group Behavior, Intergroup Relations, and Society," in Advances in

Experimental Social Psychology 64, ed. Bertram Gawronski (Elsevier Academic Press, 2021), 263-316.
36 Arie W. Kruglanski, Jessica R. Fernandez, Adam R. Factor, and Ewa Szumowska, "Cognitive Mechanisms in Violent Extremism," Cognition 188 (2019): 116-23, doi: 10.1016/j.cognition.2018.11.008.
37 Katarzyna Jasko, David Webber, and Arie W. Kruglanski, "Political Extremism," in Social Psychology: Handbook of Basic Principles, eds. Paul A. M. Van Lange, E. Tory Higgins, and Arie W. Kruglanski (New York: Guilford Press, 2022), 567-88.
38 Michael A. Hogg, David K. Sherman, Joel Dierselhuis, Angela T. Maitner, and Graham Moffitt, "Uncertainty, Entitativity, and Group Identification," Journal of Experimental Social Psychology 43 (2007): 135-42, doi: 10.1016/j.jesp.2005.12.008.
39 Zachary P. Hohman, "Fearing the Uncertain: A Causal Exploration of Self-Esteem, Self-Uncertainty, and Mortality Salience" CGU Theses & Dissertations, paper 26 (2012), http://scholarship.claremont.edu/cgu_etd/26.
40 Michael A. Hogg and Amber M. Gaffney, "Social Identity Dynamics in the Face of Overwhelming Uncertainty," in The Psychology of Insecurity: Seeking Certainty Where None Can Be Found, eds. Joseph P. Forgas, William D. Crano, and Klaus Fiedler (New York: Routledge, 2023), 244-63.
41 Michael Hogg, "Social Instability and Identity-Uncertainty: Fertile Ground for Extremism," in Social Psychology and Politics (New York: Routledge, 2015), 307-19.
42 Anja Dalgaard-Nielsen, "Promoting Exit from Violent Extremism: Themes and Approaches," Studies in Conflict & Terrorism 36 (2013): 99-115, doi: 10.1080/1057610X.2013.747073.

Part 2. 침묵을 깨고 나아가기
자유롭게 반대할 수 있는 기쁨

43 E. Marshall Brooks, "The Disenchanted Self: Anthropological Notes on Existential Distress and Ontological Insecurity Among ex-Mormons in Utah," Culture, Medicine, and Psychiatry 44 (2020): 193-213, doi: 10.1007/s11013-019-09646-5.
44 Jon Fortenbury, "The Health Effects of Leaving Religion," The Atlantic, September 28, 2014, https://www.theatlantic.com/health/archive/2014/09/the-health-effects-of-leaving-religion/379651/#.
45 Christopher P. Scheitle and AmyAdamczyk, "High-CostReligion, Religious Switching, and Health," Journal of Health and Social Behavior 51, no. 3 (2010): 325-42, doi: 10.1177/0022146510378236.
46 Heinz Streib, "Leaving Religion:Deconversion," Current Opinion in Psychology (2021), doi:10.1016/j.copsyc.2020.09.007.
47 Jolanda Jetten and Matthew J. Hornsey, "Deviance and Dissent in Groups," Annual Review of Psychology 65 (2014): 461-85, doi: 10.1146/annurev-

psych-010213-115151.

48. Benoît Monin and Kieran O'Connor, "Reactions to Defiant Deviants: Deliverance or Defensiveness?" in Rebels in Groups: Dissent, Deviance, Difference and Defiance, eds. Jolanda Jetten and Matthew J. Hornsey (New Jersey: Blackwell Publishing, 2011), 259-80, doi: 10.1002/9781444390841.ch14.

49. Tom Bartlett, "How Heterodox Academy Hopes to Change the Campus Conversation," Chronicle of Higher Education, January 9, 2023, https://www.chronicle.com/article/how-heterodox-academy-hopes-to-change-the-campus-conversation.

50. Lexi Lonas, "Protecting Free Speech on Campus from Attacks from Both Sides," The Hill, March 5, 2024, https://thehill.com/homenews/education/4506449-protecting-free-speech-campus.

51. Lois M. Collins, "Why Political Disagreements Are Healthy, Essential for a Strong Nation," Deseret News, June 29, 2024, https://www.deseret.com/politics/2024/06/29/braver-angels-carthage-college-polarized-politics.

52. Coleman Hughes, "Opinion: A Big Problem with How We Talk About Race Today," CNN, February 5, 2024, https://www.cnn.com/2024/02/05/opinions/black-conservative-race-coleman-hughes/index.html.

53. Elle Hunt, "Everyone's So Intolerant Online. Am I Right to Stay Silent?" The Guardian, May 22, 2024, https://www.theguardian.com/wellness/article/2024/may/22/cancel-culture-social-media.

54. Max Cohen, "New York Times Opinion Writer Bari Weiss Resigns, Citing Hostile Culture and Lack of Ideological Diversity," Politico, July 14, 2020, https://www.politico.com/news/2020/07/14/new-york-times-bari-weiss-resigns-360730.

55. Isaac Chotiner, "'There Is a Hunger Out There for More Complicated Discussions,'" Slate, September 4, 2018, https://slate.com/news-and-politics/2018/09/meghan-daum-intellectual-dark-web-identity-politics.html.

56. "First-of-Its-Kind Debate on a US Campus of Diversity-Equity-Inclusion Occurs Peacefully at MIT," MIT Free Speech Alliance, April 4, 2023, https://mitfreespeech.org/news_manager.php?page=32785.

57. Charlan Nemeth and John Rogers, "Dissent and the Search for Information," British Journal of Social Psychology 35 (1996): 67-76, doi: 10.1111/j.2044-8309.1996.tb01083.x.

58. Michael A. Beam, Jeffrey T. Child, Myiah J. Hutchens, and Jay D. Hmielowski, "Context Collapse and Privacy Management: Diversity in Facebook Friends Increases Online News Reading and Sharing," New Media & Society 20, no. 7 (2018): 2296-314, doi: 10.1177/1461444817714790.

59. Dongyoung Sohn, "Spiral of Silence in the Social Media Era: A Simulation Approach to the Interplay Between Social Networks and Mass Media," Communication Research 49 (2022): 139-66, doi: 10.1177/0093650219856510.

60. Jenny L. Davis and Nathan Jurgenson, "Context Collapse: Theorizing Context Collusions and Collisions," Information, Communication & Society 17, no. 4 (2014):

476-85, doi: 10.1080/1369118X.2014.888458.
61 Qinfeng Zhu and Marko M. Skoric, "From Context Collapse to 'Safe Spaces': Selective Avoidance Through Tie Dissolution on Social Media," Mass Communication and Society 24, no. 6 (2021).
62 Bert H. Hodges, "Rethink-ing Conformity and Imitation: Divergence, Convergence, and Social Understanding," Frontiers in Psychology 5 (2014), doi: 10.3389 / fpsyg.2014.00726.

혼자 설 수 있는 용기

63 Marc Novicoff, " 'It's Causing Them to Drop Out of Life': How Phones Warped Gen Z," Politico, March 24, 2024, https://www.politico.com/news/magazine/2024/03/24/the-anxious-generation-qa-00147880.
64 Sanjana Gupta, "What Does It Mean to Feel Overwhelmed?," Verywell Mind, January 12, 2024, https://www.verywellmind.com/feeling-overwhelmed-symptoms-causes-and-coping-5425548.
65 Lisette Dirksen, Nadia Ismaïli, Elanie Rodermond, Catrien Bijleveld, and Masha Antokolskaia, "Extremist Beliefs and Child Protection," Family & Law (2024), doi: 10.5553/FenR/.000065.
66 Marlene Winell, "Religious Indoctrination as a Child," JourneyFreeOrg, YouTube, October 6, 2019, https://www.youtube.com/watch?v=0RQEPWw_D2U.
67 Immo Fritsche, Eva Jonas, and Thomas Fankhaenel, "The Role of Control Motivation in Mortality Salience Effects on Ingroup Support and Defense," Journal of Personality and Social Psychology 95 (2008): 524-41.
68 Reuben Ng, Heather Allore, and Becca R. Levy, "Self-Acceptance and Interdependence Promote Longevity: Evidence from a 20-Year Prospective Cohort Study," International Journal of Environmental Research and Public Health 17 (2020), doi: 10.3390/ijerph17165980.
69 Richard M. Ryan, Edward L. Deci, Wendy S. Grolnick, and Jennifer G. La Guardia, "The Significance of Autonomy and Autonomy Support in Psychological Development and Psychopathology," in Developmental Psychopathology, volume 1: Theory and Method, eds. Dante Cicchetti and Donald J. Cohen (New York: John Wiley & Sons, 2006).
70 Valerie Tarico, "An Excess of Woke Thinking May Harm Mental Health or Relationships," Valerie Tarico: psychologist and author website, December 15, 2021, https://valerietarico.com/2021/12/15/an-excess-of-woke-thinking-may-harm-mental-health-or-relationships.
71 Erin E. Hollenbaugh, "Self-Presentation in Social Media: Review and Research Opportunities," Review of Communication Research 9 (2021): 80-98, doi: 10.12840/ISSN.2255-4165.027.
72 Margeret Hall and Simon Caton, "Am I Who I Say I Am?: Unobtrusive Self-Representation and Personality Recognition on Facebook," PLOS One 12, no. 9

(2017), doi: 10.1371/journal.pone.0184417.
73 Soraj Hongladarom, "Personal Identity and the Self in the Online and Offline World," Minds and Machines 21 (2011): 533-48, doi: 10.1007/s11023-011-9255-x
74 Chris Fullwood, Caroline Wesson, Josephine Chen-Wilson, Melanie Keep, Titus Asbury, and Luke Wilsdon, "If the Mask Fits: Psychological Correlates with Online Self-Presentation Experimentation in Adults," Cyberpsychology, Behavior, and Social Networking 23, no. 11 (2020): 737-42, doi: 10.1089/cyber.2020.0154.
75 Petter Bae Brandtzaeg and María-Ángeles Chaparro-Domínguez, "From Youthful Experimentation to Professional Identity: Understanding Identity Transitions in Social Media," YOUNG 28, no. 2 (2020): 157-74, doi: 10.1177/1103308819834386.
76 Ben Marder, David Houghton, Adam Joinson, Avi Shankar, and Eleanor Bull, "Understanding the Psychological Process of Avoidance-Based Self-Regulation on Facebook," Cyberpsychology, Behavior, and Social Networking 19, no. 5 (2016): 321-27, doi: 10.1089/cyber.2015.0564.
77 David McElhinney, "Japan Shrugs as Americans Fume Over Gwen Stefani 'Appropriation,' " Al Jazeera, January 15, 2023, https://www.aljazeera.com/economy/2023/1/15/japan-shrugs-as-us-fumes-over-gwen-stefani-appropriation-furore.

나 자신에게 솔직하게!

78 Brené Brown, "The Power of Vulnerability," TED, June 2010, https://www.ted.com/talks/brene_brown_the_power_of_vulnerability?subtitle=en.
79 Brené Brown, "Brene Brown: The Courage to Be Vulnerable," Insights at the Edge podcast interview, https://resources.soundstrue.com/transcript/brene-brown-the-courage-to-be-vulnerable.
80 Nick Haslam, "The Problem with Describing Every Misfortune as 'Trauma,' " Chicago Tribune, August 15, 2016, https://www.chicagotribune.com/2016/08/15/the-problem-with-describing-every-misfortune-as-trauma.
81 Jessica Lindsay, "The Problem with Mental Health Influencers," Metro, May 9 2021, https://metro.co.uk/2021/05/09/mental-health-influencers-providing-vital-support-or-hoodwinking-the-vulnerable-14381681.
82 Valerie Tarico, Trusting Doubt: A Former Evangelical Looks at Old Beliefs in a New Light (Virginia: Oracle Institute, 2010).
83 Valerie Tarico, "An Excess of Woke Thinking May Harm Mental Health or Relationships," Valerie Tarico: psychologist and author website, December 15, 2021, https://valerietarico.com/2021/12/15/an-excess-of-woke-thinking-may-harm-mental-health-or-relationships.
84 Zaid Jilani, "John McWhorter Argues That Antiracism Has Become a Religion of the Left," New York Times, October 26, 2021, https://www.nytimes.com/2021/10/26/books/review/john-mcwhorter-woke-racism.html.
85 These patterns not only trap: Valerie Tarico, "An Excess of Woke Thinking."

86 Francis Heylighen, "Gifted People and Their Problems," Free University of Brussels, http://pespmc1.vub.ac.be/Papers/GiftedProblems.pdf.
87 Francis Heylighen, "Gifted People and Their Problems," Free University of Brussels, http://pespmc1.vub.ac.be/Papers/GiftedProblems.pdf.
88 Mary-Elaine Jacobsen, Liberating Everyday Genius (New York: Ballantine Books, 1999).
89 Deirdre V. Lovecky, "Can You Hear the Flowers Singing?: Issues for Gifted Adults," Journal of Counseling and Development 64, no. 9 (1986): 590-92.

Part 3. 다시, 함께하기
토론은 진실에 이르는 해독제
90 Mike Smith, "Amarillo Teacher Wins Statewide Scholastic Honor," Panhandle PBS, January 16, 2018, https://www.panhandlepbs.org/blogs/learn-here/amarillo-teacher-wins-statewide-scholastic-honor.
91 Ruth Kennedy, "In-Class Debates: Fertile Ground for Active Learning and the Cultivation of Critical Thinking and Oral Communication Skills," International Journal of Teaching and Learning in Higher Education 19, no. 2 (2007): 183-90.
92 Beth E. Schueler and Katherine E. Larned, "Interscholastic Policy Debate Promotes Critical Thinking and College-Going: Evidence from Boston Public Schools," Educational Evaluation and Policy Analysis, doi: 10.3102/01623737231200234.
93 AnnMarie Baines, Diana Medina, and Caitlin Healy, Amplify Student Voices: Equitable Practices to Build Confidence in the Classroom (ASCD, 2023).
94 Deanna Kuhn, Laura Hemberger, and Valerie Khait, Argue with Me: Argument as a Path to Developing Students' Thinking and Writing (Wessex, 2013).
95 Deanna Kuhn, "Thinking as Argument," Harvard Educational Review 62, no. 2 (1992): 155-78, doi: 10.17763/haer.62.2.9r424r0113t670l1.
96 Deanna Kuhn, "Science as Argument: Implications for Teaching and Learning Scientific Thinking," Science Education 77, no. 3 (1993): 319-37, doi: 10.1002/sce.3730770306.
97 Deanna Kuhn, "Thinking as Argument," in Critical Readings on Piaget, ed. Leslie Smith (New York: Routledge, 1996).
98 Lisa Tsui, "Cultivating Critical Thinking: Insights from an Elite Liberal Arts College," The Journal of General Education 56 (2008): 200-27.
99 Laura C. Edwards, "The Craft of Infusing Critical Thinking Skills: A Mixed-Method Research on Implementation and Student Outcome," Journal on Centers for Teaching and Learning 9 (2017): 47-72.
100 Daniel Muijs and Christian Bokhove, "Metacognition and Self-Regulation: Evidence Review" (London: Education Endowment Foundation, 2020).
101 John Daniel Cazier, "Fostering Critical Thinking," United States Military Academy,

West Point (2010), https://www.westpoint.edu/sites/default/files/inline-images/centers_research/center_for_teching_excellence/PDFs/mtp_project_papers/Cazier_10.pdf.
102 Emma Camp, "I Came to College Eager to Debate. I Found Self-Censorship Instead," New York Times, March 7, 2022, https://www.nytimes.com/2022/03/07/opinion/campus-speech-cancel-culture.html.
103 UnHerd, https://unherd.com.
104 Compact, https://www.compactmag.com.
105 Sarah Haider, Hold That Thought, https://newsletter.sarahhaider.com.
106 Erec Smith et al., Journal of Free Black Thought, https://freeblackthought.substack.com.
107 Sheena Michele Mason, Togetherness Wayfinder, https://togethernesswayfinder.substack.com.

우리가 지닌 깊이를 품으며

108 Sebastien Bishop and Robert Mark Simpson, "Disagreement and Free Speech," in Routledge Handbook of Philosophy of Disagreement, eds. Maria Baghramian, J. Adama Carter, and Rach Cosker-Rowland (New York: Routledge, 2023).
109 Kathleen McGarvey Hidy, "The Speech Gods: Freedom of Speech, Censorship, and Cancel Culture in the Age of Social Media," Washburn Law Journal 61 (2021).
110 Robert P. George and Cornel West, "Truth Seeking, Democracy, and Freedom of Thought and Expression," James Madison Program in American Ideals and Institutions, Princeton University, March 14, 2017, https://jmp.princeton.edu/news/2017/sign-statement-truth-seeking-democracy-and-freedom-thought-and-expression-statement.
111 Patrick J. Deneen, Francis Fukuyama, Deirdre Nansen McCloskey, and Cornel West, "Is Liberalism Worth Saving?," Harper's Magazine, October 19, 2022, https://harpers.org/archive/2023/02/is-liberalism-worth-saving-francis-fukuyama-cornel-west-deirdre-mccloskey-patrick-deneen.
112 Siwei Cheng and Yu Xie, "Structural Effect of Size on Interracial Friendship," Proceedings of the National Academy of Sciences of the United States of America 110, no. 18 (2013): 7165-69, doi: 10.1073/pnas.1303748110.
113 Young K. Kim, Julie J. Park, and Katie K. Koo, "Testing Self-Segregation: Multiple-Group Structural Modeling of College Students' Interracial Friendship by Race," Research in Higher Education 56, (2015): 57-77, doi: 10.1007/s11162-014-9337-8.
114 Elizabeth Page-Gould, Rodolfo Mendoza-Denton, and Wendy Berry Mendes, "Stress and Coping in Interracial Contexts: The Influence of Race-Based Rejection Sensitivity and Cross-Group Friendship in Daily Experiences of Health," Journal of Social Issues 70, no. 2 (2014): 256-78, doi: 10.1111/josi.12059.
115 https://www.apa.org/monitor/2024/01/trends-hope-greater-meaning-life.
116 Kathy McMahon, "The Survival Mindset," Resilience, March 15, 2010, https://www.

resilience.org/ stories/2010-03-15/survival-mindset.
117 Marlene Winell, "Seven Steps to Recovery," Debunking Christianity, February 15, 2009, https://www .debunking-christianity.com/2009/02/seven-steps-to-recovery.html.
118 Kyle Howington, "Survival Psychology and Creating a Survivalist Mindset," The Survival Uni-versity, https://thesurvivaluniversity.com/survival-tips/understanding-survival-psychology-to-create-a-strong-survivalist-mindset.
119 Emily McFarlan Miller, "The Scienceof Sabbath: How People Are Rediscovering Rest— and Claiming Its Benefits," Religion News Service, September 25, 2019, https:// religionnews.com/2019/09/25/the-science-of-sabbath-how-people-are-rediscovering-rest-and-claiming-its-benefits.
120 GMA Team, "DIY Projects and Games to Enjoy on Global Day of Unplugging," Good Morning America, March 1, 2024, https://www.goodmorningamerica.com/shop/ story /diy-projects-games-enjoy-global-day-unplugging-107682789.
121 Kendra Cherry, "How to Forgive Yourself," Verywell Mind, December 5, 2023, https:// www.verywellmind .com/how-to-forgive-yourself-4583819.

웃음이 지닌 힘

122 Luca Chittaro, Riccardo Sioni, Cristiano Crescentini, and Franco Fabbro, "Mortality Salience in Virtual Reality Experiences and Its Effects on Users' Attitudes Towards Risk," International Journal of Human-Computer Studies 101 (2017): 10-22.
123 Janet M. Gibson, "Laughing Is Good for Your Mind and Your Body: Here's What the Research Shows," The Conversation, November 23, 2020, https://theconver sation. com/laughing-is-good-for-your-mind-and-your-body-heres-what-the-research-shows-145984.
124 Giovanni Sabato, "What's So Funny? The Science of Why We Laugh," Scientific American, June 26, 2019, https://www.scientificamerican.com/article/whats-so-funny-the-science-of-why-we-laugh.
125 Pascal Vrticka, Jessica M. Black, and Allan L. Reiss, "The Neural Basis of Humour Processing," Nature Reviews Neuroscience (2013), doi: 10.1038/nrn3566.
126 Joseph Polimeni and Jeffrey Reiss, "The First Joke: Exploring the Evolutionary Origins of Humor," Evolutionary Psychology 4 (2006), doi: 10.1177/147470490600400129.
127 Oshan Jarow, "The World's Emotional Status Is Actually Pretty Good, a New Global Report Finds," Vox, July 3, 2024, https://www.vox.com/future-perfect/ 358022/ global-mental-health-happiness-measure-gdp.
128 Sonaiya Kelley, "The Rise and Fall of Cancel Culture in Comedy," Los Angeles Times, December 12, 2022, https://www.latimes.com/entertainment-arts/ movies / story/2022-12-12/cancel-culture- comedy- emergence.
129 Sonaiya Kelley, "5 Comics Who Were Arrested Onstage," Los Angeles Times, December 12, 2022, https://www.latimes.com/entertainment-arts/ movies/ story/2022-12 -12/5-comics-arrested- onstage.

130 Ronald Brownstein, "The Show That Changed Television Forever," The Atlantic, March 23,2021, https://www.theatlantic.com/politics/archive/2021/03/how-all-family-changed-american-tv-forever/618353.
131 Zoe Christen Jones, "Netflix Employees Stage Walkout over Dave Chappelle Special," CBS News, October 25, 2021, https://www.cbsnews.com/news/dave-chappelle-netflix-employees-walkout.
132 Matt Wilstein, "How Comedian Tom Papa Knows Cancel Culture Is 'Very Real,'" Daily Beast, December 9, 2022, https://www.thedailybeast.com/how-comedian-tom-papa-knows-cancel-culture-is-very-real.
133 Phillip Deen, "What Could It Mean to Say That Today's Stand-Up Audiences Are Too Sensitive?," The Journal of Aesthetics and Art Criticism 78 (2020): 501-12, doi:10.1111/jaac.12755.
134 Elizabeth N. Simas, Scott Clifford, and Justin H. Kirkland, "How Empathic Concern Fuels Political Polarization," American Political Science Review (2020): 258-69.
135 Feng Jiang, Su Lu, Tonglin Jiang, and Heqi Jia, "Does the Relation Between Humor Styles and Subjective Well-Being Vary Across Culture and Age?: A Meta-Analysis," Frontiers in Psychology 11 (2020), doi: 10.3389/fpsyg.2020.02213.

깊고 넓은 생각의 수도

136 Jenara Nerenberg, Divergent Mind: Thriving in a World That Wasn't Designed for You (New York: HarperOne, 2020).
137 Alain Van Hiel and Ivan Mervielde, "The Measurement of Cognitive Complexity and Its Relationship with Political Extremism," Advances in Political Psychology 24, no. 4 (2003): 781-801.
138 Andrew Jason Cohen, "Psychological Harm and Free Speech on Campus," Society 54 (2017): 320-25, doi: 10.1007/s12115-017-0145-6.
139 Lauren Langman and Katie Cangemi, "Globalization and the Liminal: Transgression, Identity and the Urban Primitive," Research in Urban Policy 9 (2003): 141-76, doi: 10.1016/S1479-3520(03)09004-4.
140 Pihla Siim, "Family in Transition: Transnational Family Ties and Identity Negotiation," Pro Ethnologia 15 (2004).
141 Jane Kroger, "What Transits in an Identity Status Transition?," Identity 3 (2003): 197-220, doi: 10.1207/S1532706XID0303_02.
142 Javier A. Salazar, "Analyzing Social Identity (Re) Production: Identity Liminal Events in MMORPGs," Journal of Virtual Worlds Research (2008), doi: 10.4101/jvwr.v1i3.353.
143 Pihla Siim, "Family in Transition."
144 Guobin Yang, "The Liminal Effects of Social Movements: Red Guards and the Transformation of Identity," Sociological Forum 15, no. 3 (2000): 379-406, doi: 10.1023/A:1007563225473.
145 Sherry Turkle, Alone Together: Why We Expect More from Technology and Less from Each Other (New York: Basic Books, 2011).